天下文化
BELIEVE IN READING

釣愚

操縱與欺騙的經濟學

PHISHING FOR PHOOLS

The Economics of Manipulation and Deception

喬治・艾克羅夫
George A. Akerlof

羅伯・席勒
Robert J. Shiller

廖月娟——譯

這本書是為每個人寫的，包括對經濟學有興趣的青少年、各年齡層的讀者群、政策制定者、經濟學教授，以及所有想要擴展人性視野的人。

目 錄

繁體中文版序
釣愚是全球現象，人人有關

　　宏偉的園林可分為兩種：一種是正式、有計畫地根據幾何對稱圖形打造，例如法國的凡爾賽宮花園；另一種則是包羅萬象，亂中有序地重現自然生態環境的園林，以英國的丘園（Kew Gardens）為代表。經濟學基礎和許多經濟學思想，正是基於法國庭園式的世界觀，最早可追溯到亞當‧斯密（Adam Smith）。經濟體系的宏偉設計近乎完美——市場開放競爭，每個人都可自由選擇。在這個經濟宇宙之中，如此盡善盡美的設計，就是為了促進人類的最大利益，而且這個體系具有崇高願景，不該受到任何人的干預——只是不得不彌補一點小疵，例如汙染和所得分配不均等。總而言之，干預「選擇自由」是罪大惡極。

　　相反地，這本《釣愚》依據的經濟學概念，就不是那麼井然有序。我們和主張自由選擇的人一樣，目睹競爭激烈的自由市場為人類帶來的利益，也看到自由市場在世界各地展現的榮景，包括東亞、歐洲和北美。現今，我們享受的繁榮幾乎是前人完全想像不到的，但這並不代表自由市場像一般人想的那麼完美。在一般人的想法中，經濟體系有如一座宏偉、完美的法國庭園，每片草葉皆適得其所。事實上，經濟和自由市場儘管有一定的通則，結果卻是隨機、混亂，而非那麼整齊、和諧，這項通則就是：如果有利可圖，有人就會好好把握機會。雖然人類社會的富饒由此而生，但也出現其他較為隨機的效應，有些甚至是我們不樂見的。它會自動演變為此，因為經濟體系在均衡之下如此運作。

經濟學的基本概念就是均衡，在市場均衡的狀態下，凡是可以獲利的東西就有人會生產和供應，而這種生產就像前述的英國丘園那樣，包羅萬象、亂中有序。至於心理學的基本概念，則是每個人都是不完美的，人類會做出失調行為。我們的大腦經常被「快思」掌控住、而非「慢想」，因此會做出不利於己的決定。我們所做的決定，往往不是出於明智的抉擇，而是誘惑使然。自由市場有一個經常受到忽略的重大缺失：儘管自由市場給了我們眾多選擇，但我們選擇的，不一定是自己真正想要的東西。自由市場的一個副作用，就是用各種五花八門、琳瑯滿目的商品來誘惑我們，讓我們掏錢出來購買。只要商家覺得有利可圖，就會引誘我們購買，甚至不惜販售有害的東西給我們。

本書的目的，就在於呈現自由市場的另外一面。為了撰寫這本書，筆者二人花了五年時間不斷討論，有時不免激辯。我

們挖掘很多實例，證明經濟體系也會利用我們的弱點，對我們
的生活造成不良影響。本書旨在凸顯哪些人在什麼地方用什麼
方法，造成我們的金錢損失，以及這麼做的原因。我們向經濟
學家展現市場運作的新觀點，在這本書提出重要的實例，讓各
位了解操縱人性弱點可能需要付出慘痛的代價。更糟的是，即
使是在最富裕的國家，這麼做也影響了很多人的生活，甚至毀
了很多人的人生。

　　本書提出的例子雖然主要來自美國，但我們認為類似情況
在全球各地都可能發生。誘惑無所不在，我們確信釣愚的教訓
足以讓世界各地的人們參考，引以為戒。我們相信，本書討論
的問題也與台灣讀者的生活息息相關，畢竟不管男女老少，都
難免受到這些問題影響。生命美好，每個地方的市場都能供應
人們真正想要之物，但市場也是釣愚所在，我們經常不知不覺
在他人引誘下多花了冤枉錢，一點也不值得。

　　衷心希望各位喜歡這本書，會覺得讀來樂趣橫生。這本書
是為每個人寫的，包括對經濟學有興趣的青少年、各年齡層的
讀者群、政策制定者、經濟學教授，以及所有想要擴展人性視
野的人。

序
自由市場的人們，小心別上鉤

　　1992 年，柯林頓（Bill Clinton）出馬競選總統，為了擊中老布希（George H. W. Bush）的要害，他的競選總幹事詹姆士‧卡維爾（James Carville）喊出這樣的口號：「笨蛋！問題出在經濟！」把美國經濟步入衰退掛在老布希的帳上，以中斷其連任之路。我們可將卡維爾提出的這句口號套用在不同的情境之下，並且擴大詮釋：今日，我們有很多問題都源於經濟系統的本質。如果從商者皆如經濟理論所言那樣自私自利，自由市場系統將會衍生出一大堆操縱和欺騙的情事。問題不是因為壞人太多，大多數的人其實都很循規蹈矩，只想過著衣食無缺的生活。但商人難免由於競爭壓力，在自由市場行騙、操縱，讓你不知不覺付出高價當了冤大頭買了不需要的產品，或是勉強自己去做沒什麼意義的工作，日後再來感嘆虛度人生。

　　以執筆的立場而言，我們都贊同自由市場，希望能幫助世人在這樣的市場體系中過得更好。每一個人都必須知道，經濟體系充滿詭詐，我們必須步步為營，才能毫髮無傷，也才能在這瘋狂的世界中找尋前進的靈感。本書是為了消費者而寫的——我們要提醒消費者，購物陷阱無所不在，必須時時刻刻提高警覺。本書也是為了商業人士而寫的——商人難免向經濟的現實低頭，同流合汙。我們希望政府官員能夠好好地看看這本書，畢竟他們總覺得規範商業界是件吃力不討好的事。這本書也是為了捍衛正義的志工、慈善家和意見領袖而寫的；此外，我們在寫這本書的時候，也把年輕人放在心上，希望這些即將展開一生志業的社會新血能夠及早找到工作的意義。

操縱和欺騙已深植於經濟體系之中，我們必須拿出勇氣積極對抗，如能破解這樣的圈套，至少可以自保。我們可從勇者的故事得到啟發，看他們如何見義勇為、而非只重個人利益，把經濟體系中的欺詐清除到尚且令人可忍受的程度，各位將可在本書看到很多這樣的故事。

自由市場的產物

19 世紀末期是發明家大放異彩之時，像汽車、電話、腳踏車、電燈等都是這個時期的產物，但有一種東西的發明則比較沒那麼引人注目，那就是「吃角子老虎」。這種機器最初並不是供賭博之用，其實比較像是「自動販賣機」：你把硬幣投入機器的投幣孔洞，就可開啟下方的盒子，拿出販售之物。在1890 年代，這種機器賣的東西包括口香糖、雪茄、香菸、歌劇望遠鏡、單片包裝的巧克力，甚至還有當地的人名地址簿

（即電話簿的前身）等，各式各樣的東西都有。這種機器的原理很簡單，只要投入正確數目的硬幣，就能開啟機器內的鎖，使物品掉到取物匣口。

不久，這種機器就有了新的用途：賭博。根據當時的報紙記載，最早的賭博用吃角子老虎機出現在 1893 年。[1] 早先，玩吃角子老虎的人如果中獎，獎賞是水果糖，而非金錢。你把硬幣投入機器，機器上的三個圖案開始轉動，等到轉動停止，如果三個圖案都是櫻桃，這樣的罕見組合就代表中獎。

在 1890 年代結束之前，已經有人對吃角子老虎這樣的賭博機器上癮。據 1899 年的《洛杉磯時報》（*The Los Angeles Times*）所載：「幾乎每一家沙龍都擺放了幾部這樣的機器。從早到晚，總有一堆人圍在機器旁……一旦玩上癮，玩家莫不為之痴狂。年輕人常常一玩就是好幾個小時，最後總是輸個精光。」[2]

很多人為了玩吃角子老虎傾家蕩產，甚至為了錢淪為盜匪。政府因此無法坐視不顧，於是插手管制這種賭博行為。吃角子老虎便漸漸消聲匿跡，只有賭場才有，要不然就得到賭博管制最鬆散的內華達州。在內華達州，不論超市、加油站或機場都有吃角子老虎，州民年收入平均有 4% 花在賭博上，是美國其他州州民的九倍。[3] 不過，即使在內華達州這樣的賭博天堂也有限制：2010 年，該州業界在便利商店設立的吃角子老虎機器打算讓顧客使用信用卡，該申請案遭到內華達州博奕管理局（Nevada Gaming Control Board）的拒絕，規定顧客只能使用零錢玩吃角子老虎，不得使用信用卡。[4]

步入電腦世紀之後，吃角子老虎更是如虎添翼。麻省理工學院的娜塔莎・舒爾（Natasha Schüll）曾在《就是要讓你上癮》（*Addiction by Design*）一書中，詳述這種機器的設計就是要讓人上癮。[5]舒爾在拉斯維加斯的戒賭互助組織匿名戒賭會上認識了莫莉，她在莫莉身上看到賭博何以讓人上癮。莫莉把自己的狀況畫成了一張圖，[6]她孤零零地站在吃角子老虎機器前，困在一條環狀道路上，這條路連接了她人生最重要的六個地方：一個是她工作的米高梅大賭場酒店（MGM Grand），她在此擔任訂房部客服人員；三個是她常去的賭場；[7]一個是匿名戒賭會；最後一個則是她領取焦慮失調症處方的藥房。

莫莉很清楚自己的問題何在：她去玩吃角子老虎不是為了贏錢，[8]她知道自己必輸無疑，但還是克制不住想去賭一把的衝動。她像個遊魂，不自覺地走到吃角子老虎機器前，一再投幣、按下紅色按鈕。機器的燈亮了，圖案旋轉。她有時贏，有時輸。再按一次紅色按鈕，再按一次，再試一次。就這樣，一次又一次……直到輸光為止。在拉斯維加斯，像莫莉這樣沉迷於賭癮的比比皆是。十年前，拉斯維加斯有多名賭客因為心肌梗塞突然發作而死；賭場擁擠不堪，急救人員難以及時趕到病人身旁。後來，賭場自行訓練出一批精於操作心臟電擊去顫器的急救人員，在場內待命。你可從監視錄影帶看出為何賭場需要這樣的人員：有一名賭客因為心肌梗塞突然倒下，賭場急救人員立即出手施救，但一旁的眾多賭客對倒在自己腳邊的人視若無睹，依然沉迷於眼前的賭局。[9]

市場對人類社會的影響

自 1890 年代吃角子老虎發明至今，這段歷史可顯現我們對市場經濟的雙重看法。基本上來說，我們擁護市場。自由市場是和平與自由的產物，只有在免於恐懼的安穩年代，自由市場才能繁榮。像吃角子老虎這樣的機器不只是簡單的自動販賣機，提供我們想要的東西，也是會讓人上癮的賭博機器，會把你口袋裡的錢掏光。本書偏重於吃角子老虎及其所代表的市場經濟的負面影響，畢竟如果我們想要改革經濟思維及經濟本身，必須切中弊害。在討論這點之前，我們先概括性地探討市場對人類社會的影響。

且讓我們回溯 19 世紀末、20 世紀初的境況。1900 年 12 月，美國土木工程師小約翰・沃特金斯（John Watkins, Jr.）在《婦女家庭雜誌》（*The Ladies' Home Journal*）預言一百年後的世界。他說，到了 2000 年，我們「打開開關，機器就會送出冷氣或暖氣。」那時的人類只要搭乘快船，「從美國出發，在兩日內就可抵達英國。」此外，還有「空中飛艇」，不只可當戰艇，還能輸送乘客與貨物。此外，「透過電話線路，我們就可在自宅觀看歌劇演出，而且音響效果極佳，有如坐在劇院包廂內欣賞演出。」[10] 林林總總，小沃特金斯總共寫了二十幾個預言。

儘管小沃特金斯坦承，他的預言似乎「很奇怪，幾乎不可能實現」，但拜自由市場之賜，在有利可圖之下，讓人有強烈的動機發明、製造世人想要的東西，他很多預言依然實現了。其實，2000 年的進展已經遠遠超過他的想像。

然而，自由市場不只為我們帶來豐饒之角，滿足世人的需求與渴望，也帶來商業的陰險，像癌細胞在人體內肆虐一般，破壞社會平衡，扭曲、操縱我們的判斷力，讓人受害。吃角子老虎就是一個明顯的例子，在它受到管制之前，這種賭博機器簡直無所不在，風靡一時。只要我們有弱點，市場就會把握機會，利用人性的弱點獲利。市場會針對我們的弱點，撒下誘餌「釣愚」，等我們上鉤。

願者上鉤

英文中的「phish」一字（發音同「fish」），是在 1996 年網路興起時才出現的新字。根據《牛津英文字典》（*Oxford English Dictionary*）的定義，這個單字意謂「在網路上詐騙（如假冒知名公司）以竊取個資，或設下陷阱，讓網路使用者上鉤。」[11] 本書將擴大「phish」（網路釣魚）一字的解釋，泛指各種欺詐行為。我們提出的定義較為寬廣，也將爬梳歷史，追溯經濟詐騙的根源。本書所謂的「釣愚」，是指騙子為了一己

之利，在水中布下釣餌，等待無知的魚兒游過，吃下釣餌，因
而上鉤。詐騙手法無奇不有，根據或然率，不管再怎麼小心，
每個人遲早都會上鉤，無人可以倖免。

　　至於「被釣上鉤的愚人」（原文書名中的「phools」），也是
從「傻瓜」（fool）衍生而來的英文新字。我們認為「上鉤者」
可分為兩種，一種是落入心理的陷阱，另一種則是落入資訊的
陷阱。心理陷阱又可分為兩種，一種是人被情感左右，把常識
拋在腦後，另一則是認知偏差（如被視錯覺欺騙），[12] 因解讀
錯誤而誤判現實。如前述在拉斯維加斯工作的莫莉就是落入心
理陷阱，而不是有認知方面的問題。她非常清楚吃角子老虎有
致命的吸引力，讓她的賭癮愈來愈大，但她就是無法控制自
己。

　　詐騙者也會利用資訊陷阱，故意讓人上當，安隆公司
（Enron）就是最佳實例。這家公司本來是全世界最大的電力、
天然氣和電訊公司，該公司依照現時市場價格來計量資產價
值，並利用高度的財務槓桿粉飾財務報表，推高公司股價，讓
不知情的投資人上鉤。在東窗事發之後，不免面臨破產的命
運。[13] 長久以來，公司利潤是虛增的，而虧損則被掩蓋。自
1995 年至 2000 年，安隆皆被《財星》（Fortune）雜誌譽為全美
最具創新精神的公司。[14] 安隆確實頗具「創新精神」，只是《財
星》的編輯不了解其「創新」的本質為何。

　　儘管商人德行好壞兩面有時會出現在書中的描述，但這並

非本書的主題。我們認為，商人會寡廉鮮恥、做出見不得人的
事，主要是競爭市場的壓力使然。如果商人能推出滿足消費者
真正需求的創新產品，市場將給予莫大的鼓勵與回饋。如果商
人潔身自愛，不去設下心理陷阱或利用資訊陷阱來引誘消費
者，則很難得到自由市場的獎勵。在競爭壓力之下，自制的經
理人往往很容易遭到淘汰，不擇手段的人反而容易勝出。儘管
文明社會和社會規範會約束詐騙行為，但就市場生態而言，為
了生存競爭，只要有利可圖，商家總是很難抗拒利潤的誘惑，
只好把道德擺一旁。

筆者是誰？

對那些認為每個人都會為自己做出最佳決定的人來說，可
能會覺得用不著看這本書。這樣的人會質疑我們是何方神聖，
如何評斷人們的決定是對是錯？從理論上來看，這樣的批評似
乎也有道理，但我們深入研究許多決定的真實個案（這些例子
在書中比比皆是），發現提出這種質疑的人多半很容易上鉤。
其實，這些人在做決定之時，只要用一點常識，就會知道結果
不利於自己。

看人做出錯誤的決定，因而吃虧上當，我們絕對沒有幸災
樂禍之心。我們會有先見之明，是因為我們看過很多人做了極
其糟糕的決定。美國作家暨哲學家梭羅（Henry David
Thoreau）曾經說過：「許多人都默默地活在絕望之中。」[15] 沒

想到一百五十年後，在美國這個稱得上舉世最富有的國家，仍有無數人依然靜靜地活在絕望之中，就像拉斯維加斯那個可憐的莫莉。

誰願意當釜中之魚？

我們可從四個層面看出有很多人做了糟糕的決定，因而身陷困境，猶如釜中之魚。這些層面包括個人財務狀況、總體經濟、健康問題和政府施政品質，在這四個層面之中，都可看到詐騙對個人生活產生重大的影響。

個人財務岌岌可危。個人財務問題向來不是經濟學教科書論述之點，但大多數的成人每晚上床前不免為了堆積如山的帳單傷腦筋，就算富有國家的人民也是如此。經濟學家說，只要根據預算來花費，量入為出，不就得了。但這些專家忘了，即使我們有九十九次都能這麼做，仍有一次會像失心瘋一樣花了大錢，不把錢當錢看。長久以來的節儉度日，只要這麼一次揮霍，就前功盡棄了。想當然耳，商人會緊緊地把握這 1% 的商機，瞄準特殊的事件或節慶，使我們為了愛或其他動機心甘情願地掏出錢來，無視預算。例如，每年的耶誕節禮品採購就很容易讓人把持不住，而人生大事也會讓人花大錢，諸如婚禮（新娘雜誌不斷地為新娘洗腦，婚禮支出平均占個人年度所得的一半），[16] 葬禮（葬儀社老闆列出各式各樣的精美棺材讓你精挑細選，如上了淺藍亮光漆的摩納哥棺木，內襯每平方公尺重六百克的重磅極品水藍天鵝絨），[17] 以及喜獲麟兒麟女（寶寶反斗城提供個人專屬服務）等。[18]

然而，我們不只會為婚喪喜慶不惜一擲千金，也常不敵物欲的誘惑。難怪，儘管現在的美國人已比以前的年代富有多了，依然會為了帳單牽腸掛肚。廠商即使已經滿足我們的需求，仍然拚命創新，生產我們會想要的東西。沒有人希望在上床前擔心錢不夠，無法繳納帳單，但大多數的人還是不時為了帳單輾轉難眠。[19]

帳單讓人焦慮、心煩的一個原因是消費者經常被當成冤大頭：我們有時會走出舒適圈，大手筆買下一些過於昂貴的東西。[20] 以房地產銷售而言，約有 30%的買家是第一次買房子，光是買賣雙方的交易費用總額，就可能高達頭期款的一半以上。[21] 此外，汽車業務的銷售手法也很厲害，總是能說動我們多買一部車，我們經常不敵他們的舌粲蓮花，多花了錢。沒有人想當冤大頭，但無論我們再怎麼小心，東西也常買貴了。

總體經濟不佳。市場上詐騙盛行則是經濟衰退的主因。關於金融危機，有句話大家耳熟能詳，也就是「這次真的不一樣。」但這句話可說對，也可說不對。[22] 在經濟崩盤之前，騙子為了說服買家，無不強調「這次真的不一樣。」例如，1920年代瑞典的火柴大王伊瓦‧克魯格（Ivar Kreuger）為了取得在歐洲多國火柴的壟斷權和專賣權，發行有價證券，以很高的利息吸引瑞典中產階級投資。後來因為股市行情惡劣，資金枯竭，克魯格的火柴王國垮了，成了近代財經史的大醜聞。最近的例子如 1990 年代的網路泡沫，以及 2007 年開始席捲美國的次貸風暴，其始作俑者為全國金融公司（Countrywide Financial）前執行長安傑羅‧莫紀洛（Angelo Mozilo）。

是的，每次都不一樣；故事不同，企業家不同，給投資人的甜頭也都不同。然而，每一次大難臨頭時，我們都有似曾相識之感：有人行騙，也有人上鉤。上當的人愈來愈多，被侵吞的資產——即經濟學家約翰‧肯尼斯‧高伯瑞（John Kenneth Galbraith）所說的「侵吞額」（the bezzle）——[23] 不斷累積；一旦東窗事發，資產價格就會大跌。投資銀行在房貸熱潮下，收購大批銀行貸款，設計出新的金融亮品，把信用不良的貸款重新包裝，轉換成複雜的結構型商品，再賣給全美國和全世界的投資人。這種金融商品泛濫成災，終於在 2008 年釀成全球金融風暴。那些投資銀行應該不願看到這樣的災難；等到問題揭露，可怕的副作用一一浮現，整個經濟體系的投資人信心盡失，股價腰斬，本來有工作的人失業了，而失業者則找不到工作。長期失業率攀升到新高，自 1930 年代經濟大蕭條以來，這樣的慘澹可說前所未見。

健康問題。 即使我們衣食無缺，也有安穩的住所，還是會害怕生病，渴望擁有健康的身體，因此很容易上了藥廠的當。1880 年代，丹尼爾‧平克翰（Daniel Pinkham）來到紐約，發現當地的婦女很怕得腎病，於是寫信回家，要家人把「強腎」

列入家傳平克翰藥丸的藥效之中。[24] 請注意，今天藥廠不再能夠任意把某種疾病列入藥品適應症，在美國，藥廠必須通過兩大關卡，首先是從美國食品藥品監督管理局（Food and Drug Administration, FDA）取得上市許可證。要得到這紙許可證，必須進行隨機對照試驗，以評估藥物的療效。再者，必須說服醫師開立這種藥品的處方為病人治療。藥廠歷經一百多年的學習與嘗試，已能把握過關的竅門。有些藥品即使能夠過關，藥效其實和安慰劑差不多，療效不明顯。更糟的是，有些藥品不但無法藥到病除，甚至會傷身，如抗發炎藥偉克適（Vioxx）與更年期婦女的荷爾蒙補充劑。偉克適從 1999 年上市到 2004 年下市，五年間估計在美導致 2 萬 6 千人到 5 萬 6 千人死於心血管疾病。[25] 而醫師和大藥廠因為沒警告停經婦女使用荷爾蒙補充劑可能會出現的副作用，估計約有 9 萬 4 千名婦女因此罹患乳癌。[26] 如果吃藥會傷身，又傷錢包，誰願意吃這樣的藥？

有害健康的不只是劣藥，吃了大量垃圾食物的現代人有何後果？目前美國人中有 69％都有過重的問題，其中半數以上（占美國人的 36％）甚至已達病態肥胖的地步。[27] 某個世代研究調查了超過 12 萬人，揭露了一項令人吃驚的事實：[28] 受訪者都是註冊護理師，接受長達四年的追蹤調查，最早始於 1970 年代末期，最晚則是在 2006 年，他們在這四年當中體重平均增加 1.5 公斤（二十年下來，體重大約增加 7.6 公斤。）經過統計分析，研究人員發現，他們在四年間增加的 1.5 公斤，其中有 0.77 公斤來自洋芋片、0.58 公斤是因為常吃薯條，還有 0.45 公斤則是因為喝含糖飲料。這些護理師經常洋芋片一片接一片（鹽和脂肪）、薯條一根接一根（脂肪和鹽），而且喜歡搭配可樂（糖），這些都是她們自己選擇的東西。此外，我們也都知道大食品廠會委託科學實驗室計算消費者的「飲食幸福指數」，讓人吃下最多的糖、鹽和脂肪。[29] 然而，沒有人樂見自己臃腫痴肥。

香菸和酒精也是有害健康又容易讓人成癮的東西，但兩者基本上有很大的差異：沒有人認為抽菸是聰明的。本書筆者喬治寫下這段文章之時，是在華盛頓的國際貨幣基金組織（International Monetary Fund）一號總部的大樓辦公室。辦公室內有禁止吸菸的標語，但是他一早走進來，就會和幾個在外頭抽菸的人擦身而過。那些老菸槍刻意避開他的目光，儘管沉默不語，他們知道喬治正在想：抽菸無異於慢性自殺，用寶貴的生命換取這麼一點吞雲吐霧之樂，划不來吧！由於抽菸愈來愈引人側目，加上癮君子的自我反省，美國抽菸人口大幅下滑，目前還不到全盛時期的一半。當時會有那麼多人抽菸，主要源於一個謬論：[30] 抽菸可以減肥。[31]

酒精或許是世界最古老的藥物，幾千年來，人們用發酵的穀物、果汁和蜂蜜製造酒精，但酒精濫用對人體的傷害可能比抽菸還嚴重。英國研究人員大衛・納特（David Nutt）和同事，以及荷蘭的簡・凡・阿姆斯特丹（Jan van Amsterdam）與威廉・

凡・丹・布林克（Willem van den Brink）集合了一支專家團隊，評量藥物（包括酒精）在各國造成的人體傷害。[32] 這些專家發現，危害最大的莫過於酒精，酒精幾乎和古柯鹼一樣恐怖。[33] 我們在後面章節會看到一些終身研究，了解酒精濫用或許是讓很多美國人沉淪的重要因素。儘管如此，無論你在酒吧、餐廳、飛機上或參加派對，總會有人問你要不要來一杯？於是，你就這樣喝了一杯又一杯。酒這種飲料唾手可得，讓你不知不覺就沉迷於其中。沒有人想當酒鬼，但如果朋友常找你小酌或暢飲，誰會勸你別喝？

施政不當。民主和自由市場一樣，在理想的情況下能夠發揮功能，只是選民都為自己的生活忙碌，無暇注意政治人物是否背離民意，獨斷獨行。再者，我們只是凡人，容易把票投給討好我們的人，因此政治容易操縱，成了政客偷偷斂財的法寶。我們將在第5章中，描述2004年查爾斯・葛雷斯利（Charles Grassley）參選愛荷華參議員的經過。在競選當時，他本來已是參議院財政委員會（Senate Finance Committee）的主席，為了參選，他籌措數百萬美元的資金，民眾只要一打開電視就可以看到他的競選廣告。廣告中，他強調自己只是一個尋常老百姓，一個會在自家草坪開除草機的大叔。無可厚非，選舉需要銀彈，我們會以葛雷斯利為例，正是因為這個例子太典型了！儘管我們不願看到金錢選舉，但「選錢與能」已成常態。

本書目標

我們在本書納入許多釣愚實例，了解釣愚對一般人的生活造成多大影響，包括我們的日常活動、思考、目標與受挫。有些例子涉及日常生活，例如汽車、食物、藥物和我們居住的房屋，還有一些則牽涉到專門體系，如金融市場。最要緊的是，我們希望藉由探討這些實例凸顯社會政策的重要，包括政府如何與自由市場互補，而非一味地干預市場。正如電腦需要防毒軟體，我們也得做好自我防護，小心別上鉤。

導論
誘餌無處不在：釣愚均衡

　　百年來的心理學家，從佛洛依德（Sigmund Freud）到康納曼（Daniel Kahneman）已用各種論述不斷提醒我們，人往往會做出一些愚不可及的決定，乃至於未能得到最佳利益。說白一點，人們做的事不是真正有利於自己，也沒能選擇自己真正想要的。種種錯誤、愚蠢的決定，使人成了上鉤的傻瓜。《聖經》的第一個故事，講述的正是這種上當的故事：天真的夏娃在毒蛇的引誘下做了一個愚蠢的決定，就此悔不當初。[1]

　　但經濟學的基本概念卻大不相同，也就是「市場均衡」（market equilibrium）的概念。[2] 為了解釋這點，且讓我們以超市收銀台為例。[3] 我們在超市買完東西，要去收銀台排隊結帳時，通常會想一下：排哪一條走道最快？大家都不想等太久，總會選擇最少人排隊的櫃台，所以每個收銀台排隊的人數都差不多，達成了某種平衡。

　　超市收銀台顯現的市場均衡原則，可見諸經濟的各個層面。例如，生意人決定從事哪種商品的買賣、既有業務要擴張或減縮等，都會像排隊結帳的消費者，自動選擇最佳機會。在人人追逐最佳機會之下，就會自動達成均衡。如果有機會可以獲得暴利，這種機會馬上就會被人搶走，導致這種機會可說是難得一見。這種「市場均衡」的概念，就是經濟學的核心。

這樣的原則也可運用在釣愚上：只要我們有某種弱點，有人就會趁虛而入，攫取暴利。也就是說，只要有釣愚的機會，有人就會出手，最後達成「釣愚均衡」（phishing equilibrium）。所有生意人都像在超市收銀台前排隊結帳的顧客，會不停地東張西望，想想把錢投資在哪裡最好。還有人會特別留意有沒有可以利用的傻瓜，好從他們身上大撈一票；如果看到這種機會，就像看到可以快速結帳的收銀台，會立刻飛奔過去。

因此，經濟學也有釣愚均衡的原則，只要可以藉由釣愚獲取暴利，這種機會很快就會被人搶走。接下來，我們就來看看三個「基本練習」，了解釣愚均衡的概念在真實世界中的面貌。

練習一　香甜可口的肉桂捲

1985 年，西雅圖柯曼父子里奇與葛瑞格（Rich and Greg Komen）創辦了肉桂捲食品公司（Cinnabon, Inc.），他們採取的行銷策略是在每家門市或櫃位號稱這是「全世界最好吃的肉桂捲。」[4] 顧客就像被費洛蒙誘引的飛蛾，紛紛被肉桂捲的香味吸引上門。老闆聲稱，他們的肉桂捲會這麼香，是因為「去印尼探訪了無數次」，才取得「極品馬卡拉肉桂」。[5] 其實，他們的肉桂捲用了大量的乳瑪琳，加上濃厚的糖霜，光吃一個就吃進了 880 大卡。

　　該公司甚至打出「人生少不了糖霜」這樣的標語，並在每個販售處都擺上宣傳看板和標語，在人來人往的機場和超市，用香味和故事吸引顧客上門。當然，店家提供了產品卡路里訊息，只是放在人們不容易發現的地方。肉桂捲締造了驚人的業績，這表示不只產品好吃，柯曼父子的行銷策略也奏效了。肉桂捲專賣店於是如雨後春筍般出現在各大城市、甚至各大洲，目前已擴展到三十多國，分店多達 750 家以上。[6]大多數的人也許認為，這樣的美食在機場大受歡迎是必然的，畢竟有很多人在那裡等候搭機。但是，這麼一來就忽略了我們本身的弱點，以及有人針對這些弱點發展出來的策略。

　　此外，我們也忘了肉桂捲吃多了對健康有害。然而，肉桂捲的成功正是自由市場均衡的結果，就算柯曼父子並未創立肉桂捲公司，遲早也會有人這麼做。在自由市場的體系之下，自然會有人出來利用我們的弱點。

練習二　健身俱樂部的繳費選擇

　　回到 2000 年春季，史提芬諾・德拉維尼亞（Stefano DellaVigna）和烏莉克・馬曼迪爾（Ulrike Malmendier）還是哈佛大學的研究生。[7]他們在麻省理工學院選了一門心理學與經濟學的課，因此想要找出一個實例，看看人在用錢方面會做出什麼樣的錯誤決定。他們在附近找到了，那就是健身俱樂部。我們之所以對健身俱樂部感興趣，也是因為這是一個釣愚的好例子。健身俱樂部實在是一門好生意，2012年，美國健身俱樂部產業的總收入高達220億美元，會員逾5千萬人。[8]

德拉維尼亞與馬曼迪爾以波士頓地區健身俱樂部7千5百名會員建構了一個資料庫，[9]發現新加入健身俱樂部的人往往對自己的運動計畫過於樂觀，會簽訂對自己不利的合約，多付冤枉錢。一般來說，健身俱樂部的付費方式有三種：按次計費；依照合約，由信用卡自動扣繳月費，直到取消為止；每年簽訂一次合約，繳交年費。大多數的顧客在沒有接受任何費用補助之下，都選擇用信用卡每月自動扣繳，但如果他們選擇按次付費，80%的人可以不必付那麼多錢（平均每年繳交1,400美元。）因為付費方式選擇錯誤，每人每年平均損失600美元。[10]而且，健身俱樂部還為取消會籍設下種種障礙，在德拉維尼亞與馬曼迪爾調查的83家健身俱樂部中，雖然都接受本人親自到店取消，但只有7家接受電話取消，其中54家接受書面取消，但有25家要求公證。[11]

當然，健身俱樂部提供的合約，顧客即使沒有使用也得付費，[12]這種情況絕非純屬巧合。顧客認為每個月用信用卡自動扣款要比按次付費來得划算，所以願意簽訂這種合約，這種心態造就了釣愚現象。就釣愚均衡而論，顧客因為恆心不夠，繳了錢卻沒去使用，就等於白白送錢給業者。

練習三 肩上的猴子

且讓我們用一個比喻來描述釣愚均衡，就更能了解純粹自由市場均衡的問題。經濟學家陳凱世和心理學家文凱特·拉克許米納拉亞南（Venkat Lakshminarayanan）與蘿莉·桑多斯（Laurie Santos），教會了實驗室裡的捲尾猴用錢進行交易。[13]對這群實驗室猴子而言，這就是自由市場經濟的開端，牠們理解什麼樣的價格可得到什麼樣的物品，甚至會用錢進行性交易。[14]

現在，讓我們想像這些猴子也能和人類進行交易。我們給一大群捲尾猴錢幣，讓牠們成為人類的顧客，而且對所有交易都不加限制。由於這是個以逐利為目標的自由市場體系，猴子想買什麼，人類就會供應，而且人類會自然迎合捲尾猴的口味，以達到經濟均衡。儘管猴子有很多選擇，但我們已從陳凱世等人的實驗得知，牠們最愛的是棉花糖霜抹醬水果捲。[15]捲尾猴幾乎無法抗拒這種甜點的誘惑，但這種甜點吃多了，猴子會上癮，想要再吃更多，而且會變得焦躁不安、營養不良、精神不振、愛吵架，甚至生病。

從前述想像的實驗，我們也可推測人類的情況。經濟學家把猴子的「口味」分為兩種：第一種是猴子會做出有利於自己的選擇，也就是選擇有益健康的食物；第二種是牠們對棉花糖霜抹醬水果捲的偏好，亦即實驗室猴子所表現出來的。人類當然比猴子要來得聰明，但我們也可用同樣的觀點來看人類的行為，想像人類和捲尾猴一樣有兩種口味。雖然第一種是真正有益於自己的，但我們就像捲尾猴一樣，所做的決定不一定是根據這點。而第二種則是會對我們的選擇產生影響的，但這樣的選擇對我們來說未必是好的。

我們可利用這兩種口味的區分和捲尾猴的例子來建構一個意象，想像每個人上街購物或做任何有關錢的決定時，肩上都有一隻猴子。這些猴子代表我們的弱點，從古至今，商人熟稔如何利用我們身上的弱點來賺錢。因為這些弱點，我們選擇的，不一定是自己真正想要的，或是對自己有益的，但我們渾然不知猴子爬到我們的肩頭上。如果放任市場自由發展、不加限制，不久就能出現這樣的經濟均衡——任由我們肩上的猴子發號施令。

所謂自由市場均衡的最優化

無庸置疑，經濟學核心有個驚人的結果，也就是《國富論》（ *The Wealth of Nations* ）作者、經濟學鼻祖亞當‧斯密（Adam Smith）在 1776 年對自由市場的描述。他說，這個市場猶如「被一隻看不見的手操縱……人人都在追求自己的利益」，也促進了公共福祉。[16]

經過一個世紀以上，世人才比較了解亞當‧斯密所言。根據現代經濟學，也就是經濟學入門，一個透過競爭出現的自由市場均衡是「帕雷多最優化」（Pareto optimal），亦即經濟競爭應能產生最好的均衡。[17] 一旦達成這種經濟均衡，每個人都能獲得最大的經濟利益，任何干涉只會弄巧成拙。在研究生看來，這樣的結論就像數學理論一樣完美、優雅，似乎自由市場最優化的概念有如了不起的科學成就。[18]

當然，這種理論也承認有些因素會破壞自由市場的均衡，包括個體經濟單位的行為影響到他人或社會──也就是所謂的「外部性」（externality），以及所得分配不公。經濟學家大抵認為，如果可摒除前述兩種不利的因素，只有傻子才會去干預自由市場的運作。[19] 當然，經濟學家老早就知道，如果一家公司規模很大，對市場的競爭性會有影響。

但這樣的結論忽略了很重要的一點：在完全自由的市場，人們不只是有很多選擇的自由，也會出現釣愚之人──這就是本書的中心思想。依據亞當‧斯密，這樣的均衡將達到最優化，只是這樣的最優化並非是我們真正想要的，而是我們被操縱的結果，如此一來就會導致很多問題。

由於大多數的經濟學家都認為，人們真的知道自己想要什麼，標準經濟學因而忽略了前述差異，認為區分我們真正想要的與受到操縱的選擇並沒有什麼收穫。然而，如此一來，就小看了爬到我們肩上的那些猴子。

近四十年來，行為經濟學家致力於研究心理學與經濟學的關係，把會操縱人的猴子送到舞台中心。令人好奇的是，他們

未曾從亞當・斯密的中心理念，即市場那隻看不見的手來詮釋
研究結果。或許，這根本太顯而易見，只有小孩或蠢蛋才會特
別指出來，但我們認為這點還是具有真正的影響力。按照亞
當・斯密的理論來看，市場那隻看不見的手還是會讓一些人出
於私利去操縱別人，而那些被操縱的人就像實驗室裡貪吃水果
捲的猴子。

　　因此，我們對一般經濟學做了一點調整，亦即注意到自己
真正想要的與被操縱的口味兩者有所不同。儘管只是小小的調
整，對生活卻有重大影響。經濟學家米爾頓與羅絲・傅利曼
（Milton and Rose Friedman）鼓吹選擇的自由，認為這是良善
的公共政策不可或缺的，但自由選擇就像一把雙刃劍，也會帶
來嚴重的經濟問題。[20]

人性的弱點

　　心理學不只探討人為什麼會做出一些糟糕的決定，也描述
正常心靈的運作。已有不少心理學家發現，人類自以為有些決
定是根據自己想要的而做的，其實不然。讓我們回到 20 世紀
中葉，那個年代的心理學大抵基於佛洛依德的理論，特別強調
潛意識在做決定時擔負的角色。這樣的結論已有許多實驗做為
證明，記者凡斯・帕克德（Vance Packard）以「隱形說客」
（Hidden Persuaders）來描述行銷人員和廣告商──「隱形說客」
正是他在 1957 年出版的書名──的確，行銷人員和廣告商會

利用我們的潛意識來操縱我們。筆者兩人都還記得五十幾年前，推出蛋糕預拌粉的廠商為了吸引家庭主婦，總是強調要在預拌粉加一顆雞蛋，其實根本就沒有必要這麼做。又如，保險公司為了迎合顧客想要永生不死的欲望，於是在廣告中的家庭照加入已過世的父親。[21]

對行銷鑽研很深的社會心理學家羅伯特・席爾迪尼（Robert Cialdini），也在《影響力》（*Influence*）一書中列舉了許多心理偏差的實例。[22] 他列出人們容易上鉤的種種原因：因為喜歡互惠；想對自己喜歡的人表示友善；不想挑戰權威；喜歡跟隨別人；不想標新立異；希望自己所做的決定不會帶來內在衝突；厭惡損失……等。[23] 根據席爾迪尼，我們的每一種心理偏差，都被推銷員掌握住了。他以自己的弟弟理查為例，描述他是怎麼賺到大學學費：每週，理查都會看地方報紙廣告欄買進兩、三輛車，把車子整理得煥然一新再賣出，他賣車的絕招就是利用世人皆有的「損失嫌惡」（loss aversion）心理。理查不像一般人那樣，跟每個想要買車的人約好時間，分別帶他們看車，而是把想要買車的人故意約在同一時間，由於想買車的人都擔心機會被人搶走，就會急著成交。[24]

訊息傻瓜

另一個重要的釣愚手法，就是利用容易讓人誤解或錯誤的訊息來欺騙。商人通常有兩種方式可以賺錢：第一種是誠實的，以一美元的價格賣給顧客，顧客也認為東西值一美元，雖然生產成本不到一美元；第二種是給顧客錯誤的訊息，或是誘導他們得到錯誤的結論，讓他們覺得花一美元是值得的，但事實上根本不值。

本書將列舉很多這樣的例子，特別是在金融方面。對金融抱持樂觀主義者認為，複雜的金融交易是把很多風險不同、預期報酬也不同的商品區分出來，依投資人的偏好賣給他們，就像小孩交換彈珠或棒球卡那樣。樂觀主義者認為，人們都很聰明，特別是投資者，因此金融市場的最佳監管方式，就是讓這個市場自己監管。最顯著的例子莫過於 2000 年實施的《商品期貨現代化法》（Commodity Futures Modernization Act），這項法案使得極複雜的金融商品得以在最低程度的監管下交易——據說，市場會自我管束。

問題是，現實並非總是如此。在金融界要賺大錢，另一種方法是不賣投資人真正想要的商品。還記得魔術師的經典把戲嗎？桌上有三個小罐子，他會把一枚錢幣放在其中一個底下，然後不斷地變換罐子的位置，最後掀開三個罐子，[25] 錢幣卻不見了！到底跑到哪裡去了？瞧，這正是魔術師的手法。這種手法也可能出現在複雜的金融世界裡，我們購買的證券就像罐子底下的錢幣，經過複雜的金融操作，魔術師已經偷偷把錢幣拿走，等到罐子全部掀開後，錢已經不見了。

本書的第 2、9、10 章會討論金融操縱的問題，每一章都會揭露魔術師的手法；具體來說，這些手法包括操弄帳目和過於樂觀的評等。人們通常知道自己想要什麼，銀行或投資公司卻透過巧妙的訊息操縱，暗示他們何時可以獲得他們想要的，但最後得到的卻是截然不同的東西。我們發現，只要哪裡可以利用魔術師的手法圖利，魔術師就會在哪裡出現。這就是經濟均衡的本質，也是為何金融市場特別需要小心監管，而這個問題就留待本書最後再來討論。

全書架構

到目前為止，我們已經舉出幾個例子來說明釣愚均衡，顯示真實生活中的經濟均衡充斥了很多釣愚事例。這樣的均衡就和在超市各收銀台等候結帳的隊伍都差不多長一樣，準備結帳的顧客會自動選擇人最少的收銀台；同樣地，在競爭的市場之中，如果有人能夠藉由釣愚獲利，必定就會這麼做。接下來，我們要介紹本書的架構，全書有導論和三個部分，每一部都有很多例子，讓讀者了解釣愚對我們生活的重要影響。

導論：釣愚均衡。導論主要是解釋釣愚均衡的概念，以及釣愚現象的無可避免。以肉桂捲為例，所謂釣愚是無可避免的，意謂即使柯曼父子沒有創立肉桂捲公司，世上還有好幾十億的人，總會有人看到這個商機，趁機大發利市。

第1部：付不完的帳單與金融危機。筆者一方面以肩上的猴子做為比喻，用釣「愚」提醒讀者及解釋經濟均衡的抽象概念,另一方面則以實例解說釣愚事例與釣愚均衡對我們生活的重大影響。第 1 部共有兩章,以堆積如山的帳單和金融危機點出我們面臨的經濟困境。第 1 章講述的是,為什麼大多數的消費者到了月底或週末,總會為了未付的帳單傷腦筋,時常繳不清,因而債臺高築。

凡是人都會犯錯,很多錯誤還是我們聽信別人的話造成的。第 2 章要探討釣愚在 2008 年全球金融危機的角色,這起事件的主因就是所謂的「信譽透支」(reputation mining),很多公司和顧問不惜為了利益,犧牲好不容易建立起來的信譽。在筆者撰寫此書之時,我們尚未完全走出金融危機的陰影,而這場危機的發生和經濟均衡的幾個因素息息相關。金融危機的背後就像有一頭難以馴服的野獸,我們必須深入了解這頭野獸,才能減少這樣的危機再度發生,也才知道如何因應這類事件。

第 2 部:真實世界的各種釣愚。在這一部,我們會探討各個生活層面發生的釣愚事例,包括廣告與行銷、房屋和汽車的銷售、信用卡的使用、說客與政治的關係、食品與藥物、創新與經濟成長、菸酒,以及破產與垃圾債券的問題。在進入第 2 部之前,我們先介紹一下這一部的每一章。

第 2 部進一步闡述釣愚在現實生活中的影響,我們可從這一部援引的許多實例得到寶貴教訓,並且深入了解釣愚的概念。第 2 部也會提供釣愚均衡的新例子,以顯示釣愚的難以避免,但這不是壞人的問題,而是經濟系統自然運作的現象。也許，最重要的是，我們可從這些例子了解釣愚的各個面向以汲取經驗，進而學會用新觀點來看釣愚在何處出現、如何發生。

第 2 部從第 3 章開始，該章論述廣告商和行銷人員的手法，這些人的任務就是促使我們購買他們推銷的商品。我們會從一個比較寬廣的新視角，超越席爾迪尼列出的心理弱點和當代行為經濟學的研究，來看他們如何操縱消費者。人們的思考經常會落入故事的框架，被故事感染。因此要操縱別人，最重要的策略就是利用新的故事來引誘傻瓜，把這樣的故事植入他們的內心，以達成自己的目的。（附帶一提，從佛洛依德到康納曼，心理學家的角色莫過於引導人們說出他們對自己述說的故事，心理學家稱之為「心理框架」或「腳本」。）[26]

第 3 部：結論和後記。前兩部已經探討釣愚的諸多面向，大者如消費和金融市場，還有一些個別領域的具體事例，如國會選舉、大藥廠如何操弄監管機關和誘使醫師開立藥方等。我們將從這些案例和釣愚理論來描述經濟特性，各位也能透過這些分析了解、提防釣愚的發生。在結論〈美國的新故事及其影響〉中，我們將用這種新觀點來檢視美國當前的經濟和社會政策，並以三個不同領域的政策例子做說明。

結論之後是後記，此文乃為本書可能引發的種種批判而寫的。我們知道，有人必定認為釣愚之說為老生常談，故特以此文解釋本書提出的新觀點為何，對當前的經濟有什麼樣的貢獻。

最後，本書的主題雖然嚴肅，但仍不失幽默。除了領略本書要旨，我們希望讀者能從書中的故事和論述充分享受閱讀之樂。

第 1 部

付不完的帳單與金融危機

第1章
沿路都是誘惑

　　蘇西·歐曼（Suze Orman）是美國家喻戶曉的理財天后，我們有一次問了一位同行友人，想知道他對歐曼有何看法。正如所料，此人說道，他看她主持的理財節目，只看十秒就看不下去了。我們這票經濟學家都受不了她那套「老師在說，你有沒有在聽？」的論調，覺得她的投資建議過於天真，而且開口閉口都只是錢。

　　然而，還是有許多人和經濟學家的反應完全不同，就像筆者所認識最聰明的歐巴桑——國際貨幣基金組織咖啡館的收銀員提歐朵拉·韋拉葛拉（Teodora Villagra）。韋拉葛拉曾是難民，來自奧蒂嘉（Daniel Ortega）統治的尼加拉瓜。她在國會山莊（Capitol Hill）買了房子，兒子才剛大學畢業，主修電機工程，沒背負任何一毛錢的學貸。每天，韋拉葛拉要幫幾百個客人結帳、找零，但她總不忘跟每個人寒暄，還說下次再聊。她告訴我：「蘇西·歐曼最厲害的不是理財，而是能夠看穿人心。」她不僅買了歐曼寫的理財書拜讀，還送了一本給收銀台的同事。

看過歐曼的節目和聽完韋拉葛拉的說法之後，我們終於解開了先前教我們百思莫解的一個謎：為什麼歐曼的觀眾這麼信從她？在解開這個謎的過程中，我們發現了一個影響全世界數十億人的重大經濟問題。

平民理財天后 & 基礎經濟學

歐曼最暢銷的一本書是《實現財富自由的 9 個步驟：讓你不再為錢煩惱》（ *The 9 Steps to Financial Freedom: Practical and Spiritual Steps So You Can Stop Worrying* ），[1] 但她對消費支出與儲蓄的觀念和經濟學家（包括經濟學教科書）有著明顯的矛盾。在一般經濟學導論中，經濟學家總要我們想像去超市購物。我們會先有個預算，例如盤算蘋果和柳橙各要花多少錢。這兩種水果的數目組合方式有非常多種，但總之我們會選擇自己最滿意的組合，買下若干蘋果和柳橙。至於欲購買價格和數量的相關性，就是所謂的「需求」。[2]

這個經濟學的故事，表面上看起來平淡無奇，其實不是那麼簡單。這不是科學，而是動人、有力的修辭。經濟學教科書瞄準的讀者是大學新鮮人，書裡給的說法並非單純指買水果，而是指經濟決定的形成。做決定者已有預算，例如打算購買蘋果和柳橙等，會依據價格來做決定，而所做的選擇就是自己最想要的結果。這種修辭很有力，因為情境十分明確，就是在超市的水果區選購，不會有出人意料的行為。

　　大學新鮮人看到這個經濟學的例子，莫不點頭稱是，還無法想像把這樣的比喻套用在其他不同情境、更高深的經濟學，或是經濟研究所的課程中。他們囫圇吞棗般吞下教科書的修辭，認為一般人做決定的時候就是這麼想。真的嗎？在某些情境下確實如此，例如你在超市水果區選購水果的時候。但是在不同的情境下，教科書的修辭就沒那麼有力，例如翻閱《婚禮雜誌》（*Wedding Magazine*）的準新娘，預算和價格或許就不是她的首要考量，畢竟這是她一生中最重要的日子。此時，我們就得聽聽歐曼怎麼說，不只是因為她受到廣大觀眾的歡迎，而是因為這些觀眾就像絕大多數的人，所做的決定往往受到很多複雜因素的影響。

暢銷理財專家這麼說

　　除了像經濟學教科書中所述，消費者還會有其他的行為表現嗎？歐曼說，人在花錢的時候，經常會很情緒化，不能誠實地面對自己，因此不會理性預算。她怎麼知道？因為她是理財顧問，曾經做過一個試驗，要求新客戶把支出列出來加總。她發現，客戶總是會少算自己的支出。[3] 如果用去超市買水果那個比喻來看，她的客戶花了太多錢買水果，最後發現自己沒錢買雞蛋和牛奶。在現實人生中，這種預算差錯會使人變成「月光族」，每個月到了月底都把錢花光光，沒有錢可以儲蓄。在更糟的情況下，連撲滿都挖空了。在現代社會，很多人都用信用卡預先支付，如果無力繳款，就先欠著，累積了一堆卡債。至於代價？就是要付高額利息，即使在這漫長的經濟衰退期中，循環利率也幾乎高達 12 ％，[4] 在幾年前甚至還更高呢。

　　歐曼說，如果不能善用理性與情感好好地使用金錢，最後一定會被債務給壓垮。她的目標就是幫助客戶、觀眾和讀者減輕帳單負擔，以免三更半夜為了錢煩惱死了。儘管歐曼就像老媽一樣碎唸，但觀眾還是聽得下去。值得一提的是，歐曼出的書的副標——讓你不再為錢煩惱，正好切中一般人的財務困境和他們的心事，這是她一系列理財書的中心思想，但相關詞彙很難在一般經濟學教科書中找到。

統計學的故事

　　我們可以不必把歐曼的話當聖經，但從統計學的角度來看，可以看出很多人的確在煩惱入不敷出的問題，如經濟學家安娜瑪利亞·盧莎蒂（Annamaria Lusardi）、彼得·圖法諾（Peter Tufano）和社會學家丹尼爾·施奈德（Daniel Schneider）的觀察。這三位學者在問卷中提出這麼一個問題：「如果這個月你臨時必須支付一筆 2,000 美元的錢，請問你有自信拿得出這筆錢來嗎？」[5] 接受問卷調查的都是美國人，有將近 50 ％的人答道，自己根本籌不出這筆錢或可能籌不出錢來。近日，盧莎蒂在訪談中提到，接受問卷調查者如有一個月的時間可以籌錢，就可

以籌得出來，可能透過房子抵押貸款、用新申請的信用卡預借
現金，或是向父母、兄弟妹妹或親友借錢。

我們可透過消費者財務統計來了解，為什麼那麼多人連
2,000 美元都很難籌得出來。最近有篇經濟學專文探討這種「左
手進、右手出」的消費型態，文章中說，2010 年，家庭成員
為工作年齡的一般美國家庭，可支配現金（儲蓄或貨幣市場存
款帳戶裡的錢），已少於一個月的收入。因此，平均持有股票
或債券為零，也就不令人覺得奇怪了。[6] 有一項研究以英國人
的記帳紀錄進行調查，發現很多人都為了帳單而煩惱。以領月
薪的人來說，每個月最後一週的花費，要比領到薪水的第一週
減少 18％。[7]

此外，我們也知道很多家庭入不敷出。約有 30％的美國
家庭在過去五年內，至少有一次因為沒錢而不得不接受高利貸
的剝削，例如去當鋪、用汽車借款，或是申請短期貸款等。[8]
2009 年，2.5％的戶主在過去兩年內曾經破產，而且大都是在
金融危機發生之前。[9] 這 2.5％的人看起來只是極少數，但足以
顯示有相當數量的人畢生都會嚐到破產滋味。我們還不知破產
兩次以上者的比率是多少，但曾有破產紀錄者如果在五十多年
的成年歲月中再破產兩次，就此推算，有微幅超過 20％的美
國成年人將會遭遇破產。[10]

強制遷出住所則是另一個例子。根據社會學家馬修‧戴斯
蒙（Matthew Desmond）的調查研究，從 2003 年至 2007 年，

在威斯康辛州密爾瓦基市（Milwaukee）遭到強制遷出的居民，每年比率為 2.7%，[11] 這也是發生在金融危機之前的統計數字。破產與遭到強制遷出住所的比率只是冰山一角，自由市場還有更大的問題隱藏在底下。即便是在現在的美國，美國人的消費總額已經創下人類歷史之最，大多數的人都為了帳單煩惱。至於走投無路的人，有的宣告破產，有的則是遭到強制遷出住所。

凱因斯的預言

我們也從解開蘇西·歐曼之謎發現了另一個視角：大多數的人都認為，如果收入能夠提高五倍以上，就能高枕無憂了！其實，最敏銳的英國經濟學家凱因斯（John Maynard Keynes）早在 1930 年就是這麼想的。他在那年發表了一篇文章，預言一百年後（即 2030 年）的人類將過著什麼樣的生活。[12] 以現代人的生活水準而言，差不多都被凱因斯說中了：他預測百年後人類的生活水準，將提高為原來的八倍。以 2010 年的美國而言，人均收入是 1930 年代的 5.6 倍。[13] 再過二十年，也就是凱因斯預言中的 2030 年，由於人均收入的年成長率平均為1.5%到 2%，不得不說凱因斯的預言實在神準。

但是，從另一方面來看，凱因斯的預測則完全不準。他沒說百年後的後代將會為了錢而煩惱，他說的是後代將不知如何運用餘暇，因為百年後的人們每週只需要工作 15 小時。[14] 凱因斯說：「男女都一樣，將會閒得發慌……就像目前英國和美國有錢人家的太太一樣，不必從早到晚辛勤操持家計，但也因為沒有什麼事好做，百無聊賴。」[15]

現在來看，這樣的陳述似乎政治不正確，但也預見了一個潛藏於社會深處的問題。在那三十年後，貝蒂・弗萊頓（Betty Friedan）以《女性的奧祕》（*The Feminine Mystique*）一書發動了現代婦女運動，破除社會對女性的偏見與歧視，鼓勵女性追求專業技能、高等教育與政治權利，使女性能做的事不再只是待在家裡「相夫教子」。儘管現在美國人的收入已經是凱因斯那個年代的五倍以上，卻不像他說的那樣「閒得發慌」，很多家庭主婦反而都有蠟燭兩頭燒的感覺。誠如女性主義學者亞莉・霍奇斯柴德（Arlie Hochschild）在《第二班》（*The Second Shift*）中所言，她們必須兼顧職場與家庭，就像輪班一樣，在完成第一班的工作之後，還得去做第二班的工作。[16] 這和凱因斯所說的「閒得發慌」，實在是天差地遠。

凱因斯的預言雖然有荒謬的一面，但幾乎所有經濟學家對消費和餘暇的看法皆是如此——蘇西・歐曼除外。凱因斯還有一個預言也一樣失準：百年後的人們不但有更多空閒時間，由於收入提高了很多，每個月的帳單都可以輕鬆付完，甚至可以存下很多錢，不再出現月底捉襟見肘的窘況。正如我們所見，這個美好的預言同樣失準。

現代人為什麼會這麼窮?

　　現代家庭主婦為何做牛做馬那麼累,卻存不了什麼錢?這是因為自由市場不只生產我們真正想要的東西,也製造了許許多多我們不想要的東西,但我們最後卻常屈服於這個市場的銷售攻勢,乖乖掏出錢來。在美國,幾乎每個生意人的目的就是要你消費──券商、債券營業員和銀行行員除外,我們會在後文討論這點。自由市場持續不斷地製造誘惑,我們的人生就像開車到購物中心的停車場,繞了一圈又一圈,最後發現只有殘障車位是空的。

　　無論你走在哪座城市的街道上,每家商店的櫥窗都花枝招展地引誘你進去購買。筆者小時候住的地方,附近的商店街就有寵物店,櫥窗內展示了一窩活蹦亂跳的小狗,有位路過的小姐還為寵物店的小狗寫了一首歌謠。

> 櫥窗裡的那隻小狗多少錢?(汪,汪。)
> 尾巴搖來搖去的那隻。
> 櫥窗裡的那隻小狗多少錢?(汪,汪。)
> 希望小狗還沒被買走。[17]

　　這首歌謠後來成為人人琅琅上口的童謠,小狗會擺在櫥窗當然是店家的心機,就是要吸引你上門。「櫥窗裡的小狗」這樣的隱喻,意指所有自由市場的活動,無論我們走到哪裡,商品就像小狗一樣對我們猛搖尾巴。不管我們到購物中心、生鮮超市、汽車展示中心或房屋仲介公司，商人早已對我們撒下誘網。舉例來說，超市總是把雞蛋和牛奶擺在最裡面，因為這些是顧客最常買的商品，你得從外面往裡面一直走，行經一排又一排滿是其他商品的貨架，而這些商品會不斷地提醒你，是否該補貨了？[18] 於是，在你拿到雞蛋和牛奶之前，已經不小心在購物車裡擺了一大堆東西，而且在你排隊等候結帳的時候，收銀台旁也有許多糖果和雜誌讓你或你的小孩順便放進購物車裡。以前，收銀台旁總會擺放各種品牌的香菸，提醒癮君子別忘了拿幾包一起結帳。

　　店家就是用糖果和香菸當釣餌，意圖捕獲顧客。超市裡還有好幾千種釣餌，以各種誘人的姿態擺放在貨架上，每一種背後都有強大的行銷團隊或促銷活動，銷售手法更是無奇不有。不只是超市，幾乎我們買的每樣產品都是商人布下的餌。美國參議員伊莉莎白・華倫（Elizabeth Warren）就強調信用卡特別具有誘人購物的魔力，[19] 我們將在後面的章節深入討論這個問題。沒錯，引誘消費者購買、消費，就是自由市場的本質。正如蘇西・歐曼所言，消費者需要很強的自制力，內心要有一個聲音不斷地提醒自己：這個不需要，別買！那個是奢侈品，省點吧！你必須控制預算，才不會透支。

　　這就是凱因斯的預言失準的原因。儘管我們已經比 1930年代的人富裕 5.6 倍，但自由市場為我們創造出更多「需求」，想出各種新方法要把東西賣給我們。雖然大多數的人在一時興起想要買小狗時會三思，但不是所有的人都能夠無時無刻保持理性、拒絕誘惑。無論在街道上、超市走道或購物中心，誘惑無處不在，現在又多了網路購物這個令人容易沉迷的管道。

有人說，我們的困境是現代消費主義造成的，我們太重視物質、物欲太重，把靈魂賣給了魔鬼。但是，對我們而言，問題的核心在於自由市場的均衡——這個市場針對每個人性弱點提供了許許多多的釣餌，願者上鉤。就算平均國民所得再提高5.6倍，我們依然會陷入入不敷出的困境。

第 2 章
信譽透支與金融危機

　　2008 年全球金融危機的相關故事，已經被重複寫過沒有上千次、也有好幾百次了。很多報導以書本形式呈現，故事焦點也許是其中一家公司或政府機構，例如摩根大通（J. P. Morgan Chase）、高盛（Goldman Sachs）、貝爾斯登（Bear Stearns）、雷曼兄弟（Lehman Brothers）、美國銀行（Bank of America）、美林（Merrill Lynch）、聯準會（Federal Reserve System）、美國財政部、房利美（Fannie Mae）、房地美（Freddie Mac）等，故事的背後都隱藏了一個訊息，也就是「我們機構」是整場危機的核心問題。[1] 在金融危機烏雲籠罩全球之際，正是財經報導大放異彩之時，有關金融危機的剖析篇幅通常多達五百頁，但我們在本章有不同做法，會簡扼點出這場金融危機的關鍵：一場我們稱為「信譽透支」的釣愚騙局。

高價賣爛梨

　　如果我是賣酪梨的，信譽良好，每個人都知道我賣的酪梨

熟得恰到好處又甜美，我就有賺錢的機會了！我就能用最貴的
價格賣你最普通的酪梨，利用我的信譽讓你上鉤，藉此牟利。

這個賣酪梨的故事，就是整場金融危機的核心問題。「信
譽透支」關乎許多金融機構的信譽，而整起事件主要是固定收
益證券評等系統的顛覆。美國大型信用評等機構的信譽，是基
於百年來的債券評等建立起來的，一般大眾都會參考信用評等
公司發布的資料，視為是否可能違約的指標。在 1990 年代末
期至 2000 年代初期，這些信用評等公司展開了一項新任務，
不只評等債券，也將更為複雜的證券——新衍生性金融商品納
入評等。回到前述那個酪梨買賣的比喻，這些衍生性金融商品
就像新品種的酪梨一樣，由於才剛出現、十分複雜，買家很難
判斷它們是否和賣家標榜的一樣好。不過，既然這些信用評等
機構以前在賣舊品種酪梨（較簡單的舊型證券）時都十分值得
信賴，買家沒理由突然不相信他們，懷疑他們對新金融商品的
評等。

然而，買酪梨（證券）的一般大眾，渾然不知這其實是場
騙局。如果他們無法分辨品質良好的酪梨、普通酪梨，甚至爛
酪梨，賣新品種酪梨（新金融商品）的人，何必辛苦生產最甜
美的果實？他們可以用比較低廉的成本生產次級的新品種酪
梨，只要通過信用評等機構獲得 AAA 評等就可以大發利市，
儘管這麼做會損害這些信用評等機構的信譽。在現實世界中，
不動產抵押資產擔保證券（mortgage-based asset-backed securi-

ties）就是這樣的酪梨買賣。

這不只是真實的災難，也是我們預期釣愚均衡中會有的情況。在這樣的生態中，賣好酪梨的良心農夫根本無法和奸詐的賣家競爭，因為就算他賣的酪梨品質再好，也只能和奸商的普通酪梨賣一樣價格。但生產好酪梨的成本比較高，在不敵競爭的情況之下，有良心的農夫只好把酪梨果園賣給奸商或是宣告破產。經濟學家卡爾‧夏皮洛（Carl Shapiro）早在 1982 年就曾描述過這種均衡，他論道正是因為這種均衡，次級貨才會淹沒自由市場。[2] 早在 2008 年金融危機發生之前，真正爛透了的產品偶爾仍可成功賣出。

此時，可能有人會問，販售評等與品質不符的新品種酪梨（評價過實的新型證券），為何會釀成全球金融危機？答案說起來也很簡單，因為大型金融機構如商業銀行、避險基金、投資銀行等的錢都是借來的。以投資銀行為例，總資產有超過 95％都不是自己的，其中有一部分就是前述的新品種酪梨（複雜的不動產抵押衍生性金融商品）。[3] 只是，夜路走多了，難免會碰上鬼；他們賣出的新品種酪梨被人發現有些裡面都腐爛了，於是酪梨價格就在一夕之間崩盤。但是，這些金融機構的資產無法償還龐大債務，結果 2008 年從法蘭克福、倫敦到紐約，全球各大城市都被捲入金融風暴，就連小小的冰島首都雷克雅維克（Reykjavik）也不例外。為了解決這些「問題資產」，美國聯準會和歐洲中央銀行不得不出手紓困，以免釀成全球經濟崩壞，乃至重演 1930 年代大蕭條的慘劇。[4]

在這個金融泡沫不斷脹大與破滅的過程中，「釣愚」扮演了一個非常關鍵的角色。由於沒有人懷疑信用評等機構，2008年的金融危機實在無法避免；就像我們要是一直相信電腦很安全，不會遭到駭客或病毒的侵害，總有一天會深受其害。

關於 2008 年金融危機的七個問題

接下來，我們要來探討這場金融危機的一些細節，先思索下列這七個問題：

1. 為何在 1950 年代、1960 年代和 1970 年代，為證券（酪梨）評等背書的投資銀行值得信賴？
2. 當時的信評機構為何能正確評定那些「酪梨」的等級？
3. 投資銀行的誘因出現什麼變化，導致信賴不再是他們的營運基礎？
4. 誘因改變如何連帶影響信評機構，讓他們做出假評等？
5. 信評機構如何利用信譽大賺一票？
6. 買爛證券（酪梨）的人為何那麼容易上當？
7. 「爛酪梨」的真相被揭穿後，為何整個金融體系馬上變得岌岌可危？

為什麼投資銀行在過去值得信賴？

美國及全球經濟體產生證券的機構，在 1970 年至 2005 年

之間出現巨變，如果一個投資銀行家在 1970 年陷入昏迷，到
2005 年奇蹟般康復，必定有恍如隔世之感，因為整個系統都
不一樣了。他會發現自己服務的銀行規模變得十分龐大，假設
他原本在高盛工作（我們在本書會反覆使用高盛當作例子），
該行資金已變為原來的五百倍以上。1970 年，高盛的資金只
有 5 千萬美元；[5] 到了 2005 年，其資金已高達 280 億美元，總
資產超過 7 千億美元。[6] 相形之下，這段期間的美國國內生產
毛額（未經通貨膨脹調整），只是原來的十二倍。[7]

　　如果我們回到過去那個似乎比較簡單的年代，將可看到一
個完全不同的世界──那時的投資銀行有強烈誘因給予證券正
確評等。在 1970 年，一般的投資銀行，如高盛、雷曼兄弟
等，也像傳統銀行，會提供諮詢服務給大企業。投資銀行的代
表熟諳華爾街運作之道，負責讓客戶了解金融世界的現況，這
種角色有如一位「值得信賴的好朋友」，就像企業財務長在華
爾街的高中或大學同儕，會不時指點企業節稅之道，傳授如何
走法律漏洞等妙方。

　　這位「值得信賴的好朋友」會盡心盡力為企業服務，但並
非一無所求，他會要求當企業發行股票或債券的承銷商做為回
報。亨利‧福特（Henry Ford）過世之後，福特汽車公司（Ford
Motor Company）在 1956 年首次公開募股，高盛就接下了這張
大單。[8] 福特汽車首次公開募股可說是件複雜的大事，不但牽
涉到稅務與公司結構重整，還必須兼顧福特家族與福特基金會

（The Ford Foundation）雙方的利益。亨利・福特創立公司不久，就設計出雙層股權系統，儘管後來公司由外人擔任管理者，但福特家族仍對公司擁有絕對的控制力。在這套特殊股權系統之下，亨利・福特把公司股票拆成無投票權的普通股和擁有完全投票權的 B 類股，B 類股只有福特家族成員才能持有。因此，福特家族成員擁有投票權，但持股甚少，而福特基金會則擁有大多數的普通股，但沒有投票權。[9]高盛的資深合夥人西德尼・溫伯格（Sidney Weinberg）花了兩年的時間，為福特首次公開募股運籌帷幄。儘管他個人得到的報酬只有 25 萬美元，[10]但他不但進了福特汽車的董事會，福特成為高盛的死忠客戶，高盛更是成為華爾街投資銀行的老大，拿下福特汽車首次公開募股的承銷權。

1970 年代末期，高盛另一位資深合夥人約翰・懷海德（John Whitehead）深怕公司規模愈來愈大，會辜負客戶的信賴，於是提出十四條原則，發給全公司員工做為未來指引。第一條原則開宗明義便是：「客戶利益至上。經驗告訴我們，只要我們盡心盡力為客戶服務，成功就會接踵而至。」[11]福特首次公開募股案就是魚幫水、水幫魚的明證，但誠如懷海德所憂懼的，他提出的這些原則非但沒能成為公司未來的發展指標，反倒成為已逝世界的象徵。

在那個年代，投資銀行的信譽不只可以吸引客戶，也是與其他投資銀行建立關係的基石。在股票或債券發行之時，如果發行量大，往往會由多家承銷商組成一支承銷團隊共同承銷，由一家主承銷商帶頭。[12] 因此，信任不只是客戶與承銷商之間最重要的連結，共同承銷商之間也需要信任才能一起合作。

當時的信評機構爲何能正確評定那些「酪梨」的等級？

在那個比較簡單的年代，投資銀行不只有誘因產生良好證券，信用評等機構也有誘因正確評定證券的等級。信用評等機構——從慕迪（Moody's）的發展史來看特別清楚——自創立以來，一直努力避免利益衝突。儘管慕迪的收益只來自評等刊物的銷售和少許手續費，也還是能夠經營得下去，雖然窮但行事謹慎。[13]

當時，正如我們所見，對大型承銷商而言，沒有什麼比信譽更重要的。再舉一個高盛的例子，1969 年，高盛承銷賓州中央鐵路公司（Penn Central）8,700 萬美元的債券；[14] 不到一年，賓州中鐵就破產了，連高盛合夥人自己的資產都岌岌可危。投資人認為，高盛已知賓州中鐵體質不良，卻沒有揭露事實，因此對高盛提出訴訟。

高盛辯道，他們雖然已知賓州中鐵營運虧損，但由於該公司擁有相當多不動產，應可彌補營運虧損。高盛這回算是走運，只花不到 3 千萬美元就和投資人和解，輕鬆過關；若是倒楣，公司所有合夥人的資產全數拿出來賠償還不夠。[15] 這起事件提醒了每家投資銀行做不得一丁點見不得人的事，與信用評等機構的關係也得光明正大。

投資銀行的誘因出現什麼變化，導致信賴不再是他們的營運基礎？

　　但世事多變，投資銀行與信用評等機構都步入了新世界，亦即前述那位在 2005 年甦醒的投資銀行家所見。再以高盛為例，在 1970 年，高盛所有資金皆歸合夥人所有；1999 年，高盛公開上市，自此合夥人就不必擔心私人財產受到官司敗訴而受到牽連。[16] 過去，高盛的業務皆以證券或債券的承銷為主，現在已走向多角化經營，除了交易自己的帳戶（其交易廳大如美式橄欖球場），還包括避險基金的操作，以及設計、組合與包裝新的衍生性金融商品。

　　高盛舊址在紐約市布羅德街（Broad Street）20 號，辦公室狹小，但牽了 1,920 條私人電話線。[17] 如今，高盛已經擴展到全世界，不只在紐約、倫敦和東京設立辦公室，不久即將攻下像印度班加羅爾、卡達杜哈、上海這樣的金融新熱點，也在小小的紐澤西州普林斯頓扎根。[18] 2009 年開幕的高盛新總部，正是這個金錢帝國的象徵：[19] 樓高 43 層，占了兩個街區；美國建築評論大師保羅・高伯格（Paul Goldberger）描述，這棟大樓有如一座「低調的宮殿」。[20]

　　從高盛的金融運作來看，他們和其他投資銀行一樣，都是「影子銀行」（shadow bank），亦即每晚利用一再展延的借款來進行投資。這些借款來自大投資人的巨額流動資產，而這些投資人或許是商業銀行、貨幣市場基金、避險基金、退休基金、保險公司等大公司。每晚投資金主將幾十億的錢——我們稱為「存款」——交付給投資銀行，而投資銀行答應在次日償還。這種交易也就是所謂的「附買回協議」（repurchase agreement），交易雙方同意債券持有人賣出債券後在約定日期回購，而回購價格必須高於賣出價格；購入債券的一方為貸款人，賣出的一方為借款人。如此，借款人可獲得雙重保障，不僅可在次日把錢拿回來，萬一高盛無法履約，借款人依然老神在在，因為附買回協議都有和借款等值的擔保品，如果投資人錢拿不回來，直接沒收擔保品就是了。

這種交易大行其道，是因為握有巨資者擔心，萬一把錢放在商業銀行，假如銀行倒閉，就會蒙受很大的損失，因此寧可放在投資銀行。[21] 加州帕薩迪納印地麥克銀行（The IndyMac Bank of Pasadena）就是一個血淋淋的例子，該行 2008 年 7 月出現巨額虧損和擠兌，而美國聯邦存款保險公司（Federal Deposit Insurance Corporation, FDIC）提供每個帳戶的存款保險最多只有 10 萬美元，超過 10 萬美元的部分就危險了，因為美國聯邦存款保險公司起先只承諾補償 50％。[22] 因此，持有龐大流動資產者把錢放在大型投資銀行比較安全，因為至少還有擔保品在，不會血本無歸。

投資銀行接受這些隔夜存款還有一個原因，再以高盛為例，1970 年代末期，這家投資銀行才發現可以利用借來的錢，用自己的帳戶交易獲得龐大利益。像高盛這樣的投資銀行，不只是美國金融業的龍頭老大，更是全世界的金融交易巨鱷。華爾街的瞬息萬變給了高盛優勢，可以隨時掌握金融世界的訊息，並且詮釋這些訊息，但高盛並未明顯違反內線交易法——就像一個情竇初開的少年，擁有初吻的第六感，知道何時可以親吻心儀的女孩、何時接受對方的獻吻。

從 1960 年代末期到 1970 年代中期，葛斯・李維（Gus Levy）接替溫伯格成為高盛的資深合夥人。他發現，為機構投資人進行大宗股票交易獲利可觀。[23] 由於高盛與這些機構交好，如有大宗股票交易就能為之媒合，或是暫時持有這些股票留待日後轉售，於是高盛開始利用自己的帳戶交易。然而，如果扮演中間人的角色，則無法避免會有利益衝突的問題：高盛不只服務客戶，買家該付多少、賣家該付多少，高盛自己又要拿多少？當中的差額是否該給高盛？

正是這種潛在的利益衝突讓懷海德不安，因此為公司員工寫了那十四條業務原則。他擔心高盛會失去服務顧客的倫理精神，那是自馬克斯・高曼（Marcus Goldman）1869 年創立這家公司以來一直秉持的精神。當年，高曼充當小額貸款人和機構放款人的中間人，經常借錢給曼哈頓下城的猶太珠寶商和皮革商人，收取本票和一點利息。他把收來的本票都夾在帽沿裡，然後賣給商業銀行，賺點蠅頭小利。跟他買本票的銀行知道他信用可靠，會維護他們的利益。[24]

　　但是到了 20 世紀，「客戶利益至上」不再是理所當然的事。威廉‧科漢（William Cohan）在《高盛如何統治世界》（*Money and Power*）一書中，引用了一位避險基金經理人對高盛現行做法的觀點：「高盛目前的問題有如面對兩扇門——要選擇第一扇門，還是第二扇門？哪扇門才能為我帶來最大的利益？畢竟，你可不想走錯門，放過賺大錢的機會。」[25] 這種做法似乎和老高盛精神背道而馳，不再永遠把客戶利益放在前頭、做企業值得信賴的好朋友，提供最佳建議給他們，以期有一天取得承銷資格。

誘因改變如何連帶影響信評機構，讓他們做出假評等？

　　不只投資銀行變了，不再是企業信賴的好朋友，投資銀行與信用評等機構的關係也有了改變。在金融危機爆發前，全球經濟充斥欣欣向榮的假象，信評機構有充分誘因給每檔新發行的證券最好的評等，只是這樣的評等不一定正確。其實，自1970 年代起，慕迪就開始向委託評等的投資銀行收費。慕迪發現，向這些發行證券的投資銀行收費，從傳統的「評等訂閱者付費模式」改為「發行人付費模式」，獲利就可飆升。[26] 一開始，慕迪只是試試水溫，幾乎沒有人知道這種營利模式的改變，畢竟在那個年代銀行業仍是企業的益友，信譽至上，哪能讓人知道證券評等是買來的？

　　但是，自從營運的誘因改變了之後，信評機構對客戶的態度變成「第一扇門，還是第二扇門」的選擇，受評機構也了解如何利用評等讓自己獲得最大回饋——這就是競爭市場的運作之道。投資銀行希望從信評機構的交易獲得什麼？當然是優良評等。他們日後必須支付多少利息，完全視信評機構的評等而定。如果投資銀行發行的證券或債券評等不佳，哪還要做什麼生意？由於花錢的人是老大，投資銀行既然付了錢，就會對信評機構施壓。就像前述情竇初開少年的初吻，這種事其實不用明說，信評機構自然了解投資銀行要什麼，如果給的評等不好，以後就不用往來了——這點在現在特別真實，因為現在投資銀行通常身兼證券的發起人和發行商。[27]

　　自此，命運逆轉，投資銀行不再兢兢業業等待信評機構謹慎評定的結果。既然已經付了錢，好整以暇等待最佳評等入手即可，信評機構也知道評等有違客戶期待會有什麼下場。

信評機構如何利用信譽大賺一票？

　　在此，我們略窺複雜金融結構點石成金的魔法。有些魔法是真實的，有些則是騙人的，佐以誘人上鉤的手法。在現代衍生性金融商品出現之前，企業通常會把收益分成兩個部分，一部分支付公司債券所有人，另一部分給持有公司股票的人——或當保留盈餘（retained earnings），即公司盈利不發給股東，留待投資或業務擴展需要。持有公司債券者可以獲得固定利息，剩餘的才會發放股息給股東。然而，在現代金融世界，收益的分配方式已經多到令人眼花撩亂的程度，如果依照風險的高低來分配（如持有債券風險低、持有股票風險大），也就簡單明瞭，但收益分配可能會遭到濫用，進而誤導投資人。例如，一家商業銀行或投資銀行可能取得一堆不良資產，利用複雜的方法組合、包裝，讓信評機構以為這些委託審查的資產大致上沒有問題。經過這種巧妙操作，不良資產就能變成黃金商品，好的包裝就是魔法師的道具，而信評機構在錯誤的時間點聚焦錯誤的事，就是魔法師如此成功的原因。

這正是次級房貸市場亂象的由來。過去，銀行貸款給購屋者，並且取得抵押權。銀行在地深耕，自然知道如何正確評定房屋價值和貸款人的信用。銀行放貸之後，即取得房子的抵押權，可把該不動產債權加入資產投資組合。後來，他們發現可以規避持有單一地區貸款的風險，為了避險就把多筆房貸資產透過證券化，依債權風險和收益分類，經過不斷切割、信用加強和重新包裝等程序，轉換成小單位的房屋抵押貸款證券賣給投資人。就這樣，銀行經由房屋資產的證券化，將利率和信用風險轉嫁出去。所以，德拉瓦州的銀行不再只是持有當地房屋的債權，愛達荷州的銀行也是一樣，他們持有兩州資產重新分割組合的金融產品，而美國的每家銀行都是如此，資產組合來自全美各地。銀行不但收了房屋貸款開辦費，還可以利用房屋債權的證券化大撈一筆,而這些資產組合的始祖,就是百年前高盛創辦人高曼收到的本票,當時他把它們收起來放在帽沿裡,然後賣給商業銀行。

不過,這些風險分擔的利得,只是貸款包裝組合可觀利潤的一小部分而已。如果包裝得非常精巧、完美,甚至連信評機構都不會發現,那麼就算被稱為「忍者」(NINJA)的房貸戶——沒收入(No Income)、沒工作(No Job)或任何資產(Assets)的人——也能夠申請過關,而銀行也能夠從這些人身上賺到錢。那麼,銀行要如何化腐朽為神奇,隱瞞這些不良貸款呢?障眼法。他們讓信評機構看不到不良貸款,但他們不是直接把房屋抵押證券包裝出售,而是依照投資人能夠承受的風險等級分為不同分券。其中的分類想當然耳非常複雜,我們在此簡單舉個例子:某個分券只是抵押包裝的利息付款,另一分券則可能是本金還款。這裡只是要讓各位知道,金融交易的手法真的非常複雜,就像給孩子一把剪刀、一張色紙,就能剪出無限多的花樣,各種分配方法和收益都是不同的金融商品。

經過如此巧妙的手法,房屋貸款抵押商品宛如七十二變,令人無法分辨良窳。房屋債權經過重重分割、組合,利益分配複雜之至,再也不像過去銀行每個月從購屋者收取房貸利息和本金那麼簡單。由於不動產抵押證券複雜到難以查核,信評機構也樂得睜一隻眼、閉一隻眼。[28]

商學院教的現代統計學,更是助長了這股歪風;根據統計學，違約率可從過去貸款違約的歷史紀錄來預測。由於不動產抵押貸款證券的評等如此優良，導致抵押貸款更容易，進而帶動房價大幅上漲。房價上漲加上總就業率提高，貸款違約率也來到歷史新低。[29]

用以預測違約風險的系列統計資料只包含房價上漲時期，因此違約事例很少見。銀行推出的新衍生性金融商品經過特殊包裝與設計，讓人有違約率極低的幻覺。評等刻意被拉抬本身就是房價上漲的重要因素，致使房屋的需求提高。信評機構的評等失準，只要承銷的投資銀行滿意，願意繼續往來就好了，畢竟他們是評等的付費者。這種種的一切，簡單來說，就是信評機構利用以前的信譽在做生意，與投資銀行成為一丘之貉，等待房屋抵押證券的投資人上鉤。

那我們怎麼知道信用評等被灌水？很簡單，光是慕迪一家信評機構從 2000 年到 2007 年，就給 45,000 檔房屋貸款抵押證券 AAA 評等，但在 2010 年，只有 6 家美國企業獲得 AAA 評等。[30] 對於這種信用膨脹的情形，在金融危機爆發之時，慕迪一位常務董事在員工大會後坦承：「我們為何不能預見信用寬鬆後變得緊縮，無法預料房價從大漲到大跌？綜合而論，這些錯誤凸顯了我們的信用分析能力不足，或者我們為了利益把靈魂賣給魔鬼，也可能兩者都是。」[31]

買爛證券（酪梨）的人為何那麼容易上當？

美國和廣大世界的投資人一片欣喜，沒有理由懷疑。大家都被自由市場的奇蹟洗腦，不知道自己即將成為上鉤的傻子，以及這一切假象的後果。等到真相大白，世人才知道那些衍生性金融商品金玉其外、敗絮其中，很多人都買到爛酪梨。正如前述，包裝、推出這些金融商品的人和負責評等的機構當然不會揭露玄機，因為他們沒有動機這麼做。人類在評估什麼對自己最有利時通常帶有偏見，在評估什麼無利可圖時也帶有偏見。這些包裝組合的始作俑者通常是投資銀行，因為提議的條件獲得優良評等而有高昂報酬。評等機構給的評級如果讓投資銀行不滿意，往後可就沒生意好做了。所以，無論對投資銀行或信評機構來說，要回頭仔細拆解、分析那些衍生性金融商品，不但極度困難、甚至不可能，更是沒有利益的事。

只有極少數的明眼人看穿投資銀行葫蘆裡賣的是什麼藥，就像麥可·路易士（Michael Lewis）在小說《大賣空》（*The Big Short*）中刻畫的那幾個投資英雄，發現賣空次貸債券將有龐大的獲利潛能。[32] 不過，包裝內容物遭到刻意隱藏、從外表看不出，不良證券被華麗的優良評等粉飾；像《大賣空》中那幾個敢和整個次貸市場對賭的人，實為難得一見的異數。

讓我們再回到高盛。在金融風暴來襲前、2006 年夏季時，高盛房屋抵押證券交易部門的交易員賈許·伯恩邦（Josh Birnbaum）洞察衍生性金融商品的障眼法，發現次級房貸的風險很高，有如一顆隨時可能爆裂的炸彈，就連高盛恐怕都會屍骨無存。[33] 他最早察覺到房貸違約率的升高，然後深入了解次貸違約危機。伯恩邦說服主管和高盛高層懸崖勒馬，開始放空次級房貸相關衍生性金融商品，提高避險比例。高盛這次的反向操作，由做多次級房貸轉為放空，救回了數十億美元。到了 2009 年 10 月底，伯恩邦的部門因為放空次級房貸大賺了 37 億美元，[34] 足以彌補高盛在次貸市場損失的 24 億美元。翌年，據說他拿到 1 千萬美元的獎金，不久就離開高盛。伯恩邦說：「我想，必須從當事人的角度來看，才知道是否公平。如果你是鋼鐵廠的工人，或許會覺得我的報酬很好。但如果你是避險基金經理人，可能就不會。」[35]

「爛酪梨」的眞相被揭穿後，爲何整個金融體系馬上變得岌岌可危？

金融體系往往禁不起這種釣愚騙局的打擊。在金融危機發生之前，投資銀行雖然有幾兆美元的資產，但每晚有一大部分需要再融資，如果資產現值低於負債總值，就可能出現巨大的財務缺口，導致破產。

舉個例子來說，聯合航空（United Airlines）在 2002 年秋季，就因為資產總值小於貸款總額，向聯邦政府申請聯邦政府貸款擔保遭拒，因而走向破產之路。該公司根據美國聯邦破產法第 11 章申請破產保護，與工會協商，預計每年縮減 30 億美元的薪資支出，而公司債券持有人每 1 美元只能拿回 4 美分到 8 美分。該公司藉由破產保護違背償付退休金的承諾，把爛攤子交給美國政府的退休金福利擔保機構，員工的退休金因此遭到大幅刪減。但儘管營運費用減少，員工和投資人也深受其害，大多數員工還是保住了工作。聯合航空重組之後，終於在 2006 年脫離破產保護，後來更與大陸航空（Continental Airlines）合併。今天，聯合航空依然「翱翔天際，給乘客友善的體驗」，作曲家喬治・蓋希文（George Gershwin）的《藍色狂想曲》（*Rhapsody in Blue*）也還在機艙內迴盪。[36]

但投資銀行無法像前述那樣進入第 11 章的破產程序，同時繼續正常營運，因為融資方式不同。這些銀行每晚借貸的金額少說也有數十億美元，不但隔日就必須償還，而且依據附買回協議，還得提供與借款等值的擔保品，萬一無法償還，擔保品就會被沒收。假設某家投資銀行某日的借款總額為 3 千億美元，但銀行的資本和資產不足這個數目，就無法像申請破產的聯合航空那樣起死回生。為什麼？因為債權人不必等破產法庭裁定，只能拿打了折的本息，只要他們的錢回不來，就會立刻取走擔保品。至於投資銀行則因為資金短缺，在翌日早上就不能營業了。試問：如果一家銀行就要倒閉，誰還敢捧著白花花的鈔票上門？

由此可知，新的金融體系過於依賴短期借款，一旦資產被高估的真相曝了光，就有全面崩壞的危機。雖然房屋貸款抵押證券可能獲得極高評等，但都是建立在岌岌可危的次級房貸之上；如果有人發現這些貸款的價值比預想的低很多，投資銀行就會破產。

在金融危機爆發之前，經濟學家認為投資房屋貸款抵押證券的人應該懂得自保，他們料想投資人應該會像上過當的溫伯格那樣謹慎。這位高盛帝國的奠基者直到死前，都在辦公室擺了個不起眼的紀念品，那是一只小布袋，裡面裝了幾顆小石頭，那是他年輕時去尼加拉瀑布遊覽時花 50 美分買的。當時，一個巧言如簧的騙子跟他說，瀑布底下有豐富的鑽石礦，他手裡的小布袋就裝了幾顆鑽石，開價 1 美元。溫伯格說，他身上只有 50 美分，最後就以 50 美分成交。[37]

「如果那傢伙要把瀑布底下的鑽石賣給我，我該買嗎？」要騙傻瓜上鉤，自然得迴避這種令人尷尬的問題。新經濟的迷思就是，房屋貸款抵押債券很複雜、經過精心設計，虧損的風險極小。信評機構的優良評等更是強化了這種迷思，只要這種迷思不被戳破，釣愚就是一門絕佳的好生意。

危機之後：評等機制的公正性

洋洋灑灑，這就是「釣愚均衡」。只要投資大眾願意吞下這個迷思，投資銀行就有誘因賣爛酪梨，並且設法從信評機構那裡獲得最佳評等以做掩飾。很遺憾，這就是事情的真相。

2008 年，時任紐約州檢察總長安德魯‧郭謨（Andrew

Cuomo，現任紐約州州長）對信評機構展開調查，和這些機構達成協議，要他們在 42 個月內嚴謹地調查、檢討房屋貸款抵押證券評等的評估條件，並且公布檢討報告。為了避免投資銀行用錢買評等，協議要求實施新的評等收費制度，即使嚴格評審或評等不為投資銀行所用，投資銀行依舊必須付費。[38] 2010年，由歐巴馬總統簽署頒布的《陶德－法蘭克華爾街改造與消費者保護法案》（The Dodd-Frank Wall Street Reform and Consumer Protection Act），就是為了糾正信評機構評等浮濫的問題，具體做法包括成立專責主管單位、定期對信評機構查核，以及取消信評機構免責條款等。[39] 郭謨與信評機構的協議目前已經到期，我們仍不知房屋貸款抵押證券的信評問題是否會再次浮現，但如果信用評等仍然採取發行人（被評等的主體）付費的模式，就免不了會有利益衝突。

在本書的第 2 部，我們會再度回到金融市場的釣愚，從金融史擷取兩個類似例子來做說明。我們將探討「企業掠奪」（looting）的概念，亦即公司如何利用破產保護來逃避債務、攫取利益；此外，我們也會討論小小的利益掠奪機會，如何為整個金融體系帶來巨大危機。

場外雜耍秀：信用違約交換

如果你曾經帶孩子去看過馬戲團表演，你們可能對大帳篷裡的主秀興趣缺缺，反而被帳篷外的雜耍表演給吸引過去。現

在，我們就來瞧瞧信用違約交換（Credit Default Swap, CDS）
這場特技雜耍表演。

　　正如前述，大帳篷裡的主秀是投資銀行的場子，他們在助
手——信評機構——的協助下，表演點石成金的魔法，即房屋
貸款抵押證券鍊金術：投資銀行創造出極複雜的金融商品，經
過巧妙包裝，讓信評機構給予極佳評等。如果這些衍生性資產
的總值大於投資銀行放貸出去的錢，那可就有賺頭了。

　　這場金融魔術表演因為一種新型合約的衍生而更有看頭，
也就是信用違約交換，而且任何資產（不管是債券或房屋抵押
權），都可以附加這種衍生性的合約。假如你是買方，要買某
檔債券信用違約交換，則每年必須按照合約約定比率支付一筆
固定費用。如果合約期滿，沒有出現違約事例，已經支付的錢
皆歸賣方所有；倘若出現違約事例，你就可以獲得合約約定的
名目本金。簡單來說，這就像是一種保險，就像你投保火險一
樣，萬一發生火災，你就可以從保險公司那裡獲得理賠。

　　有人或許會認為，出售 CDS 是一樁風險很高的生意。以
次貸債券而言，萬一資產出現問題，銷售 CDS 的賣家不就完
蛋了？所以，你可能會覺得，應該很少人願意冒這種風險吧。
但是，2008 年會爆發金融危機，正是因為很多投資銀行都願
意出售 CDS，儘管獲利不多，他們還是賣得不亦樂乎。當時，
人人都陶醉在泡沫經濟的榮景之中，認為房貸的違約率極低，
既然人家願意送錢上門，不妨就順便收下吧。

全球最大的保險業者美國國際集團（American International
Group, AIG）倫敦分部的金融商品部門就賣了很多 CDS。[40]
2000 年代初期，該部門主管約瑟夫・卡薩諾（Joseph Cassano）
在母公司 AIG 的撐腰下，大做這種無本生意。他委託專家採
用計量經濟模型評估 CDS 的交易風險，發現即使在戰後景氣
最糟的情況下，評等優良的房屋貸款抵押證券大跌的機率只有
0.15％。[41] AIG 的稽核人員也認為沒錯，與卡薩諾的結論一
致，也就是 CDS 是非常安全的交易。此外，由於 AIG 本身就
是一家信用評等良好的公司，不必為簽訂的保險合約提供任何
抵押擔保；不管怎麼看，CDS 都是一本萬利的無本生意，[42] 只
要躺著領客戶交來的保費就好了。於是，卡薩諾積極銷售
CDS，甚至以 0.12％的保費來吸引客戶。[43] 果然，保費也真是
源源不絕，但是到了 2007 年，AIG 帳面上的償付責任（最高
可能的理賠金額），已經高達 5,330 億美元。[44]

無論卡薩諾是否真的對 CDS 的安全性深信不疑（反正他
從 2002 年到 2007 年，每年都拿到 3,800 萬美元以上的酬勞），[45]
真正上了大當的還是 AIG 美國母公司。母公司眼見卡薩諾養
出金雞母，高興都來不及了，當然不想質疑他。即使卡薩諾口
口聲聲說這是穩賺不賠的生意，萬一出事，承擔理賠責任的當
然還是 AIG 母公司。很多 CDS 合約（特別是高盛發行的次貸
債券）都有附屬細則，細則中指出，如果資產價值下跌到某種
程度，AIG 就必須提出擔保，保證會履行償付責任。[46] 當然，

只要景氣好，就不必擔心這些附屬細則，畢竟 CDS 是優良金融商品，AIG 又有 AAA 的高級信用評等，這些都已是最佳保證。總之，AIG 母公司把 CDS 保費納入收益已然心滿意足，就連公司風險長都不知道 AIG 有可能必須提出擔保這種附屬細則的存在。[47]

但劇情的發展總是出人意料，不久金融危機來襲、景氣逆轉，2008 年 9 月雷曼兄弟破產，AIG 也面臨擔保不足的問題。美國財政部與聯準會已知如果 AIG 破產，美國經濟恐怕會被拖垮，所以不得不出手，[48] 先後挹注高達 1,820 億美元的金援，並且接管 AIG。後來，AIG 償還了所有的紓困貸款，回歸私人持有。聯準會總計拿回了 2,050 億美元，獲利逾 200 億美元。[49] 無論如何，這場世紀災難終於有了好的結局：由於政府及時救援，AIG 這艘保險業的航空母艦，總算沒在金融海嘯中滅頂，躲過了 21 世紀全球大蕭條。

在這次的金融危機之中，CDS 扮演了好幾個角色。儘管 AIG 承作了大量的 CDS 合約，仍舊只占整個 57 兆美元市場的 1%，[50] 但在危機發生之時，龐大的償付責任還是鬧得全球人心惶惶。即使一家銀行在避險方面做得無懈可擊，例如違約償付責任高達 1 兆美元，而別人也欠他們 1 兆美元，但依舊必須為了這 1 兆美元焦頭爛額，因為就算他們必須償付的 1 兆美元已經付清，卻還是得透過破產法庭才能夠拿回別人欠自己的錢。[51]

　　CDS 除了產生這種「交易對手風險」（counterparty risk）外，也就是交易對手不履行合約義務的風險，還扮演了另一種角色。舉例來說，如果你持有某檔房屋貸款抵押證券，再向 AIG 購買 CDS，就可以把爛證券轉換成完全安全的金融商品，只要 AIG 具備足夠的償付能力。在 AIG 等公司積極推銷 CDS 之下，投資人也好、發行房屋貸款抵押證券的投資銀行也好，大家的膽子都變大了──就像只要在腳上綁好彈性繩，就敢從高橋上一躍而下。而像卡薩諾等一堆 CDS 的推手，就是提供這種彈性繩讓你玩高空彈跳的人，而且收費低廉，想跳的人還大排長龍呢！

第 2 部

真實世界的各種釣愚

第 2 部共有九章，每一章針對某個領域的釣愚行為進行探討。或許可說這一部是釣愚的「微觀經濟學」，儘管在現代已開發國家，人民大都過著豐衣足食的生活，在繁榮、富足的社會也充斥了許多釣愚現象，危害到社會整體的福祉。因此，釣愚和儲蓄不足與金融危機等總體經濟的問題一樣，都必須小心防範。

不過，釣愚所帶來的破壞和衝擊，只是這一部的重點之一。我們為了撰寫這本書花了五年的時間，整個寫作過程讓我們獲益良多，寫到後來，我們更能洞察釣愚的幽微之處。寫這本書甚至讓我們培養出一種第六感，就像狗對氣味、大象對聲響特別敏感一樣，我們也對釣愚行徑變得十分敏感。我們特別注意到人類的思考為何容易受到欺瞞、因而上鉤，接下來在第 3 章中，馬上就會剖析廣告商和行銷人員如何操縱我們的心理。

章節概述

第 3 章：精準掌握人性弱點的廣告商。大家可以從各種廣告和行銷手法，看到最純粹的釣愚行為。人類的思考總是透過故事的形式，因此容易受到操弄。如果你能夠成功讓某人對自我敘述的故事轉為對你有利、而不是對他本身有利，那麼你就可以操縱他、釣他上鉤。這種引導和操縱正是廣告和行銷的主要技巧，本章將探討廣告商和行銷人員如何利用科學統計釣愚。此類技巧經久證實可以獲利；只要能夠獲利的事，自然有人會做。難怪 Google 的搜尋結果經常會跳出一些廣告，彷彿完全讀懂你的心思，正好顯示你想買的東西。

第 4 章：買車、買房、刷卡時，為何總是感覺被剝皮？本章介紹三種釣愚情境來看詐騙技巧，其中兩種涉及人生花最多錢的交易，也就是買車和買房，因此特別值得注意。第三種情境是有關信用卡的使用；儘管刷卡非常方便，但代價相對高昂。

第 5 章：政治釣愚。民主政治的理論和自由競爭市場的理論，其實有異曲同工之妙，這並非巧合。在民主政治中，政治人物努力爭取你手裡寶貴的一票；在自由市場中，商人則希望你能夠掏錢來買他們的產品。在本章，我們將看到釣愚如何破壞民主政治。

第 6 章：食品藥物釣愚。食品產業靠賣吃的給消費者賺錢，藥廠則靠讓人吞下藥丸賺錢，能在這些產業存活的都有兩把刷子。反制食品製造廠和藥廠的釣愚之道，就是監管。在本章，我們會描述 20 世紀初的消費者運動如何促進食品與藥物的管制，也會描述今天的產業如何鑽過監管漏洞，而在此被釣上鉤的是監管機關，而非一般大眾。

第 7 章：創新的好、壞與醜陋。現代經濟學家都相信經濟成長是技術變革與創新的成果，這種看法大抵無誤，但新的理念和技術創新不一定總是能夠帶來經濟成長，有些也為釣愚開啟新的門道。

第 8 章：令人無法抗拒的菸酒。我們在前面的序中提過身陷賭癮、無可自拔的莫莉，除了賭癮，菸癮和酒癮也對健康帶來重大威脅，全球有非常多人深受其害。

第 9 章：破產圖利；第 10 章：垃圾債券大王。 在這兩章，我們回頭來看金融市場的問題。其中，我們會以美國在 1980 年代末期發生的儲貸協會危機為主題，探討為何只是在帳目上做點小手腳（「訊息釣愚」的手法之一），最後卻演變成巨大災難。

第 11 章：反制釣愚的英雄。 在第 2 部的最後，我們試圖解釋一個可能困擾某些讀者的問題：為何現代經濟的生活還算令人滿意？儘管釣愚現象無所不在，在自由市場的均衡下，我們還是過得下去？雖然根據大部分的經濟分析及我們的釣愚理論，以自我為中心的機會主義者就像脫了韁的野馬，為求獲利不擇手段、沒有底線，但這其實並不完全正確。在這個社會上，總會有一些理想主義者注意到有人在釣愚，於是發起社會運動矯正歪風。

第3章
精準掌握人性弱點的廣告商

　　我們在這一章要來探索五花八門的廣告。我們都知道，即使委託人有罪，律師還是要幫他們辯護、脫罪；廣告商也是一樣，就算客戶賣的東西危害消費者的福祉，只要接受了客戶的委託、拿了錢，還是會全力為客戶的產品打廣告、努力宣傳。從這點來看，廣告就是「釣愚」的最佳獵場。

　　稍後在本章我們將爬梳廣告史，從中找出證據來說明釣愚的兩個層面。首先，我們將發現廣告（廣義來說，也包括行銷）很會滲透我們的思維，使我們變得容易上鉤。其次，我們將看到廣告會用系統性的方式利用我們容易上鉤的弱點；過去一個世紀以來，廣告商已知如何利用種種科學與統計方法衡量廣告效益。這表示，即使他們無法真正抓到我們的反應，也知道我們的弱點在哪裡，會用來規劃所有的操作方法，好讓我們上鉤。愛迪生（Thomas Edison）在發明燈泡的時候，為了製造燈絲，嘗試了一千六百種以上的材質；[1] 廣告商也有這種系統性試誤的精神，努力嘗試如何最能挑起我們的購物欲望。

人類思考的敘述性與廣告的角色

人類的心智自然而然是用敘述的方式在思考，我們的所思所想其實和對話很類似。[2] 在對話中，一個人先開口，接著另一個人也說出自己的想法，然後彼此回應，對話就這樣自然進行下去。在談話時，有時會突然轉變話題；我們的思考也和對話一樣會出現改變，轉向另一個念頭。我們的想法會改變，不只是因為得到新的資訊，有時是因為觀點改變了，或是用新的方法來詮釋訊息。[3] 重要的是，這種思考的演進過程，意謂我們的看法與根據看法所做的決定可能會前後不一。

因此，人類的思考就像敘述一樣，難免會有所矛盾，廣告因此有了可以發揮的角色。由於人類思考和對話的相似，大多數的廣告都設法把廣告述說的故事移植到我們的心智，[4] 而這種移植會使我們想要去購買廣告商品。

我們在第 1 章提到的童謠〈櫥窗裡的那隻小狗多少錢？〉（"How Much Is That Doggie in the Window"），就是最好的寫照。唱這首歌的女歌手帕蒂·佩奇（Patti Page）走到寵物店，盯著櫥窗裡的小狗，正如歌詞後面所述，她決定買下這隻小狗送給男友，然後去加州。[5] 人類的心思經常漫遊，寵物店老闆把小狗擺在櫥窗展示，就是刻意利用小狗來吸引我們的注意力，而廣告商和行銷人員也差不多如此。當他們成功利用廣告扭轉了我們的想法，以符合他們自身的需求，他們的目的就達到了。

在本書後面的章節，我們經常會提到說故事這件事。如果我們的思維模式就是如此，別人為何能夠輕易影響我們的心思、改變我們，這件事也就十分容易理解了。在選戰和遊說活動中，我們將看到說故事這件事扮演了非常吃重的角色。此外，不管是藥廠賣藥、香菸銷售及反菸活動，也經常利用說故事的方式進行訴求，甚至連銷售垃圾債券也少不了動人的故事。不過，我們都知道彼此相互說故事的人際互動，要比前述這樣舉例來得複雜，畢竟它牽涉到人性。誠如經典小說《傲慢與偏見》（*Pride and Prejudice*）中所言：「我們活著是為了什麼？不就是給鄰居當笑柄，再反過來嘲笑他們？」[6]

看廣告說故事

接下來，我們將以 20 世紀三位最偉大的廣告人為例，向各位解說為什麼廣告少不了故事。[7] 從這三位的生平，我們可看出廣告的發展就是說故事方式的演進；此外，我們也將看到廣告的另一個層面：如何利用現代統計學的方法來加強敘事，這種統計學的運用非常科學，就像醫學實驗和經濟學使用的統計學。

不做總統，就做廣告人

亞爾伯特・拉斯克（Albert Lasker）的父親莫里斯・拉斯

克（Morris Lasker）是德國猶太人，19世紀移民到美國，起先當流動攤販，後來靠雜貨批發、開麵粉廠和不動產交易賺了大錢。[8]亞爾伯特・拉斯克生於1880年5月1日，他在就讀高中時，就已在德州蓋維斯頓（Galveston）的一家地方報紙擔任記者。

根據他接受《美國遺產》（*American Heritage*）雜誌採訪時所述，儘管他當時只是個乳臭未乾的小子，就已經為那家地方報紙搞到獨家新聞。[9]話說，在世紀之交，美國社會黨魁尤金・戴伯斯（Eugene Debs）來到蓋維斯頓參加當地消防協會舉辦的年會。那時，他因身陷醜聞，全美新聞都在等他的回應。亞爾伯特說，他穿了西聯匯款（Western Union）的制服，跑到戴伯斯的下榻處，假裝要送電報給戴伯斯，但交給他一張紙條，上面寫道：「我不是送電報的，是個年輕記者。既然你得接受採訪，何不給我這個機會，讓我踏出生涯的第一步？」戴伯斯欣然同意接受他的採訪，可惜《美國遺產》為亞爾伯特寫的傳記並未刊出這篇報導原文。不過，《蓋維斯頓時報》（*Galveston Times*）確實刊登亞爾伯特這篇初試啼聲之作，描述他與戴伯斯見面的經過。[10]只要是精采的故事，都深深吸引這位傳奇廣告大師。

各位或許會以為亞爾伯特絕頂聰明又積極進取，必然是個優秀的好學生。其實，他在學校很混，差點拿不到高中文憑。知子莫若父，老拉斯克早已為這個寶貝兒子盤算好了。他利用自己在芝加哥的人脈，把年僅 18 歲的兒子送到羅德湯瑪士廣告公司（Lord & Thomas Advertising Agency），讓他在廣告界接受磨練。[11]

當時，廣告業也才剛起步，有家威爾森人工鼓膜公司（The Wilson Ear Drum Company）業績深陷泥淖，你只要看一眼他們的廣告，就知道為什麼廣告業也才剛起步了。整幅廣告的左側圖片是一隻已經塞了人工鼓膜的耳朵，右側文案的第一、二行用粗體字寫著：「只要使用本公司生產的人工鼓膜，就可以解決耳聾和耳鳴的問題。」然後，第三行以下的文案用較小的正常字體寫著：「此人工鼓膜是最新科技發明，結構和其他產品完全不同……。」[12]

亞爾伯特把這項產品的廣告文案改寫得更大膽一點：「耳聾可以治癒！路易維爾人發明了一樣簡單的小東西，可以立刻讓人恢復聽力——配戴起來不但服貼、舒適，而且從外觀上完全看不出來。本產品有 190 頁的詳盡說明手冊，歡迎免費索取。」他設計的新廣告文案，就像報紙上的一篇報導（還記得他十幾歲就當過記者），廣告圖片下方的文案為：「自從路易維爾有個人發明了人工鼓膜之後，聽障人士就不再需要用紙片捲成筒狀或管子插入耳朵，只要把本公司生產的人工鼓膜塞入耳內，就可以恢復正常聽力，而且沒有人看得出來。發明這種人工鼓膜的人，就是路易維爾的喬治·威爾森（George H. Wilson）。威爾森本身也是聽障人士，但藉由人工鼓膜之助，聽力已與常人無異。」在這段文案上方的廣告圖片，是一個男人手掌弓成杯狀專心聆聽，表情看起來聽得相當吃力。[13]

亞爾伯特的這則廣告作品一炮而紅，威爾森人工鼓膜公司的業務自此有了起色。亞爾伯特用斬新形式來撰寫廣告文案，借用了新聞故事的寫作模式，先挑起人類的疑惑天性，再告訴你為什麼應該對這項產品有興趣。而這種廣告就是所謂的「以原因為訴求」的廣告，它聽起來似乎要跟你分享一件很棒的事，想告訴消費者為什麼可以從這種產品受益。當然，這種廣告並不是要消費者動腦筋去理解，而是企圖變成猴子爬到他們的肩上、操縱他們。威爾森人工鼓膜公司的廣告，就是這類廣告的一個絕佳範例；1913 年，《美國醫學期刊》（ *The Journal of the American Medical Association* ）刊登了一篇文章表示：「據說，有治療耳聾之效的人工鼓膜，一對的成本還不到 5 美分。」[14]

廣告就是為了銷售

這裡要介紹的第二位廣告巨人克勞德‧霍普金斯（Claude Hopkins），就是把廣告領域擴展到今日行銷市場的先驅。霍普金斯的父親是報社編輯，在他 10 歲那年，也就是 1876 年，就撒手人寰。[15] 霍普金斯半工半讀完成學業，出社會後在畢塞爾地毯清潔機公司（Bissell Carpet Sweeping Company）擔任記帳員，他們公司從費城請了一位文案高手來操刀，但怎麼寫都沒有霍普金斯提出的文案來得好：「如果你選對地毯清潔機，就用不著找結婚對象了。」[16]

霍普金斯說服老闆梅爾維爾‧畢塞爾（Melville Bissell）推動地毯清潔機的耶誕禮物專案，免費提供機器給零售商展示，當作「耶誕禮物主打商品」。他還寄送了五千封廣告信函給消費者，說要提供地毯清潔機當作耶誕禮物，結果收到了一千張訂單。之後，霍普金斯還說服老闆用十二種高級木料製造地毯清潔機，從淺色的楓木到深色的胡桃木都有；短短三週，他們就賣出 25 萬台機器。[17]

霍普金斯顯然是出類拔萃的頂尖人才，密西根大湍市（Grand Rapids）的畢塞爾地毯清潔機公司不夠他發展，不久他便前往大城市一展身手，在芝加哥的史威夫特肉品加工公司（Swift & Company）擔任廣告經理。儘管老闆路易斯‧史威夫特（Louis Swift）不想在廣告上面花大錢，霍普金斯還是立下了令人刮目相看的佳績。史威夫特肉品公司生產一種品牌名為「康特絲薇」（Cotosuet）的人造奶油（棉籽油和牛脂的混合油），競爭對手的品牌則是「康特琳」（Cottolene），其實這兩種油差不多，但霍普金斯卻用別出心裁的廣告手法，讓康特絲薇一炮而紅。

那時，正值羅斯柴爾德百貨公司（Rothschild's Department Store）要開新店，霍普金斯和百貨公司談好，[18] 將在新店開幕之日，在五樓的食品部門展示全世界最大的康特絲薇蛋糕。[19]

凡購買一桶康特絲薇的顧客，都可以參加猜獎遊戲（估量蛋糕重量最接近者可以獲得大獎），並且獲贈一小塊展示的康特絲薇蛋糕。那天，有超過十萬五千名顧客湧入羅斯柴爾德百貨公司，長長的人龍從五樓蜿蜒到一樓，就是為了爭睹這個大如房間的蛋糕。這波促銷活動推行到全美各地的百貨公司、商場或市場，康特絲薇的銷售量也不斷飆升。

其後，霍普金斯在廣告界平步青雲，待過的每一家公司都創下傲人的紀錄，1907 年甚至被羅德湯瑪士廣告公司延攬，被在短短幾年內成為該公司年輕巨星的拉斯克雇用。話說，有一次拉斯克坐火車，坐在對面的人正好是《婦女家庭雜誌》與《週六晚間郵報》（*The Saturday Evening Post*）的發行人賽瑞斯・克堤斯（Cyrus Curtis）。拉斯克發現，克堤斯幾乎沒喝車廂裡的美酒，而去餐車拿了瓶施麗茲啤酒（Schlitz Beer）。克堤斯解釋，他深受施麗茲廣告的吸引，而廣告正是出自霍普金斯之手。[20]

霍普金斯的廣告手法，正是拉斯克拿手的「以原因為訴求」的廣告手法，但是添加了新意。施麗茲標榜的特點都無可否認，但是它的主要競爭對手也都做了，包括啤酒的熟成、在無菌環境下製造、嚴選素材等，然而霍普金斯和施麗茲大膽誇耀了一件其他釀酒廠自動會做的事情，號稱唯獨施麗茲啤酒的釀製不惜血本，純度確實勝過其他啤酒。[21] 在此剛好順便一提，我們發現止痛藥安力神（Anacin）的廣告也利用打擊對手的策

略，以吸引消費者上鉤。廣告說，安力神遠勝過其他品牌的止
痛藥，例如 X 牌止痛藥，是「最受醫師推薦的止痛藥」。但 X
牌止痛藥其實就是純阿斯匹靈，而安力神的主要成分也是阿斯
匹靈，但是添加了微量咖啡因。說穿了，這種廣告就是五十步
笑百步。[22]

　　基於施麗茲廣告的成功，拉斯克私底下又調查了一番，最
後決定延攬霍普金斯。不過，由於霍普金斯已經很有錢了，光
是利誘，恐怕無法使他上鉤。於是，拉斯克便從他的弱點下
手，他知道霍普金斯的老婆想要買一部車，但是他覺得那部車
太貴，不肯讓老婆買。拉斯克便對霍普金斯說，如果他願意來
羅德湯瑪士上班，就送給他那部車。霍普金斯也許發現這招好
像自己慣用的廣告手法，不覺莞爾，便欣然同意到拉斯克旗下
工作。[23]

　　拉斯克和霍普金斯就此攜手合作，推出一支又一支精采的
作品，包括施麗茲啤酒的後續廣告。當時，B.J. 強生香皂公司
（B. J. Johnson Soap Company）也找上羅德湯瑪士，他們有一款
利用棕櫚油和橄欖油製造的香皂——就是棕櫚香皂（Palmolive）
——銷售量一直拉不起來，拉斯克和霍普金斯便想出了一個法
子，將這款香皂定義為「美容皂」，並針對這項特點大打廣告，
說這款香皂用了之後有美膚的功效，會讓人愈洗愈美。

　　他們先試探性地在密西根班頓港地區（Benton Harbor）利
用贈品券推出第一波廣告活動，只要拿到贈品券的人都可以去

零售點免費兌換一塊棕欖香皂。該地區的零售商提前知道會有
這場活動，也知道有大批顧客將上門 換香皂；只要商家每送
出一塊香皂，就能從香皂公司那裡拿到 10 美分，而當時一塊
香皂的價格還不到 10 美分。就是這個原因，幾乎在一夜之
間，班頓港所有商家都囤積了大量棕欖香皂。[24]

利用贈品券為棕欖香皂打廣告，還有一個好處。拉斯克和
霍普金斯在不同的廣告傳單上附加贈品券，只要數一數回收的
贈品券，就可以知道哪張廣告傳單的效果比較好。雖然這只是
在班頓港為棕欖香皂打廣告的小實驗，但對廣告業而言，這種
實證做法的成效很大；儘管只是小小的地區性實驗，但可從結
果來推知全美的情況。[25]

我們再來看拉斯克與霍普金斯如何利用品牌和行銷創新開
拓柳橙市場。羅德湯瑪士為負責廣告活動的柳橙創造出「香吉
士」（Sunkist）這個商標，意謂「陽光親吻過的」（Sun Kissed）。
他們除了利用火車車體打廣告，並在愛荷華州舉辦柳橙週，更
邀請專家來進行演講，宣揚柳橙的健康功效。各位要知道，在
1910 年代以前，柳橙汁算是希罕的商品，因為當時的人們通
常把柳橙對半切，再用小湯匙把果肉挖出來吃。羅德湯瑪士與
加州果農合作社（California Fruit Growers Exchange）聯合推出
的廣告非常成功，香吉士自此成為美國人餐桌上不可或缺的果
汁。

為了行銷香吉士，他們研發了電動和手動的榨汁器，消費

者只要郵寄 16 美分的郵票，就可以免費索取一只手動的玻璃
榨汁器。[26] 另一個相關的行銷活動是，只要消費者蒐集 12 張
香吉士包裝紙附上 12 美分的郵票，就可以免費兌換吃水果用
的小湯匙。由於這系列的行銷活動實在是太受歡迎了，在消費
者的熱烈響應下，加州果農合作社擴大活動規模，讓消費者可
以用香吉士包裝紙兌換羅傑斯（Rogers）鍍銀餐具組，總共有
14 件可以蒐集。

　　我們在這裡特別以香吉士為例，是因為這些廣告證明，就
算我們只是想要買幾顆柳橙吃吃，也可能是被水果暗藏的故事
給吸引──「陽光親吻過的柳橙，啊，多麼迷人。」至於香吉
士那一系列的行銷活動，例如蒐集包裝紙、兌換小湯匙、用郵
票換榨汁器等，又加強了廣告所營造的故事。

　　就像我們在第 1 章提過的，標準經濟學都採取教科書般的
敘述，把柳橙和蘋果的購買視為所有經濟決定的最典型範例。
但是，這種敘述非但完全忽略了消費者內心的敘述，即使只是
買顆便宜的水果，其實背後也有故事，而且也忽略了其他人對
相關敘述的影響。在人生中，有許多重大決定都受到內心敘述
的影響，例如跟誰結婚、上哪所學校等。國務卿的決定如此，
一國決定發動戰爭或媾和也是如此。

廣告教父

　　在我們進到現代廣告的領域之前，不得不提到另一位廣告

大師：大衛・奧格威（David Ogilvy）。先從他的生平說起吧！
儘管奧格威就讀的是以嚴格著稱的蘇格蘭貴族學校費蒂斯中學
（Fettes College），也上了牛津大學，但大一就因為太混而被學
校退學。[27]

　　一年後，也就是 1931 年，他來到巴黎，在華麗酒店（Hotel
Majestic）擔任點心烘焙副主廚，後來回到英國推銷高檔的雅家
廚具（AGA cooker）。奧格威把自己的銷售技巧寫成一本手冊
（直到今天，這本小冊子仍被視為行銷經典），因此獲得倫敦美
瑟與克勞瑟廣告公司（Mather and Crowther）的實習機會。[28] 沒
幾年，他就去了美國，在蓋洛普（Gallup）調查諮詢公司工作。
二次大戰後，他在 1948 年以小額資本創立了奧美廣告公司
（Ogilvy & Mather）。[29] 儘管是新創企業，但是他胸懷大志，夢
想有一天能夠拉到這五大客戶：通用磨坊（General Foods）、
必治妥（Bristol-Myers）、金寶湯（Campbell's Soup）、利華兄
弟（Lever Brothers）和殼牌石油（Shell），而這些大名鼎鼎的
公司後來果然都成為他的客戶。[30]

　　我們可從奧格威操刀的兩個廣告作品，看出他那有如註冊
商標的風格。一是勞斯萊斯新車型銀雲（Rolls-Royce Silver
Cloud）的平面廣告：一個優雅的少婦坐在一部銀雲的駕駛座
上，微微轉頭，看著兩個乖巧可愛的孩子走出雜貨店門口，準
備讓他們上車。斗大的廣告標題寫著：「坐在這部勞斯萊斯
裡，以時速 60 英里的車速前進，車內唯一的聲響，是電子鐘

的滴答聲。」[31]

奧格威第二個註冊商標風格的廣告，則是他最為人津津樂道的廣告，那是從 1950 年代到 1970 年代為海瑟威（C. F. Hathaway Company）襯衫製作的一系列平面彩色廣告。廣告的圖像是在不同的背景下，有一位身穿海瑟威襯衫、溫文儒雅的成熟男士，而這位紳士總有一隻眼睛戴著黑色眼罩。[32]《紐約客》（*The New Yorker*）雜誌有很長一段時間，每週的廣告頁都會出現這個戴著黑色眼罩的男人，或在指揮交響樂團，或在作畫，或在吹雙簧管等。雜誌訂戶每週都會翻閱海瑟威襯衫的廣告，看這位戴黑色眼罩的男人在過去一週做了什麼事。[33]

關於這個黑色眼罩男人的系列廣告，奧格威的說法挺有意思的：他根本不知道這系列廣告會一炮而紅。[34]無論如何，廣告推出之後，海瑟威襯衫的銷量就不斷飆高。奧格威和霍普金斯一樣具有實證精神：嘗試去做做看，就知道成效如何了。

令人忘不了的廣告

我們可從前述三位廣告大師的生平，了解在自由市場要如何做才能銷售成功。購買者對廣告的反應，同時顯露出他們的動機與容易被影響的程度。消費者通常對廣告持有戒心，因為大家都知道商人是為了獲利才打廣告，希望藉由廣告來影響大眾，讓盡可能愈多人掏錢購買。以原因為訴求的廣告就是要消除消費者的疑慮，但不代表廣告商就不會耍把戲，就像拉斯克和霍普金斯宣稱香吉士是「陽光親吻過的」柳橙，施麗茲啤酒的釀製成本「是一般啤酒的兩倍」。奧格威那個時代的廣告人勾引出消費者的認同感，如勞斯萊斯汽車廣告中的少婦、萬寶路（Marlboro）香菸廣告上的粗獷牛仔，或是福斯汽車（Volkswagen）以標語「還是小的好」（"Think Small"）來行銷金龜車。我們可從每個例子看出廣告之所以成功，是因為其中的敘述能夠成功移植到消費者的心中。

霍普金斯在自傳中表達了自己的一項原則：「我把事業當作競賽，做生意就像在比賽，這就是我一直到現在都這麼投入的原因。」[35] 但如果做生意是在比賽，比賽的規則為何？廣告人的目標是什麼？奧格威曾經這樣說過廣告人的首要目標：「我們做廣告就是為了要把東西賣出去，否則就不是做廣告了。」[36] 在自由市場，生意競爭非常激烈，這些廣告大師的傳記或自傳字裡行間都透露出：他們無時無刻不在擔心失去客戶。廣告人的角色就是滿足客戶的希望，也就是利用影響的技巧來拉升銷售量。

但我們看到廣告釣愚的一面。1960 年代，美國記者凡斯·帕卡德（Vance Packard）以《隱形說客》（*The Hidden Persuaders*）一書揭發了廣告的黑暗面，指出廣告商會悄悄潛入我們的心靈，操縱我們的消費行為，因而引發大眾的恐懼。但帕卡德其實說得過於誇大，為了達成目的，廣告商採取的手法比較直接，也沒什麼可怕的。奧格威在《一個廣告人的自白》（*Confess-*

ions of an Advertising Man）中說道，連他自己也很難預測廣告會不會有效果。比方說，他可能有預感戴眼罩的男人當襯衫廣告的模特兒可能有效，但究竟會有多成功，他也沒有把握，還是得等廣告推出後才能知道——這說明連最高明的廣告人，也無法預測什麼才能成功讓你掏錢出來購買，就像身為消費者的我們，其實也不清楚自己購買的動機為何。不過，後來藉由各種統計測試，廣告商找到答案，能夠得知廣告有無成效。奧格威除了文案寫得漂亮，也以自己在蓋洛普那裡學到的統計測試知識自豪。[37]

在此，我們可用真正的釣魚來做類比。先找個地點，放下釣鉤，看魚會不會上鉤。如果釣不到魚，就去上游或湖的另一邊再試試看。藉由這樣的試誤，你總會釣到魚。廣告人就像釣客一樣，可能只會有預感知道哪裡能夠釣到魚，但必須經過一些試誤，才能真的知道哪裡的魚會上鉤。在自由市場，我們不必游到釣餌下放的地方，因為經過不斷試誤，釣餌自然就會來到我們眼前。就像那個戴著黑色眼罩的男人，奧格威後來在書中寫道，他也只是一時興起，想到要用這樣的模特兒來做廣告。在廣告推出後，海瑟威襯衫的銷售量大幅增加，於是奧格威決定乘勝追擊。當然，這也反映了釣愚均衡的基本原理：如果能夠操縱消費者的品味、從中獲利，各行各業的釣客肯定會一試再試，直到找到門道。

行銷的演化：如何「推銷」出一位總統？

拉斯克、霍普金斯與奧格威三位大師，為我們勾勒出過去的廣告與行銷世界。自從那個時代開始，廣告人就知道如何精準瞄準目標。其實，你只要打開電腦瀏覽網頁，有時便會不禁訝異廣告商似乎有讀心術，知道你正好想要買什麼——這是因為廣告商已知如何透過大數據資料分析，來滿足你的消費需求。

將這種技巧運用到最出神入化的，莫過於總統大選了。與商業行銷相比，總統大選比較開放，因此揭露的東西更多。如果我們比較 1920 年哈定（Warren Harding）參選美國總統與歐巴馬 2012 年角逐白宮寶座，就可透過今昔之比，了解行銷與廣告如何從拉斯克、霍普金斯和奧格威那個時代的釣愚，變得更無孔不入、穿透力更強。我們將看到行銷與廣告人員如何利用現代統計學技巧找到釣愚的最佳地點和手法，就像石油和天然氣公司利用現代地理技術得知該用什麼方法在何處開採一樣。[38]

以 1920 年美國總統大選哈定參選為例，我們可從選舉團隊的運作，看到拉斯克－霍普金斯式的行銷手法——其實，拉斯克正是哈定的競選總幹事。由於哈定不擅長四處演講拉票，拉斯克索性就讓他待在老家，也就是俄亥俄州的小鎮馬里恩（Marion）。這位總統候選人就在自家那棟白色大房子裡的門廊接受採訪、接見賓客，這處門廊就是他的政治舞台。由於前任民主黨美國總統威爾遜（Thomas Woodrow Wilson）鼓吹國際主義，積極參與國際事務，卻只讓美國深陷國際政治糾葛之中，經過八年下來，美國民眾真的累了。共和黨便趁機抓住這點，對選民喊話：只要投給哈定，就可「回歸常態」。

在 1920 年代的美國，最足以代表「常態」的，莫過於哈定在自家前廊那高大、親切的身影。[39] 舞台既已搭建完成，這場政治大戲要怎麼演？拉斯克找了多位好萊塢明星前來參訪，造成話題，而哈定則直接在前廊發表精心準備的演說，告訴大眾他為何反對民主黨、共和黨又好在哪裡，並以「終結混亂」（"Let's be done with wiggle and wobble."）這句口號作結。這句「終結混亂」就是哈定的選舉口號，當時全美各地的看板都可以看到這句口號。[40]

拉斯克也透過當時的媒體大作宣傳。那時媒體集結在馬里恩，發布來自哈定家前廊的消息，選舉團隊除了安排攝影時段，也準備了幾千張的官方照片給媒體。剛問世不久的有聲電影，也成為拉斯克宣傳、調查的利器。他將哈定的活動影片膠捲送到電影院，讓觀眾在看完電影後觀看哈定的短片，然後請他們接受意見調查，以了解民眾的投票傾向。舉例來說，觀眾看完影片後對哈定打高爾夫球一事反感，拉斯克隨即請芝加哥小熊隊（Chicago Cubs）到馬里恩來參加表演賽，並安排哈定上場開球、投前三球，表示這位總統候選人也是職棒球迷。其實，哈定在「終結混亂」之餘，只想打打高爾夫球，但只能偷偷摸摸地打。[41]

接下來，我們再來看近年的選戰策略怎麼打。2012年，歐巴馬競逐連任顯現出廣告——在此為「推銷總統」——儼然成為一門學問。當年棕欖香皂在班頓港利用附加贈品券的廣告傳單可能是最早的統計實驗，1920年哈定選舉團隊在電影院進行民意調查的統計方式也很原始，但是到了2012年歐巴馬的連任競選活動，統計實驗已經成為一種新的藝術。一般而言，美國選戰的中期目標是呼籲支持者登記投票資格、拉攏中間選民，然後設法讓支持者出來投票。在2012年歐巴馬競選連任之前，傳統選戰不免帶來連帶損害，例如在呼籲選民登記投票資格時，成功呼籲到敵方陣營的支持者登記投票資格，或是訊息傳送目標有誤，不小心將中間選民推到敵方陣營那一邊去，要不就是催票催出敵方陣營的支持者出來投票。

舊的解決方案總是不盡完美，例如選擇我方支持者最多的地區等，但無論怎麼做，都還是難免會有連帶損害的問題。比方說，在民主黨與共和黨支持度為六比四的選區，儘管民主黨全力動員投票，並且動用各種手段催促選民出門投票，例如打電話、寄郵件、登門拜訪或提供交通方式等，但因為亂槍打鳥，也只能增加20％的選票。現代選戰已知如何利用精確瞄準來使連帶損害最小化，現在如果在民主黨與共和黨支持度為六比四的選區動員投票，則只會去拉攏60％的民主黨選民，而不會拉錯人，瞄準到 40% 的共和黨選民。

2012 年歐巴馬競選連任，就是靠現代化的統計技術、大數據分析與大規模的民意調查做到精確瞄準。首先，競選團隊為總數超過一億個符合資格的選民加上獨特的識別號碼，並為每一個選民建立資料夾，在其中收錄個人資料。[42] 個人資料的來源有很多，除了選民登記等的公開資料（有些州的選民會登記所屬政黨），還有在過去的選舉中誰投了什麼票等。這些資料包括姓名、地址和選區等，因此非常有用。選民資料夾中的細項可能包括一千種以上，來源可能是購物交易、信用資訊、雜誌訂戶資料庫、俱樂部會員資料等。第二步就是抽取中等規模的樣本數來做意見調查，以了解選民的登記意願、是否願意支持歐巴馬，以及是否願意把票投給歐巴馬等。

採用這套方法，民主黨全國委員會（Democratic National Committee）便掌握了合格選民的詳細資料，不僅可精確預估選民登記的情形、歐巴馬獲得的支持有多少，並可從龐大的資料庫預測候選人的得票數。[43] 在 2012 年的美國總統大選中，在民主黨與共和黨支持度為六比四的選區，歐巴馬用不著挨家挨戶拜託每一戶人家，只要集中火力鞏固支持民主黨的 60%。如此一來，就能把錢花在刀口上，不會浪費動員經費，也可避免不小心催出敵方陣營的選票，造成連帶損害。[44]

精確瞄準除了可掌握有利選區的支持者，也可在原本不利的選區準確接觸到願意支持自己的人。傳統選戰總會盡量避開支持者較少的選區，例如民主黨在伊利諾州就會少去芝加哥都會區以外的地方，正如他們會避開紐約上州一樣。但由於精確鎖定選民，就可深入敵人的大本營去接觸支持者，所以歐巴馬在 2012 年競選連任，在民主黨占少數的選區也使得上力。

在廣告與行銷的世界，最重要的還是把正確訊息傳送出去，創造出打動人心的故事。最重要的還是像海瑟威襯衫廣告中戴黑色眼罩男人所引發的群眾魅力，或是像棕欖香皂那樣針對能讓你愈洗愈美的大眾渴望進行訴求，但歐巴馬競選連任的策略也告訴我們，知道對誰傳送什麼訊息也十分重要。如果你能夠掌握好這點，傳送的訊息就能夠獲得正面回響，目標正確才不會白忙一場。小學生都知道，要說故事給一個人聽，如果找錯人等於對牛彈琴。現在的廣告人就像歐巴馬的競選團隊那樣，已經知道要如何運用現代科技找到理想目標。

新聞也在說故事：馬航 MH370 失蹤之謎

新聞和廣告有令人好奇的相似之處：這兩個專業領域的佼佼者，都是說故事的高手。廣告人希望把他們的故事植入你的心靈，使你購買他們推銷的東西，而新聞人則利用故事來吸引你，讓你看得目不轉睛，連廣告時間也捨不得轉台，以增加廣告受眾。在你看廣告的時候，心裡頭或許會跑出一個聲音來告訴你：嘿！你在浪費時間。無論如何，你已經上鉤了，就像下面這個例子。

　　回想起 2014 年的春天，你應該記得一起事件：馬來西亞
航空（Malaysian Airlines）MH370 班機從吉隆坡起飛，預計抵
達北京，結果至今飛機依然失蹤。〔同年，馬航 17 號班機又遭
到烏克蘭叛軍誤擊，在空中解體、墜毀。不久後，馬國又傳出
第三起空難，廉價航空亞洲航空（Air Asia）失事，墜入爪哇
海。〕在馬航 MH370 失蹤之後，新聞每天、每週都報導這則災
難，追蹤報導更是長達數個月。長遠來看，這起事件也許沒有
那麼重要，但筆者二人還記得，當時我們百思不解：為何新聞
一直要針對這起事件窮追猛打？

　　我們想出一個理論：羅納德・托比亞斯（Ronald Tobias）
在介紹寫作技巧的專書《二十條情節主線》（*Twenty Master
Plots*）中論道，所有文學都是基於二十條情節主線發展出來
的，所有文化的文學作品都可歸納在這些情節主線之下。馬航
MH370 的故事屬於第七條主線：謎團。托比亞斯說：「讀者的
挑戰是在主角解開謎團之前，搶先一步破解。因此，解謎成了
比賽，如果主角先解開謎團，你就輸了；要是你先解開，你就
贏了。」[45]

　　說來古怪，我們兩人也和大多數美國民眾一樣，像上癮般
無時無刻不注意馬航 MH370 失蹤事件的發展。當然，我們也
為了解開這個謎團絞盡腦汁，筆者羅伯甚至設想出一個可能：
機長在飛行途中突然分心，誤解了儀器上的訊號，把通訊系統
關閉，因而釀成災禍。就像 1986 年車諾比核電廠事故，操作

員在慌亂之下關閉緊急冷卻水系統，造成反應爐爆炸的慘劇。

儘管我們對馬航 MH370 消失之謎很感興趣，卻依然覺得有點挫折。努力解謎的我們，就像玩吃角子老虎的莫莉。理智告訴我們，別再浪費時間了，但我們還是忍不住繼續猜想。只是莫莉因為沉迷賭博，生活變得一團糟，而我們對馬航 MH370 消失之謎的興趣，對自己的生活則是沒什麼影響。話雖如此，如果每個人都被這樣的災難新聞深深吸引、不能自拔，不表示社會集體不必付出很大的代價，因為更有深度的新聞也許就被犧牲了，無法讓幾百萬人得知，也就不能影響輿論。

我們還可從這次的馬航失蹤新聞學到另一課。當我們在看新聞節目或閱讀報紙之時，總會認為自己看到或讀到的，都是新聞編輯為觀眾精挑細選的重要新聞。他們就像為我們把關的人，會站在我們的實際利益與喜好，為我們精心挑選再呈現新聞。從很多層面來看，美國新聞產業的確如此，相關從業人員有可供依循的倫理標準，特別是「給我事實，其餘免談」的準則。然而，在「釣愚均衡」的新聞生態中，由於媒體競爭激烈，為了成本考量，不免媚俗迎合觀眾喜好，以提高收視率。

像馬航失蹤的新聞，只是一時引發大眾好奇的謎團，還有一些新聞的影響則深遠得多，例如煽動仇恨的新聞。追蹤這種新聞的人，不見得真心喜歡看這樣的新聞，只是受到肩膀上的猴子慫恿。不管他們自己真正想要什麼，但在猴子惡意的煽惑

之下，很容易就會上鉤，被那些散播仇恨的新聞吸引。提供這
類新聞的人，當然是精於此道的老手，最終圖的還是一個「利」
字。

第 4 章
買車、買房、刷卡時，
為何總是感覺被剝皮？

　　正如人類學家知道東非大裂谷是挖掘史前人類頭骨化石的絕佳地點，我們也知道某些消費行為是釣愚的最好池塘。[1] 本章將探討一般大眾在買車、買房和使用信用卡時，如何當上冤大頭。各位都可能為這些交易花上大筆金錢，但多花的錢卻沒能為你帶來什麼好處。房子和車子的購買，可能是一個人一生最大的支出，至於信用卡因為幾乎每日使用，容易讓人不知不覺買上了癮，以致必須付出高昂的代價。

在汽車展示中心上鉤

　　每個人因為打算買車而踏入汽車展示中心之時，心裡總是難免會忐忑不安。好久好久以前的某年夏天，筆者喬治暑假曾經去嬌生集團（Johnson & Johnson）少東那裡工讀過。這位少東提及他父親買車的往事，故事是這樣的：一天，壯生先生「一身工作服」走進勞斯萊斯的汽車展示中心，汽車銷售人員卻有眼不識泰山，竟然攆他走。壯生先生一氣之下，當場就買了兩部勞斯萊斯，銷售人員因此瞠目結舌，態度也有了一百八十度的轉變。

當然，大多數的人都沒有壯生先生那樣的身家，無法展現如此霸氣。我們如果要買一部新車，總會擔心自己想買的那部豐田凱美麗（Toyota Camry）或本田雅哥（Honda Accord）價格會高不可攀。以美國人購買汽車的統計數字而言，差不多每八年買一部新車或每三年買一部二手車。[2] 如要符合預算，免不了要討價還價一番。

我們可從研究報告得知，我們在買車時可能會「多付」多少——簡單來說，就像被搶一樣。1990 年代，精通法律的經濟學家伊恩・艾瑞斯（Ian Ayres）和彼得・席格曼（Peter Siegelman）透過實驗，想知道消費者在購買新車時，是否會因為種族和性別花了冤枉錢。[3] 他們雇用大學畢業生當測試者，其中有男、有女、有黑人，也有白人。除了種族和性別，這些測試者的背景相似，例如年齡都在 28 歲到 32 歲之間，學歷相當、都曾接受三到四年的專上教育（post-secondary education）等。此外，他們租用類似的車子開車到汽車展示中心，穿著打扮也都像都會雅痞，並且表明了不需要辦理汽車貸款，而且留下的住家地址也都相同。整體而言，這些測試者都是經過挑選的「相貌中上者」。

兩位經濟學家詳細指示，告訴這些測試者如何針對某一車款詢價及討價還價。交易價格談定之後，他們發現銷售人員給白人女性的報價比白人男性多了 246 美元（經通膨調整），給黑人女性的報價則是多了 773 美元，給黑人男性的報價更是多了 2,026 美元。[4] 因此，就算買的是同一款車，黑人女性必須多付 3.7％，而黑人男性則是多付 9％。[5] 姑且不論這樣的行爲是否違反種族與性別歧視的相關法令，由於這兩位經濟學家也是律師，不免關注消費者是否受到不公平待遇的問題，而這個實驗結果所蘊藏的涵義相當重大：這表示，除了在汽車展示中心，在更廣大的商業交易環境之下，黑人男性和黑人女性在交易時，比較可能平白多付一些錢。當然，他們在超市買東西和其他消費者付的錢是一樣的，但在買車或買房這種花大錢的時刻就比較倒楣，其他如找工作或在職場工作時，也比較可能受到不平等待遇。

那麼，爲什麼黑人和女性在交易時會比較容易吃虧？艾瑞斯和席格曼推測有幾種可能。一個可能是敵意，即源於種族仇恨或性別歧視。但是，他們也發現，不管黑人銷售員或白人銷售員給黑人顧客的報價都一樣高，因此他們認爲這應該是基於種族和性別的刻板印象，知道什麼樣的人比較容易接受他們提出的價碼。比方說，或許較多黑人在踏入汽車展示中心時還沒有車，因此很難跑去多個展示中心比價。[6] 換句話說，這種價格上的差別待遇存在，是因爲銷售人員特別注意消費者的種族與性別，並且趁機釣愚。

其實，銷售人員釣愚的證據不止於此，比艾瑞斯和席格曼發現的要來得多。除了利用種族與性別差異，還有很多地方可讓銷售人員施展釣愚的伎倆；舉例來說，在報價方面的差異，可以顯示每個買主「多付」或「少付」多少錢來買同一部車。如果要買車，銷售人員自己買到的價格應該是最合算的，一般消費者總得多付一些。在務實的推測之下，[7] 筆者二人估算，幾乎有三分之一的測試者得到的報價要多出 2,000 美元（經通膨調整）。這就是為什麼幾乎每個人在踏入汽車展示中心之時，心裡總是七上八下的，因為最後總有一部分的人會被剝皮。汽車銷售人員的自信更是印證了這點：有些銷售人員告訴艾瑞斯和席格曼，他們的獲利有半數來自 10％ 的顧客。[8]

我們兩人請研究助理戴安娜‧李（Diana Li）進一步調查，了解汽車銷售人員主要的釣愚手法。汽車銷售人員大都三緘其口，畢竟這跟他們的業務機密有關。還好，戴安娜找到一位願意講的人，此人透露他們這一行釣愚的三大訣竅。他說，大多數顧客在踏入汽車展示中心之時，心裡早已有一部「最理想的車子」。這些顧客或許受到廣告的影響，會注意車子是否有四輪傳動、倒車攝影機，以及種種酷炫配備。他們可能會先確認這些讓他們心動的配備都有了之後，才發現價格比汽車公司的建議零售價多了 1 萬美元，此時難免要猶豫不決。於是，銷售人員就會設法用三寸不爛之舌說服顧客多加這些配備──「你一定要好好推銷這些配備，彷彿它們是不可或缺的開車神器，別管以後可能用不上。」

「舊車換新車」則是釣愚的第二項絕招。戴安娜的線報來源表示：「除非價格已經談得差不多了，否則絕對不要提你要用舊車折價。如果你一開始就說自己要舊車換新車，我們就會開始打算盤，看怎麼談會讓你覺得舊車折價的部分很划算，即使新車貴一點也沒關係。」至於第三招，等於是放長線釣大魚，那就是建議你辦車貸，銷售人員通常會利用這招來轉移目標。舉例來說，他會幫你計算若是申請車貸，你每個月只要多支出一點錢，就可以把新車開回家，但你可能沒注意到貸款期間很長。只要你每個月都多付一點，車商就能夠多賺一點。

戴安娜還針對艾瑞斯和席格曼的汽車銷售獲利進行調查，亦即他們的獲利有半數來自 10% 顧客這件事。為了避開銷售人員不肯開口的可能性，她用聽來完全無害的問題當作開頭，設法「釣」到她要的答案。訪談一開始，她就問銷售人員：聽說，你們有半數獲利來自 10% 的顧客，這可能嗎？多數受訪者都表示：沒錯，並解釋說，由於每家汽車經銷商都有自己的保養廠，汽車保養和維修的利潤比賣車高（也比外面的修車廠貴很多），這就是汽車銷售有半數獲利來自 10% 顧客的部分原因。

戴安娜的發現讓筆者二人茅塞頓開。我們都開富豪（Volvo）的老爺車，當年買新車的時候，我們已經盡量小心提防一般的釣愚伎倆：堅持要買空車，不另購多的配備，不用舊車折價，選擇現金付款，所以沒有車貸支出。但就算我們這麼謹慎，還是必須把富豪開回經銷商那裡保養。起先，車商保證他們會百分之百履行保固合約，於是每隔一段時間或開到某個里程數，我們就會把車開回保養廠。但隨著車子日益老舊，每五千英里的保養帳單，也讓我們愈發覺得吃不消——我們強烈懷疑富豪儀表板上的五千英里保養指示燈是車商的陰謀，其實是車商大削一票的機會。雖然我們在買車時步步為營，自以為防範了可能被剝皮的種種招數，但根據戴安娜的調查，我們正是那 10％獲利來源的凱子車主。哎呀！我們就是因為小心過頭，才會掉進圈套。

買房也被剝層皮

說到買房，對大多數的家庭而言，可是終生最大的一筆支出。如果被建商剝皮，不但帳戶大失血，更是教人傷心。[9] 和常見迷思不同，美國人其實不像你想的那樣常常搬家，我們也喜歡在一地長住。美國人到了 60 歲，超過 80％已有自己的家；平均而言，我們會在自己買的房子住上很長的一段時間。[10] 對現在自有房屋者，從入住到遷出，平均居住期間約為 24 年。[11] 從這兩項數據可知，大多數的美國人至少會在有生之年購入一筆房產；這也意謂，大多數的美國人購屋次數極少。

然而，買房者容易上當，並不只是因為缺乏經驗的關係。美國知名電視節目《獵訪名宅》（House Hunters）就是取材夫妻買房或租屋的真實故事；在一番尋尋覓覓之後，總是得在夢想和預算之間找到一個折中點。除了這樣的劇情主軸之外，夫妻通常都會有自己的希望，兩人從衝突到達成共識的過程，也充滿了戲劇張力。

買房者不只容易買錯房，還可能被海削一筆，在支付過戶費的時候吃虧，而這是在電視節目上看不到的部分。房屋買賣一成交，就得在很短的期限內辦好過戶，因為賣家通常怕買家有財務問題，所以急著拿到賣房子的錢。時間短，加上沒有經驗，很多買家就會在過戶時上當。一般，當我們想到房屋過戶的交易成本，我們直覺想到不動產相關費用。從房屋購買的某一樣本〔包含向聯邦住宅管理局（Federal Housing Administration）申貸〕來看，6%仍是標準費用，而且29%是由賣方支付。雖然有47%支付得較少，但非比尋常地，仍有24%支付得較多。[12]

儘管6%看起來好像不多，就像你在連鎖藥妝店CVS買盒止痛藥泰樂諾（Tylenol），也得支付6%的銷售稅，但從另一個角度來看，房屋買賣6%的過戶費可是一大筆錢。畢竟，在美國買房子的人通常會以為房仲是免費幫他們的，畢竟仲介費是由賣方支付。然而，在經濟學家的眼裡，這筆錢由誰支付並不重要；根據供需分析的邏輯，如果仲介費是由買方支付、而非賣方，買方支付的房價應該會變得較少一點。[13]此外，觀點不同也會影響到你對仲介費的看法，對首次購屋的夫婦而言，如果房屋的頭期款像一般人那樣支付房價的10%，那麼6%的仲介費等於是頭期款的 60％！[14] 這樣來看，仲介費是不是過高？雖然我們兩個也不是那麼確定，但其他國家的房屋買賣仲介費占房價比例都遠低於 6％，買賣雙方好像也沒有抱怨房仲服務不好？[15]

不過，買房的交易費用不少，不只是要支付仲介費用。根據聯邦住宅管理局的貸款資料樣本，購屋者申辦貸款買房多支付的過戶費約為房貸的 4.4％。[16] 因此，房屋交易的費用（加上仲介費）可能高達房價的 10％，差不多是房屋首購者必須支付的頭期款。

房屋過戶時要支付的額外費用很多，包括律師費、仲介費、交易稅、登記費、公證費、檢查費等，大致是為了房屋過戶和申辦貸款所衍生的各種費用。根據一項詳細的研究，多年來，房貸公司經常利用一些隱性費用、掠奪性條款和欺詐等的不公平行為，來危害消費者的權益。一直要到 2010 年《陶德－法蘭克華爾街改造與消費者保護法案》施行，消費者才得到保護。[17] 我們將在後面的章節仔細拆解這種欺詐行為，各位便能了解購屋者如何成為房貸公司眼中的肥羊。

一般夫妻買下新房之後，就會發現手頭變得很緊，因為通常不只要付頭期款，也要花錢添購家具，或是把粉紅色的廚房漆成自己喜歡的顏色。想當然耳，放貸銀行知道客戶的這些需求，通常也願意讓購屋者多貸一點，以添購家具、裝修房屋等，但購屋者必須接受貸款利率的提高。然而，款項通常不直接支付給購屋者，而是交給房貸經紀人，他們是交易的中介業者。如果貸款利率為 5.25％，而不是標準的 4.25％，放貸銀行支付房貸經紀人額外的 3,000 美元，看起來似乎相當公正，這筆額外的 3,000 美元會轉給購屋者。

不過，實務上又是如何？經濟學家蘇珊・伍沃德（Susan Woodward）與羅伯特・霍爾（Robert Hall）取得購屋者向貸款銀行申貸的資料，了解相關付款結構。[18] 他們取得兩份樣本，包括將近九千椿不同的貸款案件。在其中一份樣本，購屋者申貸的每 1 美元，最後平均只拿到 37 美分；第二份樣本顯示的情況更糟，購屋者申貸的每 1 美元，經過層層費用的剝削（包括隱形費用），最後從貸款仲介那裡拿到的只有 15 美分。

從伍沃德與霍爾取得的樣本來看，這種買房貸款被剝皮的情況很普遍，因為約有 93％的購屋者都選擇多貸一點錢，[19] 願意支付較高的利息。[20] 筆者認為，這種在貸款時被剝削和艾瑞斯與席格曼的汽車買賣欺詐有異曲同工之妙，雖然都是同樣的商品，但消費者支付的錢卻不盡相同。

如果購屋者希望節省利息、以較低利率支付房貸，也可以找貸款中介者辦理利率折扣點數。這裡同樣也是個陷阱，購屋者要小心別為了房貸利率折扣點數而上當。消費者權益保護者卡洛琳・華倫（Carolyn Warren）敘述一對上了年紀的夫婦購屋貸款的經驗：由於貸款相關費用多如牛毛，這位老太太拒絕繳交 19 美元的洪水認證費（該州法律要求），也就免除了 395

美元的手續費。此外，這對老夫婦也不申請購屋利率折扣點數，所以不必支付辦理點數的 2,000 美元，照一般利率支付房貸利息即可。[21]

這個故事讓筆者喬治回想起 1994 年在馬里蘭州切維蔡斯（Chevy Chase）買房的經過：房仲告訴他，必須趕快決定要不要買，因為另一對來自阿拉斯加的夫婦也要出價。當時，喬治在辦理銀行貸款時，這位房仲也幫了很大的忙，介紹貸款仲介給他，而喬治為了利率折扣點數付了一大筆錢。或許，真的有一對來自阿拉斯加的夫婦也對他想買的房子感興趣，也要出價。[22] 但喬治一直為了仲介幫他辦的利率折扣點數心懷感激，現在他終於恍然大悟！

結帳時，荷包大失血

每個消費者都知道信用卡可以讓人先享受、後付款，這個原理實在太簡單了，因此經濟學教科書不會提。一般零售商在訂價時，都會一併考慮利潤和管銷費用；就像計程車司機，如果車子是租來的，每個月必須支付租金 100 美元，他會發現成本不止於此，還得加上油錢等，才能養家餬口。店家要能夠生存，最起碼要能打平店租、水電費和人事費用。超過損平點之後，每多賣出一項商品都能增加獲利。如果商家可以發明一種能夠令人失心瘋的藥丸，讓顧客吃了之後，這個也買、那個也買，對於增加獲利肯定是非常無價。

其實，這種迷藥早就有了。我們也可以想像，所有店家早已用得不亦樂乎，而專門生產這種迷藥的人也發現如何從店家和消費者身上汲取利益。這種迷藥就叫做「信用卡」，每個人的錢包總有好幾張這種卡片。

信用卡有一種魔法讓我們相信，我們只會買自己需要或想要的，不會輕易接受暗示而多花錢──「請問要刷卡或付現？」不過，我們的消費行為的確會受到使用信用卡的影響。首先，證據顯示，習慣使用信用卡付款的人錢花得比較凶。心理學家理查德‧范伯格（Richard Feinberg）發現，以支付餐廳帳單為例，使用信用卡付款的人給小費比較慷慨，比付現者多出 13％。[23] 另一項研究調查美國東北部一家百貨公司顧客的購買行為，發現持有信用卡的人會買得比較多。[24] 然而，這樣的差異並不能證明信用卡是使人花較多錢的主要因素，因為信用卡持卡人與無信用卡者本身的經濟條件就有不同，我們必須確定是信用卡、而非那些差異，是造成他們不同消費模式的主因。[25]

為了解開這個問題，范伯格主持了兩項進一步的社會心理學實驗。在第一項實驗中，研究人員暗示受測組可以使用信用卡，對控制組則沒有提供刷卡暗示。為了暗示他們可以刷卡，研究人員把萬事達卡（MasterCard）的標誌放在櫃檯一角。然後，研究人員給受測者看七張商品圖片，請受測者說出他們願意支付的金額（可刷卡）：兩件洋裝、一個帳篷、一件男性毛

衣、一盞檯燈、一部電動打字機（此實驗是在 1980 年代初期
進行）和一套西洋棋。[26] 沒有刷卡提示的控制組，也回答了相
同的問題。研究人員發現，接受刷卡提示的受測者願意花的錢
比控制組多。就價格差異而言，差異最小的是 11％（帳篷），
最多的甚至高達 50％（其中一件洋裝）。

在范伯格主持的第二項實驗中，研究人員在電腦螢幕上顯
示商品圖片，詢問受測者願意花多少錢購買，並且計算受測者
的反應時間。同樣地，如果螢幕一角有信用卡的標誌，受測者
會比較願意多付一點，甚至願意支付原價 52.9 美元的三倍，
也就是 165.66 美元來買一台烤吐司機（價格經通膨調整。）[27]
這些明顯的消費意願差異，可以解釋商家為何樂於接受你使用
信用卡付費，即使信用卡公司會向他們收取交易手續費。

儘管范伯格的研究結果顯示，信用卡持卡人花錢花得比較
凶，但經濟學家或許認為，這頂多只能指出消費傾向，並不是
決定性的證據，畢竟范伯格的實驗並非實際交易。因此，經濟
學家德瑞森·普雷萊克（Drazen Prelec）與當肯·席梅斯特
（Duncan Simester）設計了一項涉及真實交易的實驗。他們在
哈佛商學院提供三項拍賣物品，第一項是波士頓塞爾提克隊
（Celtics）與邁阿密熱火隊（Miami Heat）決一死戰的門票兩張
（這場比賽的門票早就銷售一空），第二項是波士頓紅襪隊（Red
Sox）例行賽的門票兩張，最後一項則是塞爾提克隊和紅襪隊
的旗幟各一。

　　研究人員隨機將學生分爲信用卡組和現金組，但即使學生使用現金付款，前往付款地點的路上就有提款機，並不會不方便。結果，以賽爾提克隊出賽的門票來說，用信用卡得標者，願意支付的金額是付現者的兩倍多；紅襪隊門票，用信用卡得標者，比付現者多付 75％；兩隊旗幟，用信用卡支付者願意支付的金額只多出 60％。簡單來說，這場實驗的結果和范伯格的發現不謀而合，[28] 而筆者的研究助理維多莉亞・布勒（Victoria Buhler）說：「這些商學院的學生，應該要更精明一些才對。」

　　一言以蔽之，前述這些研究不只告訴你，信用卡會讓你花更多錢，更是讓你花起錢來毫不心痛。信用卡是商家喜愛的神奇迷藥，消費者最後還是必須承擔代價。

購買迷藥的代價

　　我們爲何會想擁有信用卡、用信用卡消費？因爲信用卡有一點深深吸引著你，它讓你「免費」使用。在美國，這是聯邦法律的規定。[29] 根據 1968 年頒布實施的《美國信實貸款法》（Truth in Lending Act），如果顧客要用信用卡付帳，和現金支付的價格應該完全相同，店家不得多收錢。但此法已在 1984 年終止，今日美國十個州——美國人口的 40％——沿用此信實貸款法的精神，不向信用卡使用者多收費，但店家一樣必須支付交易手續費給威士（Visa）、萬事達等信用卡公司，而他們也不會給付現的顧客打折。前述范伯格、普雷萊克與席梅斯特的研究告訴我們為什麼，如果顧客使用信用卡付帳，願意多買一點、多付一點，諸如梅西百貨（Macy's）或超市如果提醒客人用現金付帳可以打折，豈不是自毀商機？

如果顧客可以「免費」使用信用卡，就有如可從寵物店免費把小狗帶回家一樣。使用信用卡的人也許真的需要購買一些食物和日用品，但也會「多」帶一些東西回家。等到下個月，信用卡帳單出現在信箱後，才會後悔買了那麼多東西。儘管有半數美國人表示，他們總是將信用卡的帳單全額付清，[30] 還是有不少持卡人無法自制，卡債愈積愈多，不得不付出高額代價。

卡債的代價高得驚人，在本章最後這些段落，我們將用三個不同角度來看使用信用卡消費的成本有多高。首先，根據整體統計，光是在 2012 年，信用卡產業的營收就高達 1,500 億美元。[31] 這表示刷卡對消費者來說太方便了，動不動就會掏出信用卡來買東西。與銀行貸款購屋者所付的房貸利息總和相比，這 1,500 億美元已超過房貸利息的三分之一，[32] 它是美國家戶食物費用的六分之一以上，也已超過我們在汽車及零件支出的三分之一。[33]

第二個來看使用信用卡成本有多高的角度是，我們可以評估在不同的付款方式之間，這些成本如何分配？我們取得相關成本三大要件的預估值，信用卡產業的獲利主要來自三個層面，除了剝店家的皮（交易手續費），這部分的收入約占營收的三分之一，持卡人逾期還款的利息占營收的二分之一，其他罰款（包括逾期繳款的違約金）約占六分之一。[34]

有個名叫西恩・哈波（Sean Harper）的部落客，告訴筆者信用卡利用交易手續費削錢的門道，他是《蘋果橘子經濟學》（*Freakonomics*）作者李維特（Steven Levitt）教過的學生。哈波計算，如果使用花旗現金回饋 Visa 卡刷卡，店家必須支付信用卡公司的交易手續費有多少，[35] 而相關結果給了我們了解使用信用卡成本有多高的第三種視野。

如果你在便利商店買一包 1.5 美元的口香糖，交易手續費是 40 美分；如果你刷卡加油，付了 30 美元，交易手續費是 1.15 美元；如果你在超市買了 100 美元的食物和日用品，交易手續費是 2.05 美元。諸如此類，哈波列舉了種種使用信用卡消費的金額與交易手續費，然後比較店家支付的交易手續費和收益。對便利商店來說，交易手續費為年獲利的 2.25 倍。如果信用卡公司跟超市收取 2% 費用的話，大約占了一般食品雜貨平均成本加成的五分之一。[36]

加州大學聖地牙哥分校經濟學教授蜜雪兒・懷特（Michelle White）直言，信用卡是個人破產的主要因素。儘管破產者可能欠下巨額卡債，但並不表示他們濫用信用卡才破產，因為他們可能本來財務就有問題，而不是濫用信用卡乃至於卡債高築。但也有學者提出直接證據，指出信用卡是破產的禍首：從

1980 年到 2006 年，因卡債而破產的案例就多出七倍。

　　1996 年，芝加哥「所得動態的追蹤研究」（Panel Study of Income Dynamics）詢問研究對象：是否曾經破產，以及破產的原因？在曾經破產的人當中，有 33％的人回答「債務太高／誤用信用」是他們破產的主因。[37] 另外，有 21％的人表示自己破產是由於失業，還有 16％的人則表示是由於健康／醫療因素。[38] 另一項在 2006 年針對尋求破產諮詢者所做的研究，也有類似的發現：尋求破產諮詢者有三分之二的人言明，自己會破產主要源於「財務管理不善／過度花費」。[39] 我們可從前述范伯格、普雷萊克與席梅斯特等人的實驗了解，為何信用卡是財務管理失當的主因。對某些人來說，信用卡根本就是一個財務陷阱。

　　在此，又回到我們的釣愚主題上。如果信用卡不是用來釣愚，請發卡公司向法官說明為何自己無辜。就前述所見，信用卡的每個層面都有釣愚的企圖，始自信用卡公司向店家收取巨額手續費，店家雖然確實買到了銷售的神奇迷藥，但代價高昂、占信用卡公司營收的三分之一。然後是消費者，大家高高興興地採買雜貨和鞋子等，心想等到帳單來的時候再說，但屆時如果無法繳清帳單全額，就會以高利息逐漸滾出卡債。此外，還有逾期繳款的違約金，以及用種種名目收取的手續費。從任何一個環節來看，信用卡公司都精於利用我們的弱點削錢。

第 5 章
政治釣愚

　　我們都有這樣的經驗：跟男友或女友糊裡糊塗分手了，多年後才恍然大悟問題何在，筆者喬治的助選經驗也是如此。2004 年 10 月的最後一週，喬治接受學生的請託，擔任他父親小亞特・史莫爾（Art Small, Jr.）的「經濟顧問」，協助他代表民主黨角逐愛荷華州參議員的席次。這個學生名叫亞特・史莫爾三世（Art Small III），是喬治以前在柏克萊教過的學生。喬治當時表示，願意抽出一週時間到愛荷華州幫他父親的忙。[1]

　　小亞特・史莫爾的職業生涯多采多姿，包括英文系教授、藥師、國會助理、愛荷華州眾議員、參議員暨參議院撥款委員會（Appropriations Committee）主席、律師和印刷商。[2] 在愛荷華州，大家都知道他為人誠正。他的競選標語展現宏觀精神：「放大格局，投史莫爾。」（Think Big, vote Small.）所有的競選徽章和宣傳海報，都採用簡潔的黑白設計。史莫爾沒有拿政治行動委員會（Political Action Committee, PAC）的補助金，也沒有接受利益團體的政治獻金，乃至於有一週只募得 103 美元的選舉經費。

　　由於當時民主黨遲遲未能推派出可與在職參議員查爾斯‧葛雷斯利（Charles Grassley）匹敵的大將，史莫爾在最後一刻才決定投入選戰。[3] 對史莫爾而言，這場選戰等於是沒有希望的戰爭、極其艱苦，而他之所以不敢貿然參選還有一個特別的原因，筆者喬治在愛荷華那週才知道為什麼：他得照顧不良於行、坐輪椅的老婆。有一天，史莫爾請喬治到他家吃晚餐，做了炒蛋這道菜，飯後喬治和他一起洗碗。

　　葛雷斯利最為人詬病的，就是在擔任參議院財政委員會（Senate Finance Committee）主席期間，為小布希（George W. Bush）2001 年及 2003 年的減稅法案護航。根據美國國會預算局（Congressional Budget Office）的計算，小布希的減稅法案使聯邦赤字增加了約 1.7 兆美元。[4] 如果當初能夠未雨綢繆，把這些錢省下來，在 2008 年遭逢全球金融海嘯之時，美國或可免於陷入經濟大衰退。筆者二人計算，1.7 兆美元將可使美國 2009 年至 2012 年的失業率從平均 9％ 降到 7％。[5]

　　儘管史莫爾和葛雷斯利各有優缺點，葛雷斯利的人氣仍遠遠超過史莫爾。愛荷華州是培根出口量最大的州，葛雷斯利告訴選民，他一直在華盛頓努力推動美豬的對外貿易。支持乙醇燃料補助政策只是他的一個註冊商標，他對愛荷華州的貢獻還不止於此。為了競選連任，他準備好 760 萬美元的銀彈，[6] 只要看一下愛荷華首府德梅茵（Des Moines）地方電視台 KCCI

的節目，不到幾分鐘你就知道葛雷斯利的錢是怎麼花的。

電視台不斷重播葛雷斯利的競選廣告：他坐在曳引機上，後方連接兩部割草機（左右各一），在昂貴的草皮上不斷地繞圈子，畫出螺旋同心圓。史莫爾把他的姓氏巧妙地融入競選標語，葛雷斯利也利用競選廣告，以綠油油的草地（grass）這樣鮮明的意象做為自身代表——葛雷斯利的姓（Grassley）開頭五個字母就是 Grass，懂了吧？他在廣告中用親切的聲音慢條斯理地說：「我當然熱愛我在參議院的工作，但有時還是得放下工作。週末，我喜歡開著割草機，整修自家草皮。」[7]

面對這樣的強敵，史莫爾還是戰到最後。選舉結果：葛雷斯利拿下70.2％的選票，史莫爾只取得27.9％。[8] 在《聖經》中，以色列少年大衛（David）擊敗巨人歌利亞（Goliath），但就我們所見，獲得勝利的多半是巨人。

民主、金權政治與釣愚

葛雷斯利對史莫爾之戰，以及金錢在這場選戰的角色，就是美國國會選舉的縮影。我們可從匯總的統計數據得知，這場選戰除了葛雷利斯與史莫爾財力懸殊，其他並沒什麼特別的。以美國 2008 年眾議員選舉為例，候選人投入一場選戰的總花費即高達 200 萬美元以上，現任者的花費則是挑戰者的兩倍以上。換算一下，眾議員在任內每日必須籌措 1,800 美元（包括週六、週日和國定假日。）如果是開放性競爭（open race），即現任者不參選的情況下，候選人的花費約略超過兩倍，高達 470 萬美元。參議員的選舉花費更多，2008 年，參議員候選人投入一場選戰的花費幾乎高達 1,300 萬美元。平均而言，現任者如尋求連任，至少得花掉 800 萬美元以上，就像葛雷斯利，只是那屆與他競逐的史莫爾根本就沒什麼錢。[9]

回到葛雷斯利這個例子，如果你呈現在愛荷華州民眾眼前的是一個開割草機的人，民眾可能就會把票投給他。正如第 3 章討論的廣告效應，選民會把選舉廣告上的故事移植到有關自己、友人或鄰居的敘述之中；葛雷斯利開割草機的廣告，會讓你把葛雷斯利當成是自己的朋友，也是鄰居。這個競選廣告成功把葛雷斯利的故事移植到你的心中：葛雷斯利就像你我一樣，會自己割草，甚至還從華盛頓抽身回家割草。儘管他在參議員任內頗有建樹，如防堵個人所得稅逃稅漏洞、打擊性奴交易等，但我們無法從他在愛荷華地方電視台的競選廣告得知他的政策，也看不出他的品格。其實，選民應該質問：在電視上密集播出這樣的競選廣告，他的錢從哪裡來的？只是葛雷斯利的廣告很成功，選民不會想到這個問題。

政客釣愚與商人釣愚有異曲同工之妙。根據基本經濟學理論，如果沒有釣愚這樣的情事，經濟競爭應能產生良好均衡，即筆者在導論討論釣愚均衡時提到的「帕雷多最優化」。同樣地，基本政治學論道，公開競爭的民主選舉能夠帶來良好的結果，如政治學者安東尼·唐斯（Anthony Downs）所述。[10] 選

民所做的選擇，就像在一個空間裡畫出一條光譜，放上政黨及
選民的相對位置。如果選民能夠取得充分的選舉資訊，把票投
給自己偏好的候選人，互相對立的兩黨應可在競爭的政綱上達
成平衡。唐斯認為，在兩黨制或兩大黨競爭的情況下，由於大
多數選民都在兩大黨的中間，因此兩大黨都會向中間移動，這
就是「中間選民定理」（median voting theorem）。在民意呈單
峰分布之下，半數選民的政治傾向偏左，另一半則偏右。[11]這
種平衡就像超市結帳櫃台出現的情形一樣，人龍不會集中於某
一個櫃台，在每個櫃台結帳的人數都差不多。如果兩人參選，
其中一位候選人政見與立場不明顯，另一位清楚表達政見與立
場的候選人就能出線。

　　這種平衡也是持不同論點的雙方折中、妥協的結果，這是
理想的民主政治，如果現實世界的政治就像唐斯描述的選民和
候選人行為那樣理性就好了，可惜不然。事實上，選民很容易
遭到蒙蔽、欺騙。首先，選民往往無法獲得充分的選舉資訊，
因此被愚弄。其次，他們的心理也很容易受到政客的操縱。例
如，愛荷華州的選民會被葛雷斯利開割草機的競選廣告打動，
而把票投給他。這些釣愚的伎倆致使政治平衡生變，讓選民無
法根據候選人的政見做出理性選擇。

　　要操縱選民、贏得選戰的策略主要有三：一、針對一般選
民關心的議題，公開宣揚能夠吸引選民的政策，讓選民充分了
解這些政策。二、就其他議題而言，別讓選民知道得太多，但

必須仔細告知金主，讓金主了解自己的立場是有利於他們的，也要讓準備捐獻的人知道這樣的立場，使他們願意慷慨解囊──當然，這方面的訊息不得對大眾宣揚。三、用利益團體的政治獻金來討好一般選民，亦即會被候選人開割草機的電視競選廣告所打動的選民。[12] 但這樣的選舉策略並不符合唐斯的「中間選民定理」；反之，我們看到的是政治生態的釣愚均衡。

被蒙蔽的選民

雖然有些議題選民容易取得資訊、充分了解，但一般大眾總是相信國會議員精於國事，自會做好份內的事，老百姓不用管。因此，幾乎每個人都變成「不知情的選民」。我們可以舉例說明，即使是最鍥而不捨的選民，有時也無法掌握充分的資訊，包括一些極為重要的議題。

近年，影響最大的美國國會法案，或許是在 2008 年第 110 屆國會會期經參、眾議院通過的《經濟穩定緊急法案》（Emergency Economic Stabilization Act）。這是時任美國財政部長亨利・保爾森（Henry Paulson）提出的，計劃以 7 千億美元來處理壞帳，使美國金融體系免於因次貸風暴崩盤，陷入第二次經濟大蕭條。然而，這麼重要的法案，只有少數知道內幕的人（或是先知）才曉得，這個耗費巨資的經濟救援方案，在半年內除了挽救美國銀行體系、貸款給通用汽車（General Motors）和克萊斯勒（Chrysler），使其免於破產外，還有哪些用途？[13]

　　一項法案的前言通常在解釋該項法案的用途，我們可從這項法案的前言了解其目的：「此法案將授權財政部……收購問題資產。」[14] 從這點來看，這項紓困方案的正當性仍有很大的問題。即使筆者二人認真研究法案全文，知道美國財政部將挽救銀行體系和兩家汽車公司，對很多細節依舊有如霧裡看花，所以不得不請一位朋友釋疑，他就是 2008 年在財政部擔任助理部長的菲利普‧施瓦格（Phillip Swagel），也是該法案的主要起草人之一。[15] 美國財政部長保爾森在 2008 年 10 月 13 日召集全美九大銀行的執行長，宣布將進行「問題資產紓困計畫」（Troubled Asset Relief Program, TARP），不管他們是否願意，都得接受美國政府以 1,250 億美元交換他們的股權。[16] 這樁交易的法源即《經濟穩定緊急法案》第 3 節第 9 條 A 項有關「問題資產」的定義：

> 美國財政部長決定，將向金融機構收購在 2008 年 3 月 14 日以前發行的住宅或商業抵押擔保證券等問題資產與持股，以促進金融市場的穩定。[17]

　　施瓦格解釋說，由於銀行是這些問題資產的擁有者，財政部因而透過法案取得授權，以協助這些銀行脫困。但美國政府緊急貸款給通用汽車和克萊斯勒的原因，在法案中一樣模糊其詞，這部分可參看《經濟穩定緊急法案》第 3 節第 9 條 B 項有關「問題資產」的定義：

> 爲了穩定金融市場，美國財政部長如認爲有其必要，可……決定收購其他任何金融工具。[18]

《經濟穩定緊急法案》藏著深奧的技術細節，想要深入了解這項法案，就像看兒童圖畫書《威利在哪裡？》（*Where's Waldo?*）一樣，總要從人山人海的圖案中找出穿紅白條紋上衣、藍褲子、戴毛帽的威利，但威利總是躲在很隱密的地方。這項法案也是，刻意掩飾有利於利益團體的法條，不只社會大眾，就連新聞界也難以解讀如此複雜、暗藏著許多機關的法案。

我們只希望國會殿堂上的議員大人們，能夠爲全民的福祉盡力。可惜的是，他們或許也無法深入了解這樣的法案，同時還得爲下一次的選舉做打算。他們的當務之急是拿到金主送上來的錢，才能購買電視廣告時段，對民眾播放開割草機的競選影片。萬一候選人像史莫爾那樣清貧，就進不了國會，無法爲人民的利益喉舌，當然也沒有機會表達自己的意見。

遊說與金錢

接下來，我們要探討的是，美國國會議員的選舉經費來源，以及說客扮演的角色。在美國，說客總數約有 12,000 人，是國會議員的二十倍。[19] 根據麻省理工學院史提芬・安索拉貝希（Stephen Ansolabehere）、約翰・德・菲蓋瑞多（John de Figueiredo）[20] 與詹姆斯・史耐德（James Snyder）的計算，參選國會議員所需的經費有些是候選人自己籌措的，有一大部分來自政黨和政治行動委員會，但這些錢加起來還是少於遊說團體在一個選舉週期所花的錢。[21] 在美國，遊說如此盛行，或許意謂有很多企業雇用說客，透過他們浥注資金給候選人做為選戰經費，但其實不然。候選人投入選戰的經費大約只有八分之一是來自企業、工會等組織，絕大多數還是來自個人捐獻。[22] 說客只是以候選人「好友」的身分或以支持選舉為由，貢獻一點錢而已。[23]

從前述的統計模式來看，利益團體與美國國會的往來並沒有那麼頻繁。它不是簡單的「出售保護」（protection for sale），亦即利益團體資助參議員或眾議員，讓有利於自己的法案條文過關。說客雖然在交易擔任中間人的角色，但與利益團體交換條件的國會議員，可能也會遭到說客的欺瞞，讓說客有中飽私囊的機會。一般而言，說客從客戶那裡撈來的錢，是企業與工會贊助選戰金額的八倍以上。因此，筆者不禁想到兩個問題：說客通常是什麼樣的人？他們到底提供什麼服務給國會議員，才能拿到這麼多的錢？

首先，我們來了解說客服務的本質為何。筆者喬治從助選經驗洞察到政治人物的一個關鍵角色，就是把自己的故事植入廣大選民的心中，例如在競選廣告中開割草機等。這樣的形象極其鮮明，政治人物藉此創造了一個故事，並且利用電視廣告等媒介傳播出去。但這些競選廣告只呈現政治人物公開的一面，還有私密的一面是我們看不到的。眾議院軍事委員會（House Armed Services Committee）前主席、柯林頓任內首任國防部長萊斯利・亞斯平（Leslie Aspin）有句名言：「想要國會既贊同又否決同一議案？沒問題，國會都做得到。」[24]

我們在前面討論過選戰的三大必勝策略，對照一下，也難怪亞斯平的諷刺讓美國國會議員尷尬萬分。從選戰策略可看出國會議員的雙重目的：一方面要討好選民，另一方面還得向金主頻送秋波。也難怪羅姆尼（Mitt Romney）和歐巴馬兩人在私人募款餐會與人私下交談都曾失言、激怒大眾，羅姆尼曾在2012年對大金主說：「有47％的人無論如何都會投給歐巴馬，因為這些人是靠政府援助的大食客。」[25]儘管歐巴馬的自制力很強，也曾在2008年的募款餐會上說溜了嘴：「賓州小鎮居民心中充滿怨恨，因此死抱著槍枝與宗教，仇視外人。」[26]

由於政治人物懷抱著雙重目的，這把我們帶回前述提及的問題二：說客提供什麼服務？為了魚與熊掌兼得，政治人物不得不與說客掛鉤；說客處於特殊的位置，意圖幫助政治人物。他們的地位特殊，利益團體付費給他們，要他們向政治人物示好、幫忙牽線，以達成自己的目的。說客的存在與雇用，等於

是金錢的一個指標──哪裡有煙，哪裡就有火。在現實世界，
國會議員如要競選連任，必須尋求金主的援助，而說客就是金
庫的定位信標。[27]

　　好的說客還得扮演一個角色：為政治人物穿針引線、設計
故事，讓政治人物知道取捨，以便成功吸引到選票，並且從利
益團體那裡吸到金。根據 2010 年美國最高法院對「公民聯盟
訴 聯 邦 選 舉 委 員 會」（*Citizens United v. Federal Election
Commission*）一案的判決，遊說活動涉及「訊息傳遞」。[28] 美國
最高法院取消個人和利益團體資助聯邦公職競選的限制，但兩
者必須完全獨立、毫無溝通，沒有「訊息傳遞」的情事。美國
最高法院只是杜絕「一手交錢，一手辦事」那樣明目張膽的金
權交易，說客還是可以利用各種巧妙的門道來傳遞訊息給政治
人物，並且顧及政治人物的公私兩面，儼然就像政治人物的心
腹一樣。也難怪高官、議員、議長卸任之後經常轉任說客；以
2010 年卸任的議員而言，半數參議員與 42％的眾議員都當了
說客，憑藉自己強大的人脈網絡，隱身在政界幕後呼風喚
雨──相形之下，1974 年由於聯邦競選法對籌款金額和獨立
開銷均嚴格設限，候選人不需要募集巨資，參、眾議員在卸任
後轉任說客的大約只有 3％。[29] 由於說客是以「友人」的角色，
出現在政治人物的身邊、幫助政治人物達成目的，「政要之友」
這樣的身分也可吸引富商大賈。

　　我們可從一起事件，看出亞斯平對美國國會運作的諷刺之

言不假。美國參議院可透過標準程序，贊成一項支出議案通過，但最後卻以其他理由設限，跟否決這件案子沒什麼兩樣。2009 年，參議員約瑟夫‧拜登（Joseph Biden）成為歐巴馬的副手，留下的席位就由新科參議員泰德‧考夫曼（Ted Kaufman）接替，考夫曼這才了解何謂人在江湖、身不由己。考夫曼對華爾街的欺詐怒不可遏，為了懲治這個造成金融風暴的元凶，他與其他參議員共同提出《金融詐欺懲治與經濟復甦法案》（Fraud Enforcement and Recovery Act, FERA），[30] 該法案同意撥款 1 億 6,500 萬美元給美國司法部，用以對抗白領犯罪。

　　美國司法部正好需要錢，因為在九一一之後，對抗白領犯罪的經費已被轉移到反恐部門。[31]《金融詐欺懲治與經濟復甦法案》獲得參、眾兩院的大力支持，輕易過關。考夫曼十分欣喜，但不久他就發現自己高興得太早，因為參議院最後在年度預算只撥了 3 千萬美元給司法部執行這個案子。[32] 其他參議員擔心嚴懲白領犯罪會導致華爾街的金主反彈，因而拿不到政治獻金，就用大幅縮減經費的方式，讓司法部難以執行。由於參議員要兼顧選民與金主，於是變得只要面子、不要裡子，如亞斯平說的那樣毫無原則，既贊同又否決同一議案。

政治遊說：小成本做大生意

　　前文討論選舉支出與政治遊說對政府的實質影響，以及由此產生的操縱效應。這樣的影響重要嗎？由於選舉支出與遊說費用不到美國聯邦政府總支出——幾乎高達 4 兆美元——的千分之一，相較之下，是不是只能算是小錢？[33] 我們將從遊說花費數目的變化與說客對法律條文的影響，來研究這個問題。

理想的說客除了忠誠、友好，保密也是一項重要的特質——這意謂很多選舉及遊說支出的相關資料不易入手。我們必須從難得一見的案例來一探究竟，就像火山學家一樣，只要火山一噴發便立刻衝到現場，觀看流動的岩漿，以研究地表之下有什麼東西。

下列四個事例，前兩個來自華盛頓說客業界龍頭卡西迪公司（Cassidy & Associates）老闆傑瑞德・卡西迪（Gerald Cassidy）的傳記。他不像一般說客對業務機密守口如瓶，甚至出書大爆內幕。[34] 第三例是美國企業海外分公司所得節稅案，最後一例則是 1980 年代的儲貸銀行危機。

海狼（*seawolf*）潛艦。1992 年 1 月，老布希總統在《國情咨文》（State of the Union）中提到，他將提議取消兩艘海狼核子攻擊潛艦的建造計畫。準備起造這兩艘海狼潛艦的通用動力公司（General Dynamics），立即以每個月 12 萬美元的報酬延攬卡西迪，請他在國會遊說，好讓潛艦建造計畫能夠繼續執行。[35] 在卡西迪努力奔走之下，通用動力總算保住了這項經費高達 28 億的海狼計畫。[36] 而通用動力付給說客的錢和選舉獻金增加的部分，與 28 億相比只是九牛一毛：1991 年至 1992 年的選舉週期，通用動力給美國國會選舉的獻金，只比 1989 年至 1990 年多了 19 萬 8 千美元。

海外所得稅減免。根據拉奎爾‧亞歷山大（Raquel Alexander）、史蒂芬‧馬茲（Stephen Mazza）與蘇珊‧修茲（Susan Scholz）的一項研究，[37] 利益團體往往可以透過遊說保住利益，而且遊說的投資報酬率很高。剛步入 21 世紀初的那幾年，美國跨國企業海外分公司所得只要不匯回美國皆可免稅，於是海外所得未稅部分愈來愈多。美國政府想要拿回這些錢，國會於是祭出了《美國就業創造法案》（American Jobs Creation Act, AJCA）。根據這項法案，跨國企業海外分公司如果在指定的一年期限內把海外利潤匯回美國，即可減免高達 85％（第 965 條），因此實際稅率為 5.25％，而不是 35％的現行稅率。如此一來，美國企業的海外利潤就會回流，而這項法案也是三十九家美國企業聯合遊說的結果，總共節省了 460 億美元的稅金。至於這些企業在聯合遊說方面的支出，總計只有 1 億 8 千萬美元，節省下來的稅金是遊說花費的 255 倍。[38]

蔓越莓汁。優鮮沛（Ocean Spray）出產的蔓越莓汁，也曾因成分標示問題而請說客出馬。雷根（Ronald Reagan）執政時期，美國食品藥品監督管理局要求優鮮沛必須如實標示蔓越莓汁的成分，亦即標明 75％都是水（也就是原汁含量最多只有 25％。）[39] 優鮮沛請卡西迪幫忙打點，於是卡西迪安排了好幾位國會議員在公開場合演講，酬金為 2 千美元或 4 千美元。此外，優鮮沛也捐了 37 萬 5 千美元給政治行動委員會，於是國會日後同意的一項撥款法案，就悄悄地夾帶廠商無須揭露果汁內容物的規定。[40] 就這樣，大功告成。優鮮沛獲利甚巨，至 2005 年，優鮮沛蔓越莓汁在美的銷量已達 7 億 5 千萬美元；[41] 相形之下，請卡西迪遊說的支出簡直微不足道。[42]

查爾斯・基廷（Charles Keating）**與林肯儲貸協會**（Lincoln Savings & Loan Association）。基廷是 1980 年代的儲貸協會危機禍首，我們稍後在第 9、10 章還會深入剖析這起事件。簡單來說，此儲貸金融機構的總裁基廷因詐騙、侵吞資金，使債券持有人和老年投資者蒙受嚴重損失而遭到法院起訴。但基廷以 140 萬美元收買了五名參議員，阻撓調查。[43] 這幾名參議員恫嚇聯邦住宅貸款銀行委員會（Federal Home Loan Bank Board）的調查人員，指示他們「不可傷害拜託他們的選民。」[44] 基廷為了妨礙司法調查所設下的各種障礙，估計耗費美國納稅人約莫 10 億美元，而聯邦儲蓄貸款保險公司（Federal Savings and Loan Insurance Corporation）為了處理該起破產事件，估計承受了二、三十億美元的損失。[45]

利益團體給政治人物有對價關係的利益輸送事例很少曝光，但金錢與政治難分難解的間接證據比比皆是。例如，美國眾議院金融服務委員會（House Financial Services Committee）就有「金錢委員會」之稱，其成員為 15％的眾議員。不管是共和黨或民主黨，總會把下次連任有危險的眾議員送進這個委員會。[46]《金融詐欺懲治與經濟復甦法案》為了打擊白領犯罪、同意撥給司法部的經費，會少了 1 億 3,500 萬美元並不令人意外。而且，也難怪美國政府明明財務困窘、國庫虛空，國稅局還讓每年數千億的企業海外所得逃之夭夭——據國稅局估算，2006 年就讓美國企業海外分公司減免了 3,850 億的稅金。[47] 司法部、國稅局、證券交易委員會（Securities and Exchange Commission, SEC）等，許許多多執法機關的預算都遭到大幅縮減，但由於政治人物被企業收買的證據並不明顯，無法繩之以法。可想而知，在金權政治的影響之下，經濟政策將成為大金主的囊中物。我們將在本書的結論，深入探討證券交易委員會預算不足的問題。

總之，遊說、選舉經費、國會和利益團體已沆瀣一氣，政治釣愚因此大行其道。在商場，商人誘惑消費者上鉤，圖的是一己之利，而非滿足消費者的真正需求；同樣地，政治釣愚也會傷害民主政治。民主也許是人類已知最好的政治制度，但也無法趕走我們肩膀上的猴子。政治人物需要錢才能打贏選戰，為了錢，不得不大量繁殖能夠操縱人心的猴子。

章末附注：本章涉及的層面很多，但筆者把焦點放在美國國會的遊說上。然而，利益團體對管制機關的遊說問題也許更為重要，更別提對聯邦政府與地方政府的遊說。

第 6 章
食品藥物釣愚

　　1906 年，美國新銳小說家厄普頓・辛克萊（Upton Sinclair）所著的《魔鬼的叢林》（*The Jungle*）一書震驚社會，造成人心惶惶。他在小說中描寫芝加哥肉品加工廠的駭人現狀，原本是想揭露 20 世紀初移民淪為奴工的慘況，就像在他半個世紀之前，史托夫人（Harriet Beecher Stowe）以《湯姆叔叔的小屋》（*Uncle Tom's Cabin*）一書，讓世人了解美國黑奴的悲慘命運——這本小說成為南北戰爭的導火線。[1]但辛克萊沒想到社會大眾對他揭發的食安問題更加關注，例如中產階級主婦端到餐桌上的牛排或許來自感染結核病病死的牛隻，[2]加工廠被毒死的老鼠肉一起進了輸送斗製成香腸，或是工人失足墜入煉油槽，屍身混和在加工廠出品的「杜爾翰純豬板油」（Durham's Pure Leaf Lard）中。[3]在這部小說面世後，加工肉品的業績腰斬，廠商火速收買國會議員通過《聯邦肉類製品檢驗法案》（Federal Meat Inspection Act），[4]讓民眾相信辛克萊描述的那些駭人聽聞的食安問題都是陳年往事，只要經過檢驗的肉品就可以安心食用。

同年還有另一項重要的進程：20 世紀初因為偽藥泛濫，美國國會因此在 1906 年通過了《純淨食品藥物法案》（Pure Food and Drug Act），禁止奸商或江湖郎中用摻假、有毒或有害的食品或藥物欺騙大眾。

來喔！來買靈丹妙藥

19 世紀的美國，醫學水準落後，民眾無知，可說是各種祕方的黃金時代。民眾相信江湖郎中賣給他們的藥是能治百病的靈丹妙藥，活躍於 19 世紀前半的威廉‧史旺（William Swaim）就是一例。他銷售的獨家祕方稱為「史旺萬靈藥」（Swaim's Panacea），藥瓶上的商標繪圖是海克力士（Hercules）大戰九頭蛇，代表此藥具有神效。史旺說，他賣的萬靈藥可以治療「淋巴結結核、汞中毒、梅毒腫、風濕症，以及血液感染引發的種種病症。」[5]

然而，隸屬紐約市醫學會的假藥調查委員會有不同意見：史旺的萬靈藥非但不靈，甚至造成多起死亡案例。儘管那個時代的醫療並不高明，但委員會的調查結果是正確的。史旺宣稱他的萬靈藥可以治療汞中毒，但其實這款藥物本身就含有汞。面對調查委員會提出的 37 頁報告，史旺積極迎戰，寫了 52 頁的辯白：「只要我還活著，這樣的指控就沒完沒了。但這些指控都毫無根據，聽者默默無語，但公理自在人心。」[6] 雖然史旺賣的是可能致死的劣藥，但可是一點也不失幽默感。

另一個例子是德州奧斯汀的園丁威廉・雷登（William Radam）。雷登以其植物學知識和當時的科學發現，假設歐洲科學家發現的有害微生物，都會對人體造成破壞。他觀察到一件事：大雷雨過後，真菌不會生長。他猜想，這是雷電影響空氣的結果，並認為自己可以調製出抑制微生物生長的草藥，他的祕方就叫「滅菌劑」（Microbe Killer）。結果，有兩個病人服用之後，似乎神奇康復，於是雷登開始強力推銷。美國農業部分析了他的藥方，發現成分大抵是水，再加上一點酒和稀釋過的強酸，只是比例不固定，所以每一批都有差異。雷登利用此藥大發利市，搬進了俯瞰紐約中央公園的豪宅。[7]

美國農業部化學局局長哈維・華盛頓・威利（Harvey Washington Wiley）想將劣藥逐出市場；他在印第安納州的一棟木屋出生，在哈佛大學取得理學士學位。威利認為，民眾應該注意食品和藥物摻假的問題。由於當時的科學實驗室已經可以化驗食物成分，他主張透過立法，規定食品和藥物都要在包裝上明白標示成分。為了研究食品添加物的危害，他進行了一項實驗，募集十二位年輕的志願受測者，請他們到農業部的餐廳用餐，在他們的食物裡摻了硼砂、甲醛等添加物，看看會有什麼結果。[8] 沒多久，受測者皆出現食欲衰退、腸胃不適等症狀。以後見之明來看，那些受測者覺得腸胃不適可能是心理作用，而非食物添加物所造成，因為媒體封他們為英雄，說他們是「以身試毒的敢死隊。」[9] 總之，《純淨食品藥物法案》在威利的努力催生之下，終於過關。

時序來到 2010 年，我們在撰寫這個章節之時，原本設定要寫一個「就是這樣發展」的故事。我們設定好要回到 19 世紀，談談老鼠肉香腸和可治百病的蛇油，然後帶出我們方才已經提過的《聯邦肉類製品檢驗法案》和《純淨食品藥物法案》，再把情節快轉到現在的 21 世紀，跟各位說「這次不一樣」：與沒有法規的古早時代相比，在施行法規的摩登時代，我們吃的食品和藥物都是安全的。但世事總是充滿驚喜，這次的確「不一樣」——跟我們想的不一樣。現在，無論食品或藥物，都不如我們想的那麼安全可靠。正所謂「道高一尺，魔高一丈」，21 世紀的食品廠和藥廠不但繼續欺詐，而且技巧更是高明，知道如何逃避法律的約束。

以食品而言，儘管食品加工廠不會供應如辛克萊所述那樣，用結核病死牛隻加工製成的牛排，但今天廠商生產的很多食品對大眾健康一樣造成危害，致使消費者在不知不覺中攝取過多的糖、鹽和脂肪。現代人已經很少因為食物中毒到醫院求診，但因為食物罹患冠狀動脈心臟病、糖尿病等的患者可說不計其數。食品廠商操縱我們的意識、釣我們上鉤，相關事證到處可見，我們在此不用多說，但它們都是釣愚理論的力證。[10]

至於藥物，我們原本以為史旺的萬靈藥和雷登的滅菌劑是古早時代的事了，現在既然有食品藥品監督管理局為民眾的健康把關，藥物的療效與安全性應該是沒問題，更何況藥物的取得往往必須透過醫師開給我們的處方箋，用藥安全應該多一層保障。只可惜我們太天真了！低估了藥廠的老謀深算和釣愚的功力。

偉克適的「傷心」事件

接下來，我們將以偉克適（Vioxx）為例，深入探討現代藥品詐騙的問題。儘管這是個極端案例，但我們可藉由這個案例來了解更廣泛的全貌。默克藥廠（Merck & Co.）從 1985 年到 1990 年，連續六年被《財星》（Fortune）雜誌譽為「全球最受讚賞的公司」，並在 1999 年推出一款對抗關節炎疼痛的新藥偉克適——筆者喬治就有親身經驗，深知關節炎疼痛之苦。傳統非類固醇抗發炎藥物如阿斯匹靈、伊普（ibuprofen）、那普洛先（naproxen）等，雖然有抗發炎、止痛之效，也可能帶來嚴重的腸胃副作用。這是因為這類止痛藥會同時抑制我們體內的兩種酶：第一型環氧化酶（COX-1）和第二型環氧化酶（COX-2），消炎、止痛之效來自抑制後者，但前者能夠保護胃黏膜，所以如果受到抑制，胃黏膜很容易會受到傷害，造成胃潰瘍。[11]

服用過量的非類固醇抗發炎藥物會導致消化道出血，因此成為老年人的主要死因。[12] 默克藥廠研發出來的新藥偉克適，可選擇性地抑制 COX-2 但不影響 COX-1，可謂對付關節炎疼痛的靈丹妙藥。[13] 輝瑞（Pfizer, Inc.）的子公司希爾藥廠（Searle）也致力於 COX-2 抑制劑的研發，準備推出與偉克適匹敵的新藥。偉克適獲得食品藥品監督管理局的批准，條件是必須進行更嚴謹的隨機對照臨床試驗，[14] 該臨床試驗計畫稱為「偉克適腸胃副作用調查研究」（VIoxx Gastrointestinal Outcomes Research, VIGOR）。我們可從這項藥物研究的相關事件了解，為何藥品的使用在層層把關之下，一般消費大眾依舊容易上大藥廠的當。

出版社要推出暢銷書總會請來名家助陣、敲鑼打鼓，藥廠推出明星藥品也是。他們最先拉攏的對象就是醫師，畢竟病人要拿藥往往必須透過醫師，如果醫師願意在醫學期刊發表研究報告，肯定新藥的療效、為新藥背書，同行才願意在處方箋開立這種新藥。因此，如果藥廠有新藥問世，會非常仰賴這樣的研究報告。當然，藥廠不會亂槍打鳥找人、會先篩選醫師，例如他們會先找研究計畫曾經接受過藥廠贊助的醫師，並且透過關係請他們寫文章，把臨床試驗數據交給他們。藥廠的理想人選是在醫界有影響力而且贊同相關計畫的人，他們還會提供「編輯協助」給這些醫師作者們——說穿了，就是找人代筆，醫師只要在現成文稿上掛名即可。[15] 難怪很多接受藥廠贊助發表的期刊文章作者，對贊助藥廠送交審查的藥品大都會強調優點。[16] 此外，藥品市場不只注重期刊文章發表的內容，文章的數量也很重要。全球最大的科學與醫學期刊出版商愛思唯爾

（Elsevier）幾年前就曾發生過這樣的醜聞：期刊編輯坦承，旗下共有六種期刊刊登的文章似乎只經過同儕審查，而且其實接受了藥廠的贊助，但文中隻字未提。[17]

在這種運作結構下，2000 年 11 月，《新英格蘭醫學期刊》（*New England Journal of Medicine*）即刊登一篇有關「偉克適腸胃副作用調查研究」的報告，第一作者是多倫多大學的克萊爾・龐巴迪爾（Claire Bombardier）醫師。[18] 這項臨床試驗的進行期間從 1999 年 1 月到 7 月，接受偉克適治療的受測者共有 4,047 人，對照組總計為 4,029 人，接受商標名為 Aleve 的那普洛先治療。[19] 偉克適的確如藥廠所言，不但可以緩解疼痛，上消化道不適的副作用也比那普洛先來得少。試驗組與對照組共有 177 人出現腸胃不適的副作用，接受那普洛先治療者是使用偉克適者的 2.2 倍。至於出現真正嚴重的腸胃副作用者，試驗組與對照組的比例也與前者很相近：37 比 16。[20]

然而，此次臨床試驗還有一個令人不安的陰影：作者龐巴迪爾等人在文中陳述，服用偉克適的試驗組出現心肌梗塞者有 17 例，那普洛先則有 4 例。儘管比例懸殊，但案例數目仍不夠多，因此這樣的差異可能是隨機出現的結果，並非服用藥物的副作用。[21] 龐巴迪爾等人雖然認為，就心肌梗塞的發生率而言，試驗組與對照組的確有差異，但試驗組的心肌梗塞應該不是偉克適引發的，或許是那普洛先有心臟血管的保護作用。[22] 在偉克適上市後，電視廣告述及副作用的旁白，也引用了前述的統計數字和解釋。不過，龐巴迪爾等人的報告遺漏了一點：出現嚴重血栓者（血管中形成血塊），在服用偉克適的試驗組中有 47 人，但在服用那普洛先的對照組只有 20 人。[23] 也許有人會說，4,047 人有 47 人算是少數，但各位可別忘了，這種藥物必須長期服用，特別是骨性關節炎疼痛的病人。放長遠來看，假設病人服用偉克適的時間長達五年，每半年出現嚴重血栓的機率是1.16％，如此考量，嚴重血栓是不可小覷的副作用。

　　我們可以想像這篇報告作者群的感覺：默克經常贊助他們的研究，現在研發出一款神奇新藥，被譽為「超級阿斯匹靈」，可減少腸胃副作用的發生，而臨床試驗的確看到這個優點。誰想出來扯後腿？但最近的研究顯示，像偉克適這類的 COX-2 抑制劑，確實有引發心血管疾病的副作用。這項研究的作者是賓州大學的蓋瑞特・費茲傑羅（Garret FitzGerald）等人，他們發現光是抑制 COX-2，就可干擾兩種脂質的平衡，即前列腺素（prostaglandin）和血栓素（thromboxane），而這兩種脂質會影響血管內壁、血管口徑和血栓的形成。抑制 COX-2 致使前列腺素與血栓素的平衡遭到破壞，就會造成血流異常、出現血栓。[24] 默克也知道這項研究，因為費茲傑羅的研究是他們贊助的，[25] 而且賓州大學保健系統（University of Pennsylvania Health System）曾在 1999 年 1 月的新聞稿中公布這項研究。[26]

　　「偉克適腸胃副作用調查研究」的統計數字（加上默克未公開的其他研究）足可做為警示紅旗，但默克還是決定強推此

每病人－年的整體死亡率與心血管疾病死亡事件

	偉克適 $N = 3,595$	非類固醇抗發炎藥物 $N = 1,565$	安慰劑 $N = 783$
整體死亡率	0.1	1.1	0.0
心血管疾病死亡事件	0.1	0.8	0.0

藥，因為已併購希爾藥廠的輝瑞正在虎視眈眈，準備推出 COX-2 抑制劑希樂葆（Celebrex）。[27] 默克的行銷部門為偉克適的上市卯足了勁，1998 年夏天，在偉克適正式上市前，默克即聯合輝瑞、羅氏（Roche）、嬌生和希爾在茂宜島的麗池卡爾登酒店（Ritz-Carlton）為新藥舉辦研討會，邀請研究止痛藥的六十位專家出席，聽藥廠為即將問世的超級阿斯匹靈歌頌。[28]

　　默克還邀請了曾在 1976 年奪得奧運花式滑冰金牌的桃樂絲・漢彌爾（Dorothy Hamill）出馬，在談話節目和廣告上推介偉克適。漢彌爾的故事很動人：偉克適緩解了她的頸部和背部疼痛，讓她得以再度在冰上翩翩起舞。[29] 此外，默克更派出三千名業務代表到各地醫院（在美國，每名藥廠業務代表負責六位醫師），[30] 請醫師開偉克適給病人吃。[31] 這些業務代表可是有備而來，在龐巴迪爾等人的報告公諸於世後，他們知道醫師不免擔心偉克適對心血管的副作用，早就已經準備好答案要消除醫師的疑慮。他們用統計數據製作了三張卡片，其中一張是像上圖這樣的。[32]

但藥廠業務代表給醫師看的數據與「偉克適腸胃副作用調查研究」不符，也不知道這些數據是從哪裡來的。眾議院政府改革暨監督委員會（House Committee on Oversight and Government Reform）民主黨委員收到一份備忘錄，表示這些數據「幾乎毫無科學可信度。」[33] 心臟科醫師艾瑞克・托普（Eric Topol）在《新英格蘭醫學期刊》撰文道，默克為了消除醫師對偉克適副作用的疑慮，可說是「不擇手段」。托普也描述默克以相同意圖贊助的全國醫學教育研討會，以及由默克員工和顧問充當寫手請醫師掛名發表期刊文章的相關情事；[34] 在偉克適上市之前，默克已經招募了 560 位醫師，請他們在醫學教育研討會上擔任演講者推介偉克適。[35]

就這樣，偉克適還是如期上市，並且為副作用提出了辯解。到了 2004 年，偉克適的年度業績已經高達 25 億美元。[36]只是副作用的陰影愈來愈大，根據研究統計，偉克適會引發心肌梗塞的確是事實。食品藥品監督管理局藥物安全部門副主任大衛・葛拉翰（David Graham）打從一開始就對偉克適有所懷疑，便和全美領導型連鎖醫院凱薩醫療機構（Kaiser Permanente）合作，比較 26,748 位服用偉克適的病人與接受其他藥物治療的病人心肌梗塞的發生率。[37] 統計之後，發現服用偉克適的病人發生心肌梗塞的比率，要比接受其他藥物治療的病人高出許多。

不利於偉克適的證據愈來愈多。1999 年，默克進行了一項隨機對照臨床研究，評估以偉克適抑制大腸息肉的功效。[38]
2004 年，研究結果出爐：所有受測者在參與研究之前都經過
篩檢，確定沒有心血管疾病的問題，但在服用偉克適 18 個月
後，有 3.5％的受測者出現心肌梗塞或中風。[39] 事已至此，證
據確鑿，2004 年 9 月 30 日，默克決定壯士斷腕，自願將偉克
適下市。據葛拉翰估計，因服用偉克適而出現心肌梗塞者，約
為 8 萬 8 千人至 13 萬 9 千人，死亡案例保守估計已超過 2 萬
6 千人，此為歷史上最嚴重的藥害事件。[40]

藥品市場的遊戲規則

　　偉克適事件不只是單一個案，藥廠原本想要一手遮天，最
後不惜鋌而走險。其實，這樣的事件遲早會發生，因為有關藥
物安全、實際療效與藥品開立的相關法規早有問題，讓大藥廠
得以釣愚。在接下來幾個段落，我們再來看看藥廠如何才能讓
醫師開立他們生產的藥品。首先，藥廠必須取得食品藥品監督
管理局的許可，然後才能行銷。我們在此也將以偉克適事件做
為借鏡，探討藥廠申請許可與行銷這兩個層面的問題，然後在
本章最後的段落描述大藥廠如何取得最有利的價格。

上市前先取得政府許可

　　不管是一般大眾或醫師，都對隨機對照試驗的「科學方法」
有過度信心，甚至就連食品藥品監督管理局也是。就像在前文

提及的美國園丁雷登，宣稱自己販售的「殺菌劑」是基於19
世紀末的科學發現，默克藥廠推出偉克適這款藥物，也自認是
現代科學給病人帶來的福音，而且藥效已經「偉克適腸胃副作
用調查研究」這類臨床試驗證實。

　　但從統計學的一個重要概念來看，我們就可知道為何隨機
對照實驗常常會有問題，特別是像前述這樣的臨床試驗。以偉
克適為例，如要證明受測者出現心肌梗塞並非偶然，還需要很
多數據，因為心肌梗塞雖然嚴重，但並不常見。既然心肌梗塞
的發生率不高，而「偉克適腸胃副作用調查研究」的臨床試驗
期間只有六個月，就難以證明長期服用偉克適會使住院率和死
亡率增高——用統計術語來說，就是該試驗結果「統計檢定力
低」（low statistical power）。該試驗進行的期間只有六個月，
比較容易檢測短期效果，例如緩解疼痛的程度和減少胃腸不適
的副作用等。然而，以臨床試驗驗證藥物的長期影響而言，並
不只是偉克適有這樣的問題，其他藥品也是。這個問題與食品
藥品監督管理局核准藥物的標準有關，因為該局側重藥品短期
成效的檢覈（儘管效益可能很小），而有些藥物長期使用可能
產生嚴重的副作用，但由於符合短期查驗標準，因此得以過
關。

　　對那些具有嚴重長期風險的藥品，美國食品藥品監督管理
局顯然使不上力。這不只是涉及統計檢定力的問題，追根究
柢，食品藥品監督管理局為藥廠的人體試驗計畫開了五道方便

門，使各大藥廠送交審查的藥品輕易通過效能和安全性的標
準，獲得許可。

首先，就藥品效能的證明，藥廠只須遞交兩次人體試驗計
畫的研究結果。當然，如果其他試驗計畫的結果不利，藥廠就
不會遞交上去。[41] 以偉克適為例，默克發現自己資助的一些研
究證明，服用偉克適容易出現血栓、心肌梗塞等副作用，但為
了向醫學界隱瞞，延宕多時才發布結果。[42]

第二，藥廠可自行決定試驗期間的起迄日期。以「偉克適
腸胃副作用調查研究」為例，默克就排除了三例心肌梗塞和一
例中風，因為受測者的發病日期已逾試驗原本訂立的期間。說
來也巧，默克相關研究計數心血管疾病發生事件數量的最後日
期，比計數腸胃副作用事件的日期提早了一個月。[43]

第三，藥廠的人體試驗可能會為了凸顯藥物的效益或消減
副作用的發生，特別去找某些受測者。前述龐巴迪爾醫師等人
的說法就是一例，他們聲稱：服用偉克適的受測者發生心肌梗
塞的比例，比服用那普洛先的人多了 4％，這應該是吃那普洛
先的人產生了類似服用阿斯匹靈以預防血管阻塞及心血管疾病
的結果。言外之意就是：別擔心，該項試驗結果應該不採計這
些數據。[44]

第四，安慰劑或控制組也是藥廠精心挑選過的。[45] 默克在
「偉克適腸胃副作用調查研究」中，必須以非類固醇抗發炎藥
物做為對照組，而非類固醇抗發炎藥物有很多種，他們刻意挑

選那普洛先就是因為此藥「特別容易引發嚴重的腸胃副作
用。」[46] 如果你想跑贏，找跑得最慢的人來比賽，那就穩操勝
算了。

第五，藥廠可自行選擇受測族群和人體試驗的進行地點。
目前，葛蘭素史克藥廠（GlaxoSmithKline）進行的人體試驗半
數以上都不在美國本土，愈來愈傾向到開發程度較低的國家進
行，如中國即占 47%。[47] 筆者不禁懷疑，藥廠會選擇在比較貧
窮、落後的地區進行人體試驗，是因那些地區的人體試驗法規
比較寬鬆。

上市後打行銷戰

藥廠要推出新藥，除了必須通過食品藥品監督管理局的審
核、取得上市許可外，另一個必須攻克的關卡就是醫學界。醫
學期刊通常是他們必須攻下的第一道防線，就像龐巴迪爾醫師
等人發表的研究報告，等於是為偉克適進入市場鋪好了路。藥
廠的業務代表不只會送醫師筆和新藥樣品等小禮物，還會送上
期刊報告的影本，這是第二塊敲門磚。至於第三招，則是透過
醫學教育研討會來推廣藥品，美國大多數的州都要求已有執照
和證書的醫師必須參加繼續教育課程，執業資格才得以展延。
醫學教育雖然立意良善，但也給了藥廠可趁之機：他們會利用
贊助研討會的機會，選擇支持自家藥品的醫師做為演講者，並
且給予酬金──藥廠可從處方箋紀錄找出這些醫師。[48] 此外，

如果醫師參加研討會的開銷都由藥廠買單，醫師自然而然會對藥廠及其產品降低戒心，而藥廠也能透過影響主講醫師的方式，影響受訓醫師群被講授的內容。

這點和第 5 章描述的政治生態很類似，藥廠的行銷戰和政治人物的選戰，其實有異曲同工之妙。醫學期刊上的研究報告、藥廠業務代表的拜訪、醫學教育課程、大手筆贊助醫學研討會、電視廣告，這種種的手段都是為了建構神藥的故事。用這樣的故事來為醫師洗腦——「此藥就是治療某某病症的特效藥」——轉移用藥醫師的注意力，讓他們想的不是藥品的副作用，而是如果不開這個廠牌的藥品給病人，病人會有多大的損失。最後，醫學會把該藥品納入某種疾病的治療建議，藥廠也就打贏了這場行銷戰，就像政治人物打贏選戰一樣。

吃藥「致」病

由於缺乏長期測試藥物副作用的有效機制，再加上現代行銷的廣大影響力，除了偉克適，市面上想當然耳也曾出現其他一些長期使用會造成嚴重副作用的藥品。舉例來說，人工提煉的雌激素藥品自 1942 年問世以後，已有無數的停經婦女接受荷爾蒙補充療法。由於這種雌激素藥品是從孕馬尿中提取的天然類固醇雌激素，因此英文產品名為「Premarin」，是 PREgnant（懷孕的）+ MAre（母馬）+ uRINe（尿）的組合，中文產品名音譯為「普力馬林」。2003 年，根據英國「百萬婦女研究」（The Million Women Study）的結論表示，荷爾蒙補充療法、尤其是加上合成黃體素的雌激素，使英國近十年的乳癌病例比前十年增加兩萬例。從這樣的數據推斷，以美國的人口數而言，增加的乳癌病例應多達九萬四千例。[49]

再舉一個當代的例子，據估美國學齡兒童和青少年，每九人就有一人診斷出注意力不足過動症（ADHD）。醫師最常開給過動症病人的藥品就是利他能（Ritalin），又叫聰明藥，能使病童集中注意力，至於長期服用的副作用至今仍然未知。不過，就統計數字來看，我們知道很多診斷病例很可能是誤診。例如，在肯塔基州，以注意力問題做為主訴的個案，經問診檢查後，診斷為 ADHD 的有 15％，這樣的診斷率比內華達州（4％）高出三倍以上。而且同樣是人口較多的州，德州的 ADHD 診斷率為 9％，加州則是 6％。[50]

道高一尺，魔高一丈

本章的焦點是食品與藥物的詐騙，美國自 1906 年才開始管理食品和藥物，相關法規日後大幅修訂，例如規定肉品加工業者不得販售未經檢驗合格的肉品給消費者。儘管廠商必須遵守諸多法規，釣愚的手法自會找到出路。如序文中所述，很多護理師因為嗜吃洋芋片和薯條而發胖；身為護理師，他們當然知道自己吃下去的是什麼東西。每包洋芋片的包裝都有正確的產品成分與卡路里標示，但廠商就是知道如何透過科學設計，懂得掌握在洋芋片中添加多少脂肪和鹽，才會讓人一口接著一口，達到最大銷量。可見商人的釣愚技巧已經超越新的法規限制，更上一層樓。為了獲利，簡直無所不用其極；然而，願者上鉤，自然達成釣愚均衡。

　　本章講述的偉克適，就是一個經典範例。藥廠從食品藥品監督管理局取得許可證之後，還得靠醫師開立處方箋，但藥廠已知如何讓食品藥品監督管理局及全美的醫師上鉤。法規無法斷絕這種釣愚事例，就像食品廠商在重重的法規限制之下，還是知道如何愚弄消費者，掩人耳目就是他們最拿手的本領。

　　到目前為止，有關藥品的討論，我們都把焦點放在藥效和藥物的安全性上，但大藥廠也知道如何取得最有利的價格。默克因為偉克適藥害事件面臨訴訟，不得不請律師救援，而大藥廠的律師除了出庭為當事人辯護之外，還會忙著往另一條路走，也就是美國國會。國會遊說的大金主之一就是藥廠，根據華盛頓智庫回應政治中心（Center for Responsive Politics）的追蹤，美國醫藥／保健產業自 1998 年至 2014 年在遊說上的開支遠超過其他產業，而遊說花費排行第二的是保險業，但其遊說花費甚至不到前者的一半。[51] 儘管支出大，但藥廠進行遊說投資報酬率頗高。例如，2006 年美國國會通過《聯邦醫療保險現代化法案》（Medicare Modernization Act），聯邦醫療保險新增門診處方藥品給付，這對各大藥廠可謂大利多，因為法案明訂政府不得代表被保險人向藥廠議價，以取得較低的藥價。[52]

　　藥廠強大的遊說攻勢，不只有利於取得最有利的價格；大多數產業都擔心商品定價過高會把消費者嚇跑，藥廠則不然，不但訂立高價，而且老神在在。原因有二：選擇藥物的不是病人，而是醫師，而且他們也不是為處方箋買單的人。再者，如果病人有保險（如聯邦醫療保險），支付藥費的也不是病人。於是，藥廠吃了秤砣鐵了心，再高的價格都敢訂。這種情況就好像必須購買教科書的大學生，教科書是教授指定的，但付書錢的是學生或是他們的父母。隨便舉個例子來說，假如教授指定的教科書是葛雷葛利・麥基（Gregory Mankiw）的最新版《經濟學原理》（*Principles of Economics*），這本經典著作現在的定價是 361.95 美元，但如果你上亞馬遜網站購買，打折後只315.15 美元，比較划算。[53]

第 7 章
創新的好、壞與醜陋

如果要為現代經濟譜寫樂曲，曲子應該是 C 大調，歌頌自由市場，就像耶誕時節教徒起立齊唱〈哈利路亞〉(Hallelujah)那樣。但我們寫這本書的用意，是希望用更精微的角度來剖析經濟，不只是看到自由市場的優點，對缺點卻視而不見。如果我們要為經濟作曲，將以小調來譜寫，比較像是〈新世界交響曲〉(New World Symphony)，而非〈哈利路亞〉。在前面的章節，我們舉了很多例子，解說良好的經濟均衡如何遭到釣愚破壞，本章我們將從這點來看經濟學家對經濟成長的詮釋。首先，我們簡要描述經濟成長的近代理論，然後解說為何經濟成長不盡然是好的，也有壞的一面，例如釣愚。

經濟成長的基礎

根據標準經濟學，不管在哪個時代，自由市場都因為提供人們眾多選擇，為人們帶來無限好處。今日，以全球經濟來看，大多數的人都可以彼此自由交易，不管是以直接或間接的

形式。這產生了極多的選擇，成人賣家與買家的配對組合可能
高達 25 百萬兆（即 25×10^{18}）。[1] 但自由市場或許還有另一個更
為重要的層面：創新思維不但能夠帶來新產品、新服務，經過
一段時間，也能夠讓人得以擁有更多選擇。在自由市場，新產
品和新服務如果能為人帶來利益，就會特別受到歡迎。從過去
一百年的發展軌跡來看，如果全世界每個人每個月都有一個創
新想法，將會出現三兆個新想法。[2] 如此一來，在一般已開發
國家，人均產能將增加為原來的六倍。[3] 現今美國退休老人在
出生之時，當時的美國比今天的墨西哥還要貧窮。[4]

　　創新思維一直被提倡為扮演經濟成長引擎的關鍵角色，到
了 1957 年，才由麻省理工學院經濟學家羅伯特・索洛（Robert
Solow）確立。索洛當時年僅 32 歲，效法福爾摩斯（Sherlock
Holmes）的精神，透過一組簡單、高超的算式，確立了經濟成
長最重要的因素。在他計算出來之前，經濟學家還無法精確衡
量經濟成長的兩項因素。勞工的生產力增加（即勞工每小時的
產能增加）是創新（也稱為「技術進步」）的結果，但也可能
是因為投入資本的增加，例如機器或廠房等。[5] 由於資本利得
代表資本對產能的貢獻，索洛便計算產能增加源於資本成長的
部分。他研究 1909 年到 1949 年間美國的人均 GDP，發現資
本對經濟成長的貢獻只有八分之一，剩下的八分之七歸功於創
新思維。索洛把經濟成長不能用勞力和資本增加解釋的部分視
為「殘差」（residual），這部分源於「技術進步」。[6]

　　索洛以如此巧妙的計算，推翻了長久以來經濟學家對經濟成長的看法。生活水準的提高，不再是因為資本家設立更多更大的廠房壓榨勞工的結果，如 19 世紀英國曼徹斯特的紡織廠或今日孟加拉的紡織廠。索洛以簡單的單行公式，為經濟成長的源頭創造出新的意象，就像杜邦（DuPont）在 1950 年代喊出的口號：「化學為我們帶來更好的東西，生活因此變得更美好。」近代技術進步最鮮明的象徵應該是高科技公司雲集的矽谷（Silicon Valley），矽谷這個名稱直到 1971 年才出現。從科技進步的觀點來看，自由市場資本主義不只為人們提供大量、豐富的產品和服務，讓人們得以根據競爭優勢互相交易，也透過創新思維豐富了人類的生活。

索洛殘差與釣愚

　　儘管索洛的計算與結論大致上正確，但仍是「哈利路亞經濟學」，畢竟他的理論源於 1950 年代。索洛提出創新思維將帶來持續不斷的進步，這種想法似乎過於天真。翻開美國歷史來看，不盡是輝煌燦爛的年代，也有黯淡無光的一面，特別是美洲原住民、非裔、西班牙裔、亞裔、女性和同性戀者受到的待遇。本章一開始談到〈新世界交響曲〉，捷克作曲家安東寧・德弗札克（Antonín Dvořák）刻意在主調中融入黑人靈歌式的旋律和印第安民謠，以展現美國精神和波西米亞風情。[7] 可惜的是，美國歷史並未從不間斷地一直增強，感覺好像就停在

1959 年 尼 克 森（Richard Nixon） 與 赫 魯 雪 夫（Nikita Khrushchev）登峰造極的廚房辯論 * 一樣，當時尼克森巧妙地把辯論焦點轉移到家用電器，證明美國人的廚房的確優於蘇聯人民的廚房。

筆者因此發現索洛的推論有點問題，亦即創新思維必定帶來經濟進步。光從技術層面來看，索洛的推論自然言之成理：技術進步能夠創造更大產能，無須投入那麼多勞力；然而，並非所有的意念與想法都是和物品有關，我們有很多想法都是關於人，很多念頭都是繞著人打轉。心理健康的人能夠察覺到別人的所思所想，對於人類心智也自有一套理論，這是人性最迷人的特質之一，也是我們人類能夠互有同理心的原因。

只是這樣的心智理論並非都是正面的，我們也會出於自利，誘使別人去做一些事情。很多新想法不只是關於技術，也不是為了替人類謀福祉，而是為了圖利自己，不惜讓別人受害。本書的每一章都涉及一些釣人上鉤的新想法，例如賭城令人欲罷不能的吃角子老虎、信評機構把「爛酪梨」（有問題的房屋貸款抵押證券）標示為 AAA 等級、海瑟威襯衫廣告、開除草機的參議員、在寵物店櫥窗搖尾的可愛小狗等，不一而足。

---

* 1959 年，尼克森到莫斯科參加美國國家展覽會（American National Exhibition）開幕式。參觀中，他和赫魯雪夫在美國廚房的模型前駐足，辯論資本主義經濟制度和共產主義（社會主義）經濟制度的優劣。

　　這意謂經濟進步不像我們想的那麼簡單，經濟成長的指標（如人均所得）也許可以正確反映經濟變化，但經濟變化不一定是變得更好。這樣的變化反映出來的，是一個時代的思想習慣，如索洛殘差源於技術進步，但現在我們必須用更謹慎、更宏觀的觀點來看經濟成長：並非所有創新思維都得以讓我們的選擇變得更多、更好，有些創新思維有好的一面，也有壞的地方。接下來，我們將用三個例子來說明。

當代的三種創新

臉書

　　有關電燈的發明，最棒的一點就是開關。當你不需要照明時，就可以把燈關上。你打開臉書，當然也可以隨時關上，但根據我們訪談的耶魯學生所言，臉書用戶往往缺乏自律，即使知道關上臉書可以過得比較快樂，還是一天到晚掛在臉書上。

　　我們的訪談基本上都是這樣進行的：受訪學生先講述自己使用臉書的原因，例如他們想要「跟朋友聊天」、「追蹤最新消息」等，但用著用著不久後，情緒就像挪威劇作家易卜生（Henrik Ibsen）的作品那樣逐漸增強，很容易就被臉書上的動態消息或朋友訊息牽動，對臉書產生愛恨交織的感覺。因此，臉書的功用不只是原先設定的那樣，使人群互相連結成為好友，而是讓你透過這樣的媒介進入一個「可獲得慰藉的平行宇宙」，至於在現實生活中拙於社交的人，也可能在臉書上結交無數好友。

能夠進入耶魯就讀的學生，都是通過激烈競爭的佼佼者。招生組人員曾經告訴 2009 年入學的新鮮人，來申請耶魯的人個個都很優秀、才華洋溢，如果重新審核，錄取的恐怕會是完全不同的一群人，而且校方對於新選擇不會後悔。即使已經魚躍龍門，進入耶魯這樣的名校，在激烈競爭的氛圍下，學生還是渴望得到別人的讚許。可能是基於正常的適應能力使然，學生們會自動創造平行宇宙，爭取另一種敬重的貨幣：從臉書的按「讚」數獲得成就感。

只不過臉書這個平行宇宙會令人沉迷，執著於粉絲或好友數和按讚人數。有一位受訪學生告訴我們：「你不能一天到晚貼愛犬照，因為那樣太無聊。你得貼真正有趣、新鮮、吸引人的東西才行。」另一位學生則感嘆很多人為讚數而活，一天到晚想在臉書上獲得更多人按讚，她反而懷念起幾年前沒有按讚機制的年代。還有另一個耶魯學生告訴我們，臉書用戶喜歡張貼炫耀文，讓她看了很刺眼：「我討厭臉書的一點是……像現在，我在天寒地凍的紐海文，其他人都跑到陽光普照的地方。我想離開、不要看，但實際上卻一直盯著別人的沙灘照，想像自己也在陽光閃耀的地方。」

我們對耶魯學生進行訪談得到的發現，和以柏林洪堡大學（Humboldt University）學生為調查對象進行的研究結果相符，該研究調查「臉書使用者的情緒」。當被問及使用臉書時，為什麼會讓人產生挫敗感或精疲力竭，回答該題的學生為86％，其中約五分之三的學生提到社交因素，例如「嫉妒」、「讚數很少」、「社交孤立」、「沒被邀請參加某個活動或聚會」等。儘管有30％的人提到「嫉妒」這項因素，但在被問及上次使用臉書時的感受，只有1％的人承認自己嫉妒別人。[8]

　臉書到底是好或壞？這個社群網站只讓人按讚、不給「噓」（dislike），表示你只能肯定別人的貼文。奇怪的是，接受我們訪問的學生，沒有人提到他們為別人按讚時覺得快樂。不過，在臉書上的每一次按讚，其實都是一種慷慨的表現，它讓按讚和獲得讚的人獲得榮耀和尊敬。接受我們訪問的學生也指出，臉書的平行宇宙也會在真實世界中帶來強烈、良好的互動，他們的臉友通常也是真正認識的朋友。的確，臉書大受歡迎，顯示人都渴求真正的友誼。如果你所有朋友都在臉書上貼文、互動，你不上臉書就像大家都去派對，只有你一個人不去。

　當然，臉書也不是沒有缺點，就像我們的受訪者所述和洪堡大學的研究結果那樣。但負面之處正是創新所在，麻省理工學院媒體實驗室（MIT Media Lab）兩位學生羅伯特・莫里斯（Robert Morris）與丹尼爾・麥道夫（Daniel McDuff），因此設計了一項創新發明，用以對抗臉書成癮症，他們稱為「巴甫洛夫電擊器」（Pavlov Poke）。只要你掛在臉書上太久，電腦就會發出微弱電流，電你一下。[9]

到處都在分等級

　　另一種創新的例子（經濟學家或許會稱為「技術變革」），是聯合航空（United Airlines）帶領乘客登機的方式。聯航仿照19世紀的社會階層來區分乘客的等級，乘客的登機順序不只是依照機票艙等，如頭等艙、商務艙、舒適經濟艙和經濟艙，[10]也依照航空公司給予的會員身分，如環球服務、貴賓1K、白金卡、金卡和銀卡等。既然人們對於分等的機制強烈受到吸引，航空公司發現了釣愚的絕佳方法，只要坐著看乘客主動跳進圈套便可。舉凡累積里程或使用航空聯名卡，分級服務正是航空公司綁住乘客、創造利潤的絕招。

　　《紐約客》插畫家羅茲‧查斯特（Roz Chast）就曾呈現旅客搭機的樣貌，她的漫畫詼諧逗趣，總會在人物頭頂上方加上思想泡泡，表達他們在想什麼。有一幅作品是環球服務和頭等艙貴賓內心對經濟艙旅客的評論；反之，我們也希望知道經濟艙旅客的感受。就像我們與耶魯學生進行的訪問結果證實的，漫畫的杜撰泡泡內容其實是真的，我們訪談的一個學生就表示，「自覺」是最重要的感受：「我有幾次搭過商務艙，在我優先登機的那一刻，真的有高人一等的感覺。」[11]

　　當然，航空公司的會員等級和座位並不是太重要，但在生活中有很多等級的劃分非常重要，如尼可拉斯‧李曼（Nicholas Lemann）在《大測驗：美國精英教育祕史》（*The Big Test*）一書中揭露教育測驗服務社（Educational Testing Service, ETS）

舉辦學術性向測驗（SAT 測驗）的問題。[12] 在 1930 年代或 1940 年代，只要你就讀艾克斯特（Phillips Exeter Academy）或 葛羅頓中學（Groton School），家住波士頓燈塔丘（Beacon Hill），就能夠上哈佛。創立教育測驗服務社的教育改革者，希望從中產階級與較偏遠地區挑選資賦優異學生前往哈佛就讀，便用 SAT 測驗的科學方法來挑選優秀人才，評估美國人民的聰明才智，並依照測驗結果將人們分配到不同的學校或工作崗位，以創造無階級區分的民主社會。[13]

他們的創新做法生效，但也產生了問題，反而間接造成新的特殊階級。你的大學文憑決定你的未來，包括你能夠賺多少錢。現在如果你沒有大學文憑，即便你像林肯（Abraham Lincoln）、杜魯門（Harry Truman）或高盛舵手溫伯格，也很難出人頭地。在美國，SAT 測驗就此成為判定年輕學子能否進入大學的關鍵，現在不只高中生為了上大學力拚成績排名，就連家有幼童的父母也會擔心孩子輸在起跑點上，儘管孩子才 2、3 歲而已，就已經開始和別人家的孩子比較，這種現象就是經濟學家蓋瑞‧雷米（Garey Ramey）與薇樂麗‧雷米（Valerie Ramey）描述的「小鼠賽跑」。[14] 除了高中生用 SAT 成績一較長短，各家大學也在爭排行。[15] 進了大學，有意深造者仍需力拚名列前茅。此外，教授發表論文或研究報告的期刊也有評比，[16] 而且教授也得接受評比，視其在哪本期刊上發表報告和發表的報告數量。[17]

　　這些評等影響深遠，為了高人一等，學生無不卯足了勁，力求在 SAT 測驗獲得高分，而老師就得針對 SAT 測驗的考題教學。至於教授做研究，無非是為了發表作品在排名較高的期刊，並且衝高論文數量。除了這些扭曲的現象，評等還有更深一層的問題。正如查斯特漫畫中那些搭乘頭等艙的貴賓，內心對搭經濟艙的人充滿不屑，名列前茅的名校學生也一樣自命不凡。筆者二人還記得，以前聯合航空會讓帶小孩的家庭旅客優先登機，但後來考量到同行旅客，從 2012 年 4 月後，這項措施已經取消。[18]

　　就像用戶對臉書的情緒一樣，我們對教育評等的感覺也一樣複雜。我們樂於看到教育測驗服務社用公平、客觀的考試來區分學生的資質，而非依照家世和出身來區分高下；但我們也擔心在 SAT 拿高分進名校就讀者，可能會自以為是精英而鄙視排名比自己差的人。我們在此的模稜兩可，反映出本書主題的模稜兩可。我們是否站在自由市場那一邊？是的，但我們有條件。

捲菸機

　　法國作曲家喬治‧比才（Georges Bizet）的歌劇《卡門》（Carmen），背景是在 1820 年代的西班牙塞維亞（Seville），女主角卡門是在菸廠工作的女工。[19] 如果這個故事移到八十幾年後，卡門恐怕得換個職業，因為在 1880 年代，美國維吉尼亞州有個名叫詹姆斯‧邦薩克（James Bonsack）的人發明了捲菸機，自此菸廠就不需要那麼多工人。[20] 在下一章，我們會討論菸酒，同時會深入描述這類機器發明對人類健康造成的危害。

第 8 章

令人無法抗拒的菸酒

在現代美國，如果釣愚在任何領域很重要的話，那就是這四大類成癮症：菸、酒、藥物和賭博。成癮者的喜好已被肩頭上的猴子控制住，愈是消耗這些東西，肩上的猴子愈覺得有必要消耗這些東西。[1] 我們在本章將分別討論香菸與酒精的發展；就香菸而言，一般人大抵都認為抽菸是件蠢事，就連大多數的抽菸者也這麼認為，因為美國成年抽菸者有 69％ 都想戒菸。[2] 相較之下，適量飲酒則有益健康，所以我們也會討論為何抽菸引發很多爭論，但喝酒並不像抽菸那樣一無是處。

抽菸與健康

且讓我們回溯過去，在 1920 年代到 1940 年代，抽菸是件風雅的事。一菸在手，吞雲吐霧，讓人看起來很酷、很性感。就像經典的吉時（Chesterfields）香菸廣告呈現的圖像：一位美麗動人的小姐和一位優雅洗練的男士坐在夜晚的海岸上，男士點了一根菸，左上方的廣告文案是：「往我這邊多呼一點吧。」[3]

但不久後，就發現香菸的另外一面——其實，自 16 世紀
菸草從美洲大陸傳入歐洲，一直就有人懷疑菸草對健康的影
響。[4]然而，一直要到 1950 年代，才有決定性的統計證據，證
明香菸有害人體健康。之所以會這麼晚才發現，是因為一項新
發明的緣故。19 世紀，菸斗和雪茄雖然已經相當普遍，但是
更多人嚼食菸草。由於菸草汁不能吞，必須吐出來，此時痰盂
便派上用場。1880 年代，捲菸機問世，在 1900 年的時候，香
菸在整個菸草產業的版圖上，看起來不過是個小小的黑點，美
國每人每年平均只抽 49 根菸。然而，到了 1930 年，該數據上
升至 1,365 根；到了 1950 年，已經多達 3,322 根。[5]而且，這
種增加的趨勢，居然與肺癌病例的增加不謀而合：1930 年，
死於肺癌者每年不到 3 千人，到 1950 年每年已有 1 萬 8 千人
死於肺癌。[6]

1940 年代末期，美國與英國有兩組研究人員分別發現抽
菸與肺癌的關係，他們進行抽菸與肺癌相關病例的對照研究。
美國的艾華士‧葛雷翰（Evarts Graham）與恩斯特‧懷德（Ernst
Wynder）在美國醫院蒐集了 684 位肺癌病人及對照組的資料；
葛雷翰來自聖路易華盛頓大學醫學院，當時已是胸腔外科權
威，1933 年便成功完成首例全肺切除手術，懷德當時還只是
個年輕的醫學生。[7]兩人比較肺癌病人與對照組住院男性病人
的抽菸習慣，發現在肺癌病人當中，只有 3.5％不抽菸或菸抽

得很少，而在未罹癌的對照組中，不抽菸或菸抽得很少的人則占 26.3％，為前者的 7.5 倍。[8] 葛雷翰起初還很懷疑抽菸會導致肺癌，他問道：抽菸時，菸會進入肺部兩側，何以肺癌病灶通常局限於一側肺葉？而他之所以會著手進行這項研究，完全是因為懷德說服了他。[9] 但研究結果證實，抽菸確實有害健康，他毅然決然便把菸戒了，開始拒菸。[10]

在此同時，在大西洋的對岸，進行菸害研究的還有一對老少搭檔，即倫敦大學衛生暨熱帶醫學院（London School of Hygiene and Tropical Medicine）的醫學統計學教授奧斯汀・希爾（Austin Hill）與流行病學研究新手理查德・達爾（Richard Doll）。這兩人也從倫敦醫院的樣本分析得到一樣明確的結論：菸抽得愈凶的人，罹患肺癌的機率愈高。[11] 葛雷翰與懷德將研究結果發表在《美國醫學會期刊》（*Journal of the American Medical Association*）上，希爾與達爾則在《英國醫學期刊》（*British Medical Journal*）上發表報告，該年是 1950 年。

沒多久，流行病學以外的證據也出爐了，證實菸草及其中的化學物質會使人體產生病變。葛雷翰、懷德與艾黛兒・柯拉寧格（Adele Croninger）將香菸焦油塗抹在老鼠背上，結果59％的老鼠背部皮膚都出現病變，44％則出現了惡性腫瘤。[12] 至於控制組的老鼠，則沒有一隻出現病變。此外，奧斯卡・奧爾巴赫（Oscar Auerbach）等研究人員對抽菸者及非抽菸者進行病理解剖，發現抽菸者出現肺癌前兆的比較多。[13]

聽聞這樣的壞消息，菸草產業不得不加以回應。由全美最大五家菸廠組成的「大菸草業」（Big Tobacco），可謂精於打造形象的專家，向來邀請廣告界翹楚出馬，如先前介紹過的廣告大師拉斯克與奧格威。但拉斯克在 1940 年代成為抗癌鬥士，[14] 而當奧格威看到癌症與抽菸的關聯性之後，就不再和香菸廠商合作廣告。[15] 於是，幾家菸草龍頭便改和偉達公關公司（Hill & Knowlton）合作。[16] 香菸會致癌既已鐵證如山，偉達只得為大菸草業創造新的故事，設法扳回一城。

當然，菸草產業無可推翻香菸致癌的研究結果，所以只能按照偉達公關的建議，打烏賊戰術，混淆民眾的認知。稍後我們將在第 10 章看到，垃圾債券大王邁克爾·米爾肯（Michael Milken）知道民眾無法區分兩種垃圾債券，菸草產業也知道民眾可能無法區分所謂的「科學」證據。雖然葛雷翰、懷德、希爾、達爾、柯拉寧格、奧爾巴赫等人已提出有力的證據，但這些菸草龍頭有的是錢，不怕找不到支持他們的「科學家」，尤其是愛抽菸的科學家，來強烈主張抽菸與罹癌並沒有「經過驗證」的連結。他們成立一個獨立的研究機構，由菸草機構研究委員會（Tobacco Institute Research Committee）運作，也成立一個獨立的科學顧問委員會進行監督。[17]

這兩個委員會的主事者都是同一人，這當然不是幸運所致。在此，我們值得好好認識一下這個人，因為這個大菸草業精心挑選的人，不僅展現了整個產業的手法，更讓我們看到製造迷霧所需的高超技巧，此人就是克拉倫斯‧李特爾（Clarence Little）。李特爾確實是個有名的科學家，他在當遺傳學研究生的時候，就已經成功繁衍出一種近親品系的老鼠。他出身波士頓名門，從小就對遺傳學產生濃厚的興趣。他的父親本是乾貨代理商，很早就退休，以狗的配種研究為樂。李特爾才 3 歲，他父親就送他好幾隻鴿子，教他如何配種。[18]李特爾後來也憑藉這樣的天賦進了哈佛大學，在就讀大學的期間就讓一對小鼠兄妹近親交配，後來上了研究所，並且留校任教，以老鼠近親繁殖的研究在遺傳學界闖出名聲。

李特爾最重要的研究發現是，近親品系老鼠身上的腫瘤可以移植到雜交品系的老鼠身上，但反之則否。[19]大菸草業發現李特爾，認為他就是他們想要的人，因為此人相信癌症源於遺傳，不管流行病學的證據為何，他可以為香菸護航，聲明抽菸「不會」引發癌症，因為癌症是源於不好的基因。李特爾在政治與社會活動上的表現，更是強化了這樣的科學觀：他相信優生學，主張淘汰基因不良的「不適者」，更在 1928 年至 1929 年的種族優生大會（Race Betterment Congress）擔任主席。[20]

此外，李特爾不只是遺傳學家，也是一位卓越的管理人才，先後當上緬因大學和密西根大學的校長。基於這點，菸草產業正可倚重他在學術界的地位。這是一位真正的信徒，無論證據為何，他一口咬定迄今抽菸致癌一事並無確切證據，還需要更多研究，[21]但他主事的菸草機構研究委員會不會觸及香菸焦油與癌症的相關研究。李特爾精力過人，經常高調發表一些令人印象深刻的意見，例如他在擔任密西根大學校長的期間，就曾經說過在美國最喜歡游手好閒的，就是……大學教職員。[22]

有了這樣一位發言人，以及在兩個委員會中像李特爾這種想法的其他人，偉達公關便開始對抽菸與健康的關係建構一個新的故事，強調抽菸有害健康這點仍有很多爭議。針對這項爭議，CBS 明星調查記者愛德華·默羅（Edward R. Murrow）也用專題製播了兩次節目，採訪李特爾和懷德。儘管節目呈現了抽菸致癌說的有力證據，有如主張地球是圓的一樣，但也穿插了反面意見，表示抽菸不會致癌，而默羅甚至還在節目中吞雲吐霧。

杜絕混淆視聽，署長大人報告！

前述這些歷史發展催生出一份具有里程碑意義的報告書，終結了長久以來的菸害辯論，這份報告書就是 1964 年衛生總署署長報告。這份官方報告明確表示，抽菸影響健康這件事毫無爭議，報告展現美國政府的官方立場，用學童都能理解的話來說，就是抽菸是很愚蠢的事，若以公文用語就是：美國衛生總署署長判定抽菸危害你的健康。[23]

這份報告書的來源始於甘迺迪（John Kennedy）政府的衛生署署長路瑟·泰瑞（Luther Terry）成立一個顧問委員會，調查抽菸與健康的關係，該報告書就是委員會的調查結果，官方

名稱為《抽菸與健康：諮詢委員會對衛生總署署長報告》
（*Smoking and Health: Report of the Advisory Committee to the
Surgeon General*）。[24] 該委員會不只審閱葛雷翰和達爾等人先前
提出的菸害流行病學研究，還深入調查所有的科學證據，令人
印象深刻。

　　委員會的報告書呈現了總合七項來自美國、加拿大和英國
有關抽菸與死亡率的研究結果，這些研究總共記錄了 112 萬 3
千名有抽菸習慣的受訪者，在全部七項研究當中，都以不抽菸
者做為控制組，最後發現抽菸者的死亡人數共有 26,223 人。
研究人員取得死者的死亡證明書，以登錄死因。委員會也計
算，如果這些抽菸者都不抽菸，比照對照組那樣分疾病、分年
齡的死亡率，會有多少人死亡？結果是 15,654 人，在報告書
的用語是，抽菸者的「超額」死亡率為 68％。[25] 而且，這個超
額死亡率不只跟我們預期的肺癌有關（抽菸者罹患肺癌的死亡
率是一般人的 10.8 倍），還與支氣管炎和肺氣腫有關（罹患這
兩種疾病的抽菸者死亡率是一般人的 6.1 倍）；此外，也包括
其他疾病如冠狀動脈疾病（患有此疾的抽菸者死亡率是一般人
的 1.7 倍。）在這七項研究中，抽菸者實際的死亡率與預期的
差距之大，再加上後來更進一步的科學證據，此後任何一個理
性的人都不可能爭論抽菸不會損害健康。

　　自從這份報告公諸於世後，大菸草業和反菸運動者至今已
角力了半個世紀。不過，大菸草業也不是全盤皆輸，在美國菸

草公司以言論自由做為保護傘，爭取不用在香菸外包裝加上警語，以免影響銷售。相較之下，澳洲政府就要求香菸公司必須在外包裝加上警示圖片，例如出現癌變的肺部照片等，提醒民眾抽菸有害健康。[26] 此外，大菸草業雖然不能在電視台和廣播電台打廣告，仍能利用平面廣告。[27]1998 年，美國四十六個州政府因菸害造成醫療保健費用大幅攀升，聯手對美國最大的四家香菸公司提出訴訟，結果四大龍頭以 2,060 億美元和解。這個金額好像很龐大，但對這些香菸公司來說，此和解案有如花錢消災，得以免除進一步的法律責任，實在是很划算的交易。[28]

大菸草業偶有斬獲，反菸運動者當然也有占上風的時候，畢竟抽菸致癌的結論源自美國衛生總署署長的報告，具有權威性。反菸運動的勝利，主要在於散布抽菸有害健康的恐怖。26 歲的紐約律師約翰・班茲哈夫（John Banzhaf）率先發難，向聯邦通信委員會（Federal Communications Commission, FCC）提出訴訟，認為該委員會違反公平原則，讓電視台播放香菸廣告，影響閱聽人的健康。為此，該委員會有責任提供同等長度的廣告時間給反菸運動，以免公眾利益受到香菸危害。沒想到該委員會同意他的請求，只是提供給反菸運動廣告的時間只有原先要求的三分之一。[29] 反菸廣告以怵目驚心的圖片和令人毛骨悚然的黑色幽默呈現香菸之害，使菸害的恐怖深植人心，大菸草業因此銳氣大挫。1971 年，聯邦香菸標示與廣告法正式施行，全面禁止香菸公司在電視上打廣告。[30] 自從反菸廣告與電視禁播香菸廣告後，香菸公司與反菸運動者兩派的平衡有了改變，發展出兩條故事線：在反菸者的認知中，抽菸恐怕不酷，而是件不要命的傻事；但在大菸草業的心中，抽菸當然是一件酷事。

此外，反菸派還贏得一次意外的勝利，大菸草業除了製造科學爭議，在其抗爭行動中，尤其為了卸責更訴諸抽菸者的選擇權。但這步棋還是被反菸派將了一軍：如果抽菸者有選擇抽菸的權利，那麼同在一室的非抽菸者不就毫無選擇，只能被迫吸二手菸？反菸派表示，你在室內抽菸，破壞我的健康，也損害我不抽菸的權利。在亞利桑那州，由於呼吸道疾病流行，反二手菸運動也就進行得如火如荼。1973 年，該州全面禁止在公共場所抽菸。[31] 現在，全美辦公大樓外面，可以看到有些上班族在抽菸，他們一臉歉容，無聲顯示抽菸是件愚蠢的事。的確，沒有人希望自己成為社會公害。

自從 1960 年代署長菸害報告公布以後，抽菸這件事的形象一落千丈，再也不瀟灑、浪漫，而是愚不可及。以前美國成年抽菸者占 42％，其中 53％是男性，31％是女性；[32] 現在美國成年抽菸者只占 18％，其中 20.5％是男性，15.3％是女性。[33] 近五十年來，抽菸者占人口比例每年都下降 0.5％，[34] 而且現在不只抽菸的人少了，抽的菸也比較少了。1965 年，抽菸者平均每天抽 1.375 包，現在平均減為 0.9 包。[35]

這的確是可喜可賀的消息，但距離目標還有一段漫長旅程。美國疾病控制與預防中心（Centers for Disease Control and Prevention, CDC）估計從 2005 年到 2009 年，美國所有死亡人數當中幾乎有 20％是抽菸造成的。[36] 這樣的數字也許是高估的結果，但抽菸有害健康已無庸置疑。在筆者二人悲傷的記憶中，都有菸害奪走親友的創痛：伊娃、喬、約翰、彼得、米格爾、瑪格麗特、理查、費雪、安東尼……還有其他人。很多人（希望不包括你）甚至因為菸害失去至親，可能是父親、母親、兄弟姊妹或兒女。在經濟全球化的今天，抽菸也全球化，美國菸草龍頭挾其強大的財力和行銷能力，把香菸推廣到世界的每一個角落。

不過，反菸運動者擁有一項強力武器，可以對抗大菸草業的釣愚誘惑，亦即傳播菸害的故事，讓大眾知道抽菸是一件害人害己的蠢事。1964 年美國衛生總署署長發布的菸害報告，就是支持這項強力武器的一大關鍵。最後，我們可以把大菸草業的故事放到本書的大脈絡來看，如果要解釋何謂釣愚均衡，這個故事提供了很好的解釋。大菸草業採取我們在前面章節描述過的各項策略，全然是因為有利可圖。而且他們很幸運（不過只有一點點），能夠找到像李特爾這樣的人來支持自己的意圖。李特爾是個有才幹的科學家，但固執己見，認定遺傳才是造成癌症的主因，排除吸菸等環境因素。他被菸草龍頭聘雇來混淆視聽，只是釣愚均衡的又一面；如果沒有他，菸草龍頭會去找清單上的下一個人。

酒精，迷人的汁液

儘管現在世人對香菸有害健康已有共識，但對飲酒對於健康的影響則仍無定論。關於飲酒，每個人都同意酗酒是個嚴重的問題，但酗酒的人比較少，這項推論來自美國酒癮協會（National Institute on Alcohol Abuse and Alcoholism）酗酒生命歷程調查的統計數據。根據「國民酒精依賴等相關流行病學調查研究」（National Epidemiologic Survey on Alcohol and Related Conditions），美國 18 歲到 29 歲的年輕男性有酒精依賴問題者占 13％，45 歲到 64 歲的中年男性有此問題者不到 3％。女性有酒癮問題的人則更少，18 歲到 29 歲的年輕女性只有 6％，45 歲到 64 歲的中年女性為 1％。[37]

美國疾病控制與預防中心的統計數據大致上相同，根據他們的計算，飲酒過度致死者占所有死亡總數的 3.5％。[38] 這些統計數據大抵反映了美國民眾酗酒問題的現況，酗酒的確對健康造成嚴重危害，它雖然影響了很多人，但除了血氣方剛的年輕人喜歡飲酒作樂，它的終身影響只集中在全美人口相對少的部分。一般人認為，酒精飲料是派對或慶祝場合少不了的助興之物，這也是廣告商最喜歡呈現的主題：俊男美女，人手一杯，歡快暢飲。在這麼美好的氣氛之下，討論飲酒的危害，不就像在大庭廣眾之下打飽嗝嗎？

儘管如此，我們還是決定要掃大家的興。不管「國民酒精依賴等相關流行病學調查研究」或類似研究計畫的結果為何，目前已有證據顯示，美國民眾的酗酒問題不像一般人想的那麼輕微。說來，酒精之害不下於菸害，受影響者不只是人口總數的 3％或 4％而已；證據顯示，受酗酒問題影響的人可達人口總數的 15％到 30％，這個數據比較高，尤其如果我們把酗酒者最容易影響到的親友也算入其中更是如此。

這個觀點最主要的證據來自一項非比尋常的研究：1930 年代，哈佛健康中心主任說服葛蘭特連鎖百貨（W. T. Grant）的創辦人，贊助一項有關哈佛學生生命歷程的長期研究計畫。[39] 研究人員特別挑選身心健康的學生進行追蹤調查，希望找出幸福人生的關鍵因素——這些學生不只身心健康，能上哈佛表示他們在人生的起跑點已占盡優勢。[40] 研究人員從 1939 年到 1944 年的在學學生，選出 268 位進行追蹤調查。[41] 這項研究持續了超過七十五年，計畫主持人前後加起來共有四位，第三任是喬治·維倫特（George Vaillant），就是現在稱為「葛蘭特研究」（Grant Study）這項計畫的特別記錄者。[42]

該研究最重要的發現，就是酒精對這些天之驕子的影響，其中有 23％在日後曾被診斷出有酒精濫用的問題，[43] 而幾乎有 7.5％的人有酒精依賴症。[44] 維倫特認為，這些學生對酒精的依賴並不只是年少的一時放縱，而是長期的問題，身心因此出現病態。酒精濫用和依賴者，不僅平均壽命比不喝酒的同儕來得短，[45] 酒精也令他們無法和別人建立親密、良好的關係。令人

訝異的是，維倫特指出，酒精濫用會影響一個人的個性。在該
研究進行之前，精神科醫師一般認為酗酒大抵和童年不幸有
關；從這種佛洛伊德式的觀點來看，父母對孩子冷漠、動輒施
暴，孩子長大後很容易變成酒鬼。精神科醫師當然有足夠證據
支持這種觀點，畢竟他們長年在診間聆聽許多有酗酒問題的病
人，坐在沙發上述說自己童年的悲慘。

　　但哈佛這項研究的資料顯示，酗酒不一定肇因於童年不
幸。在研究進行之初，研究人員不只用有技巧的方法探詢學生
的童年，也造訪學生家中，與學生父母進行訪談。他們發現，
這些酗酒者的童年並沒有特別悲慘或不快樂；相反地，似乎是
酗酒這件事改變了他們的個性，使他們變得滿腹牢騷。[46] 維倫
特因此得到一個較為廣泛的結論：酗酒使人失去與人建立、維
持親密關係的能力，而這種能力正是幸福人生的基礎。此外，
酗酒不只是本人身受其害，配偶和子女也會受到傷害，深層的
心理訪談往往顯現這樣的結果。不過，我們也可從冷冰冰的統
計數字看到酗酒對家庭的影響，如夫妻任一方為酗酒者，離婚
率較高。[47]

　　我們可從羅威爾（化名）的故事，看看酒精如何毀人一
生。[48] 羅威爾以優異成績從哈佛畢業，曾在第二次世界大戰期
間服役，與同盟國聯軍穿越德國萊茵河和魯爾河深入敵方，因
此獲得三枚勛章。從戰場上歸來後，他進入哈佛法學院，以班
上排名前 10％的成績畢業，隨即去紐約一家夙負盛名的律師

事務所工作。到此為止，他仍屬於人生勝利組。但日子一久，工作勞累之餘，到了週末，他的酒癮就蠢蠢欲動。他在二十幾歲時交了一個女友，本來想與她結為連理，不料 30 歲那年向她求婚遭拒，女友說他太愛喝了。兩人一直沒有嫁娶，平日忙於工作，週末則回自己的母親家。然而，二十三年後，女友的母親過世，不久後她就嫁給別人了。可憐的羅威爾從此失去知己，只剩下一個親密好友，那就是他自己。他依然在律師事務所工作，但週五午餐過後就開始喝酒，整個週末都爛醉如泥，週一還經常找藉口請假。

雖然我們並不認為維倫特的觀點是實證，那似乎過於主觀，但我們發現另一項證據也呈現類似樣貌。2006 年，《奧克蘭論壇報》（*Oakland Tribune*）的記者大衛・紐浩斯（Dave Newhouse）參加高中畢業五十週年的同學會，他畢業於加州門羅阿瑟頓高中（Menlo-Atherton High School）。1956 年，在灣區成為矽谷之前，門羅阿瑟頓區域還很鄉下。在同學會上，紐浩斯訪問了二十八位同班同學，並把這些同學述說的往事集結成書，書名就叫《老熊》（*Old Bears*）。[49] 老同學說的往事有喜有悲，語氣誠摯，大家的年紀都一大把了，似乎沒什麼好隱瞞的，該說的就說。

對這班老熊同學來說，幸福、圓滿的人生，來自他們對另一半的愛。但還是有一些同學最愛杯中物，二十八個同學當中有六個曾經沒有酒就活不下去，像班長就是一例。他曾是美式足球的明星球員，與高中女友結婚，在帕羅奧圖開了一家法律事務所，也生了孩子，但最後還是離婚，甚至因為多次酒駕進了聖昆丁州立監獄。[50] 還有另一個女同學，嫁給了她在史丹佛大學的英文老師，但經常喝到不省人事，幸好酒沒毀了她的一生。她離婚後戒酒成功，後來在紐澤西州紐華克的羅格斯大學（Rutgers University）取得法文教授終身職。[51]

　　老熊班還有一個同學比爾·勞森（Bill Lawson）是木匠，第一段婚姻維持了二十四年，他前妻蘇珊說他太愛喝了，但他抗議自己沒有，兩人最後仳離。之後的十四年，勞森一直單身，差不多到參加同學會的時間。[52] 第四位老熊再婚則是遇到酒鬼，熬了二十二年之後，終於結束這段婚姻。[53] 還有其他兩位，包括紐浩斯本人說，父母酗酒帶給他們永久的傷痕。[54] 儘管老熊班的故事取樣少、不夠精準，但依然可以做為借鏡，呼應維倫特勾畫的哈佛畢業生酒海浮沉錄。

　　在此，我們得回到一個基本問題，也就是關於酒精及其影響。前述提及的「國民酒精依賴等相關流行病學調查研究」等標準研究方法，無法確切呈現酒精的影響其實是有原因的。維倫特認為，酗酒最主要的症狀就是讓受害人失去建構、維持親密關係的能力；在我們看來，如果維倫特的觀察是對的，這種心理病症會破壞一個人的幸福。「國民酒精依賴等相關流行病學調查研究」根據的是美國精神醫學學會《診斷與統計手冊》（*Diagnostic & Statistical Manual*）中，有關酒精濫用與酒精依賴的定義，如果受測者對一連串問題的回答皆為「是」，則可以斷定有酒精濫用的問題，例如「你是否曾經因為飲酒或飲酒引發的不適而影響工作或學業？」至於判定酒精依賴的標準則比酒精濫用更嚴格，受測者至少必須對相關問題回答三個「是」，例如「你是否曾有某個時期經常一杯接著一杯、無法住手，比你原本打算的喝更多？」[55]

　　前述這項研究對受測者的回答非常保密，連研究人員都不知道某一受測者的回答為何，但這並不表示受測者說的都是實話。如要加入互助組織戒酒無名會（Alcoholics Anonymous），一開始就得坦承自己是酗酒者，正因酗酒者總會極力否認自己酗酒，我們認為參加酒精依賴調查研究的人可能也有這種抗拒心理，難怪調查研究得出的受測者飲酒總量，只占全美酒類飲品銷售量的 51％。[56] 當然，這只是一種可能性，或許需要紐浩斯和維倫特這種有技巧的訪談者，再加上適當的時機與地點，才能真正診斷出酗酒的問題，特別是根據維倫特的看法，酒精真正造成的傷害是在個性的改變，而這點是不容易觀察到的。

增稅有時是好方法

　　我們對酗酒相關問題的認識，就像 1940 年代末期人們對香菸的看法，當時就連胸腔外科名醫葛雷翰也對抽菸致癌存疑，也難怪我們對酒精的影響了解有限，畢竟肺癌的診斷要比判定肺癌的成因要來得容易多了。不過，還有進一步的原因，導致我們對酒精濫用造成的傷害了解有限：很多疑點尚待研究釐清。肺癌研究的結果十分明確，所以美國衛生總署署長得以用有力的說法說服民眾；酒精濫用並沒有類似的官方說法可以服人，因為相關的研究經費依然大量不足。雖然目前癌症研究欣欣向榮，但酒精濫用的流行病學與酒精研究，則幾乎是一片荒蕪。

這又把我們帶回到本書更大的主題上，也就是釣愚。由於缺乏相關的必要研究，我們不知真相為何，所以特別容易上鉤。與酒有關的業者自然會對酒精之害表示懷疑，例如啤酒廠及生產紅白酒與烈酒的廠商、零售商與餐廳等，我們可以看到他們在許多場合讚頌喝酒的好處。這些業者最重要的主張之一就是反對酒類增稅，其實自從 1930 年代禁酒令時期結束後，美國酒類飲品的稅率幾乎沒什麼改變。對酒類適度課稅，也是讓人節制飲酒的一個好方法，但稅率不能太高，否則等於變相鼓勵釀製私酒。

杜克大學的菲利浦・庫克（Philip Cook）預估，只要乙醇——酒精飲料中的酒精——價格翻倍，酒精飲料的需求就會減少 40％。[57] 儘管沒人敢發誓這就是漲價或增稅的真正影響，但其他方法估算出來的結果也差不多：乙醇稅金提高，銷量就會下降。[58] 同樣振奮人心的是，其他指標也指出酒類增稅的好處，例如車禍死亡率、摔傷致死率、自殺率，甚至包括肝硬化死亡率都會降低，這是因為受到影響的人不只是偶爾小酌者，也包括酗酒者。[59]

可惜的是，公眾卻未能善用這種酒類控制的好方法，它增加的稅收甚至可以防止其他稅金的提高。關於酒類課稅這件事，可從美國聯邦政府和州政府兩個層面來看，2013年，聯邦政府對酒精飲料的課稅標準為：一罐啤酒5美分、一瓶酒21美分，至於酒精濃度40％的烈酒，例如威士忌、伏特加或琴酒等，則是2.14美元。[60] 州政府課的稅一樣很少，以麻州為例：一罐啤酒1美分、一瓶酒11美分，烈酒則是80美分。[61] 我們在此特別舉出麻州，是因為麻州最近正為了酒類課稅問題吵嚷不休，酒類業者努力把稅金壓低，好讓更多消費者上鉤。

麻州州議會以罕見的勇氣通過一項綜合條例，酒類飲料必須加上6.25％的銷售稅，以彌補州政府赤字，而增加的稅金也將用在酒癮與藥癮的勒戒治療上。這項法案雖然通過了，但實際的徵收沒多久就中止了。酒類業者大喊委屈，說州內的銷量大幅下滑，因為消費者都跑到鄰近的新罕布夏州買酒去了。翌年，麻州酒類業者發動一項特別公投，要求撤銷酒類銷售稅。公投摘要提到，麻州的酒類已經課過稅了，「稅上加稅」等於一條牛剝兩層皮。當然，他們刻意不提州政府對酒類飲品到底課了多少稅，例如一罐啤酒只有1美分等。該次的公投勝利，讓我們了解酒類業者為何及如何一直這麼成功壓低稅金。說來，麻州的酒類業者算是特別幸運，因為大多數的州並未免除酒類的銷售稅。[62]

　　不過，反酒精運動者當然也有攻下一城的時候，凱蒂絲·
萊特納（Candace Lightner）因 13 歲愛女慘遭酒駕者撞死，因
此在 1982 年發動「媽媽反酒駕運動」（Mothers against Drunk
Driving, MADD）。在那場致命車禍中，萊特納的女兒被撞飛到
人行道上，酒駕者逃逸無蹤。在 1970 年代，美國大多數的州
已經把購買酒類的法定年齡降為 18 歲，與法定的投票年齡相
同。「媽媽反酒駕運動」成功把飲酒年齡限制提高到 21 歲以
上，同時遊說美國國會立法對駕駛人血液酒精濃度的測定採取
更嚴格的標準，並在路邊隨機臨檢，要求駕駛人接受吹氣酒
測。[63] 反酒駕運動成果斐然，自 1982 年起，酒駕人均死亡率
已減少 72％；在同一時期，非酒駕事故的車禍人均死亡率只
下降 6％。[64]

　　「媽媽反酒駕運動」強調其教育使命，特別是傳播酒駕肇
事的悲劇故事：只不過貪杯，卻讓無辜者送命。在酒駕致死的
案例中，超過 82％的死者不是駕駛本人（占 66％），就是鄰座
（占 16％）。[65] 但「媽媽反酒駕運動」所舉出的受害者，總是無
辜的路人或鄰座，而非駕駛。[66] 值得注意的是，反酒駕運動述
說的無辜路人，和二手菸造成的悲劇如出一轍；老菸槍坐在門
廊吞雲吐霧，有如戴著一頂圓錐紙帽，上面寫著「我是傻瓜」，
酒駕者也一樣愚不可及。所幸自 1981 年起，美國人均乙醇消
耗量已減少了 18％。[67]

　　儘管如此，關於菸酒最基本的事實是，到處都有販售，而

且稅率很低。這種可取得性本身就是釣愚，表示抽菸者和酗酒者經常得面對誘惑，很難不動心。

第 9 章
破產圖利

接下來，我們將在本章和下一章討論世人幾已遺忘的金融危機：1986 年至 1995 年的美國儲貸協會危機。儘管該次金融危機發生在幾十年前，我們仍可藉其深入了解釣愚的本質，畢竟相關騙術在金融界屢見不爽，而且手法高超、難以看穿。

儲貸協會是一種金融機構，在 20 世紀初期的美國盛行。這種金融機構是仿照英國的房屋互助會（building societies）成立的，主要是幫助小額存款人儲蓄，並在存款人需要購屋或買車時給予貸款，立意良善。不料在 1980 年代，大批儲貸協會成為釣愚工具，最後面臨破產，而且破產規模十分龐大。為了收拾這個爛攤子，美國納稅人總計花費約 2,300 億美元（經通膨調整）。[1] 但事情並非到此結束，該事件引發的信用緊縮和資產價格下跌，很可能就是 1990 年至 1991 年經濟衰退的主要導火線。[2]

儲貸協會危機是釣愚均衡的又一實例，這起事件發生的年代不算久遠，但當時金融機構的制度並不相同。他們採取了一種釣愚手段，經濟學家保羅・羅默（Paul Romer）及筆者喬治稱為「破產圖利」（bankruptcy for profit）。[3] 本章及下一章的討論，主要是基於羅默與筆者之前的共同研究，在此特別向他致謝。在後續段落，我們將看到金融機構如何為了追求最大利益，不惜把整個金融世界搞得天翻地覆，使用不實的會計資料、甚至不惜做假帳來欺騙世人，在宣告破產的同時還大賺一票。

銀行變搶匪

只有小孩會問這樣的問題：為什麼一家公司宣告破產，破產法庭會立刻接管這家公司？答案顯而易見：如果這家公司只有 12 萬 5 千美元，欠彼得 7 萬 7 千美元，欠保羅 24 萬 3 千美元，就必須有人出來裁定這家公司僅有的 12 萬 5 千美元，該如何分配給彼得和保羅。破產法庭接管破產公司就是為了公平確保彼得與保羅的分配權益，這就是為何公司破產法院必須立刻接管的原因——這樣的解釋夠簡單了吧，但這是講給小孩聽的版本。

世事複雜，但大人了解世界的複雜，破產償付之事當然沒那麼簡單。如果一家有償債能力的公司先拿一塊錢出來償債，明天就會少了一塊錢與這一塊錢帶來的利潤，所以一家有償債能力的公司在沒有特別的誘因之下，今天絕對不會拿錢出來償債。反之，如果一家公司破產了，今天先拿出一塊錢，明天一點損失也沒有。為什麼？因為一家公司在破產之後，為了償還眾多債主（如彼得和保羅），在法律上已失去所有資產。既然公司老闆名義上已一無所有，就會像縱橫亞洲的成吉思汗軍隊一樣：有的拿就拿，今天不拿，明天就沒有了。於是，便有了掠奪的動機。

在本章，我們將看到大批儲貸協會宣告破產，但監管機關並沒有積極作為，不想提供紓困方案給這些金融機構，還是讓他們照常營業，不肖人士便獲得有利可圖的空間。由於儲貸協會的資產大縮水、負債高於價值，輕易就可被收購。收購之後，再借更多的錢，透過帳目的操弄（或做假帳），把借來的錢轉出去，再納為己有。[4]

禍端

1980 年代初期，美國的通貨膨脹率已飆升至 13.5％。[5] 當時的聯準會主席保羅・沃克爾（Paul Volcker）決定採取緊縮經濟的手段，讓利率繼續上升；1981 年美國三個月短期國庫債券——全世界最可靠的債券——利率已高達 14％。[6] 1982 年秋季到 1983 年春季，美國的失業率也升破了 10％。[7] 在這場反通膨戰爭中，讓民眾存錢、經營房貸業務，服務一直都很親切的儲貸協會也受到衝擊。他們先前給客戶的三十年長期抵押貸款利率是固定的，分別是 5％、6％和 7％。[8] 他們需要存款才能支撐這些貸款，但要如何與飛快成長的貨幣市場基金競爭？

對消費者來說，貨幣市場基金也是便利的儲蓄管道。[9]

任何經濟學家都可未卜先知，斷言儲貸協會必將破產，只是帳面上還看不出來。儲貸協會的收入幾乎全數來自固定利率的抵押貸款，如果無法吸引存款，抵押貸款業務將難以為繼。[10]更糟的是，儲貸協會存款戶的擔保人——聯邦儲蓄貸款保險公司，又沒有足夠資金彌補儲貸協會欠存款戶的錢。只有聯邦政府挹注資金，加上儲貸協會的既有存款，才有可能清償債務。但直到老布希總統上台，才撥款解救儲貸協會。這筆基金要如何運用也是一大問題，但無論如何，政府已失去快刀斬亂麻的契機。

夜長夢多

如果破產金融機構沒有立刻被破產法庭接管，或是遭到監管機關勒令停業呢？這就是此次金融危機的真實情況。其實，儲貸協會危機原本是個小問題，納稅人花個 330 億美元到 490 億美元（以今日美元計算）就可解決，美國政府卻讓問題愈演愈烈，膨脹成大問題，必須花上 4.5 倍的錢才能處理這個燙手山芋。[11]更糟的是，這個危機帶來的間接傷害反而更為嚴重，加州和德州的不動產市場變成泡沫。[12]正如下一章的討論，儲貸協會的破產也使美國企業財務體質出現永久變化，但這個主題已超出本書的討論範圍。

美國政府遲遲未能想出徹底解決儲貸協會危機的辦法，儘管法規有一連串的變革，但由於儲貸協會虧損過重，還是無濟於事。一開始，監管機關允許儲貸協會的存款利率，略高於競爭對手商業銀行的利率上限。但是到 1980 年代初期，利率升到二位數，儲貸協會的主要競爭對手不再是商業銀行，而是新出現的貨幣市場基金，貨幣市場基金的利率是沒有上限的，儲貸協會要如何跟得上？此外，儲貸協會的監管機關——聯邦住宅貸款銀行委員會，讓儲貸協會在破產的情況下仍能繼續營運，[13] 但這帖藥方也未能見效。

　　於是，這個令人頭痛的問題被丟到美國國會。當時是個主張鬆綁的年代，從這種理念來看，儲貸協會面臨破產是因為利率升高，如果放鬆管制，這些金融機構自然得以轉危為安。只是抱持這種想法的人，也許忘了每個嬰幼兒的父母都知道的事：如果你讓 1 歲幼兒跑到圍欄外面的地方玩（鬆綁），恐怕只會更需要緊盯著，而不是放任不管。

　　不過，美國政府還是讓儲貸協會跑到圍欄外面：1980 年實施的《儲貸機構鬆綁與貨幣控制法案》（The Depository Institutions Deregulation and Monetary Control Act），消除了儲貸協會存款利率的上限，本來是略高於 5.5％。[14] 自此，儲貸協會以高利率吸收了無盡資金，只要利率夠高，銀行和券商樂於借錢給儲貸協會，尤其有聯邦儲蓄貸款保險公司擔保，絕對不會血本無歸。[15] 儲貸協會本來只能貸款給房貸戶，現在這種限制也鬆綁了。根據 1982 年的《甘恩－聖傑曼儲貸機構法案》

（Garn—St. Germain Depository Institutions Act），儲貸協會不但可將存款的 10％借給房屋建商，還可利用這項鬆綁條款為所欲為，[16] 例如收取高達 2.5％的開辦費；此外，在房屋建造期間，建商應付利息還可加入貸款總額內。[17]

偷天換日

那麼，要如何利用儲貸協會大撈一筆？首先，先收購一家儲貸協會，再利用這家機構向更大的金融機構借款，使存款基本額增加數倍。然後，就可以開始放貸給建商，而建商通常是跟儲貸協會買主串通好的人。由於建商的應付利息已納入貸款總額之中，可以用借來的錢支付款項，儲貸協會也能展現亮麗的財務報表；簡單地說，就是儲貸協會利用操作帳目來巧取豪奪。

這種手法已被儲貸協會的不肖業者利用了數百次之多，這類機構的資產很快就膨脹到數十億美元。我們可從德州梅斯基特的帝國儲貸協會（Empire Savings and Loan Association of Mesquite, Texas）的運作，來了解這種「德州策略」。[18] 根據這項策略，一夥串通好的建商先炒地皮，等價格炒高了之後再請關係友好的儲貸協會來估價，然後申請建設貸款。建商會以高利率來支付利息，但他們不需要從自家口袋掏錢出來，畢竟直到工程完成之前，利息已納入初始的貸款總額之中。

以最簡單的計畫而言（與帝國儲貸協會的實際手法略有出

入），儲貸協會先找到像樣的建商，透過放貸獲得高利潤和漂亮的財務報表。[19] 接下來，建商及其友人將買進大量儲貸協會的股票。至於這項策略的成功關鍵，在於儲貸機構能否找到沒有犯罪紀錄、資產負債表好看的人來扮演建商的角色，畢竟監管機關對個人或一家公司的貸款額度仍有限制；此外，如果你能幫帝國儲貸協會找到合適建商，甚至還可以獲得佣金。史蒂芬‧皮佐（Stephen Pizzo）、瑪莉‧福力克（Mary Fricker）和保羅‧慕洛（Paul Muolo）三人，即以儲貸協會危機為題寫出獲獎佳作《幕後黑手》（*Inside Job*）。書中描述：「沿著 I-30 公路有一長排沒有人住的破爛公寓，都是建商從達拉斯附近的帝國儲貸協會申請貸款建造的。」[20] 有些工地甚至堆滿了建材，在烈日下任其腐朽毀壞，還有更多是空蕩蕩的混凝土樓板，有個精於描述的律師稱為「火星人著陸平台」。[21]

房市亂象

儲貸協會這樣惡搞的立即效應，就是毀了達拉斯商業區的房地產市場。空屋率高，意謂建築業即將崩壞。在休士頓附近，空屋率高達 32％ 之時，新建案則萎縮到巔峰期的 2％。但在達拉斯，儘管空屋率已經高達 32％，建商還是不斷推出新案。[22]

當地的房地產經紀巨頭，把責任推給失控的儲貸協會。早在 1982 年 6 月，林肯房屋（Lincoln Properties）的馬克‧波格

（Mark Pogue）便說道：「我們每個人都得更加小心……市場要如何一下子消化完幾百萬平方呎的房屋？」[23] 一年後，也就是1983年6月，美國辦公大樓空屋率最高的是休士頓，排行第二的就是達拉斯；弔詭的是，達拉斯也是全美辦公大樓建案第一多的地方。1983年10月，房地產龍頭崔梅爾克羅公司（Trammell Crow Company）的麥當勞・威廉斯（McDonald Williams），已對過度建設提出警告，他認為「儲貸協會的錢潮湧入商業房地產……建商一直拚命蓋房子，造成過度建設的亂象。」[24]

一年後，根據《國家房地產投資新聞》（*National Real Estate Investor News*）報導：「在達拉斯，老一輩的人都很訝異一下子冒出那麼多建案。」史威林根不動產公司（Swearingen Company）的丹・亞諾德（Dan Arnold）解釋道：「金融機構和放貸者總得把錢給貸出去。」[25] 再一年，也就是1985年6月，該公司創辦人偉恩・史威林根（Wayne Swearingen）評論道：「建商坐擁一大堆空屋，金融機構還繼續給他們錢、要他們繼續蓋，那些放貸的金融機構真該死。我倒是希望他們讓我看看那些建商如何取得現金流……這種房市太變態了！完全不符合供需法則。空屋率這麼高還繼續蓋，分明和需求無關，而是蓋房子的資金太多了。」[26]

其實，供需法則正常運作，只是運作的是釣愚的供需。儲貸協會只要祭出高利率，就能夠不斷地吸金。這些業者設法勾結建商，把錢放貸出去，如果建商夠聰明，就知道如何把錢洗乾淨，回流到業者那裡。這也難怪精於洗錢的黑手黨，會在不肖儲貸協會業者的搶錢行動中扮演要角。[27]

被遺忘的教訓

儲貸協會危機是個很好的警告，如果世人能夠牢記這次教訓，就不會在二十幾年後再度陷入金融危機。就在不久前，我們再度看到一連串的詐騙行徑，但那不是炒地皮以提高貸款金額，而是抵押貸款的評估問題：不動產抵押貸款證券評等過高，導致抵押房屋的估價飛漲。

在下一章，我們將討論儲貸協會的掠奪如何轉移到垃圾債券市場。垃圾債券市場得以大肆擴張，面臨破產的儲貸協會就是重要推手。垃圾債券市場的膨脹，讓小公司得以透過資本運作，達成「以小吃大」的惡意收購，而這在以前是不可能的。歡迎來到貪婪時代！

第 10 章
垃圾債券大王

　　光是邁克爾・米爾肯（Michael Milken）一人在 1970 年代
到 1980 年代興風作浪，就永久改變了美國金融業的面貌。自
此，美國大企業執行長再也無法高枕無憂，以為自家公司規模
大，就不可能被惡意收購，因為現在企業掠奪者不需要太多資
本，就能買下規模極大的公司。他們可以利用「槓桿收購」
（leveraged buyout）來達成這件事，這些企業掠奪者的公司可
藉由米爾肯發明的高收益或「垃圾」債券承擔巨額債務，快速
累積大量資金，進而吃下大公司。企業的併購風潮與高層的高
額補償金，都與槓桿收購有關。企業併購的補償金使執行長在
失去公司、被迫離職之後，得以獲得豐厚的保障，同時忽略隨
之而來的龐大風險。

　　以 1980 年代納貝斯克集團（RJR Nabisco）的收購案而言，
其菸草分公司的執行長愛德華・霍瑞根（Edward Horrigan）因
此獲得高達 4,570 萬美元的黃金降落傘，[1] 集團執行長羅斯・
強生（Ross Johnson）拿到的補償金一樣可觀。[2] 在那個年代，

這些錢可不是小數目,而主導收購的垃圾債券大王米爾肯也是撈了一大筆,就算以今天的標準來看,金額仍然多到令人咋舌。根據薪酬專家格拉夫·克里斯托(Graef Crystal)表示,在這個新時代,任何執行長只要不滿意自己的薪資,很容易就能請到顧問向董事會解釋,其他公司執行長才不是像他這樣只賺幾十萬美元,而是賺幾百萬美元、甚至上千萬美元。[3]克里斯托說,我們已經進入「過剩」年代。後來,米爾肯因證券詐欺被捕入獄,債務大批違約,於是釀成垃圾債券危機。但是追溯這場危機的源頭,絕對不是單單一人違法亂紀造成的,金融市場有騙子、當然也有願意上鉤的傻瓜,因此出現釣愚均衡。同樣地,這個案例也涉及金融評等的誤導。

北加州再現淘金熱

不只一次有人在北加州發現黃金,但在 1969 年,淘金地點頗為奇特,在加州大學柏克萊分校圖書館一本 1958 年出版的晦澀書本中。此次的淘金客是家住洛杉磯郊區、在柏克萊主修商學的大學生米爾肯,他發現的淘金奇書就是華特·布萊達克·希克曼(Walter Braddock Hickman)寫的《公司債券品質與投資者經驗》(*Corporate Bond Quality and Investor Experience*)。這本書厚達 536 頁,附有很多圖表,是以各種等級的公司債券做為研究目標的專業投資報告。圖表一即揭露出人意表的一點:[4]自 1900 年至 1943 年,低等級公司債券──低於投資等級的公司債券，亦即商業銀行和保險公司不屑一顧者──表現不俗，扣掉違約損失，每年的報酬率仍高達 8.6%；反之，高等級的投資債券年度報酬率只有 5.1%。低等級債券有這麼高的投資報酬率，表示投資這種債券很安全，即使是在 1900 年到 1943 年、其中包括經濟大蕭條的年代，平均違約率每年仍不到 1%。

正如地下金礦必須經過萃取、冶煉才能顯現價值，《公司債券品質與投資者經驗》一書亦然。此書出版了十多年才售出 934 本，[5] 而且書中所有數據和資料仍停留在出版日期的十五年前。米爾肯日後靠著宛如金牌業務的三寸不爛之舌，從這本書中活生生地淘出了大量黃金。他在 1970 年代開展事業時，每次去見投資人總會帶著希克曼那本紅褐色的投資專著。他的推銷能力使低等級債券變得炙手可熱，一般人稱為「垃圾債券」，但米爾肯本人則避免這個用詞。1975 年，米爾肯躍上《華爾街日報》（*The Wall Street Journal*）頭版，新聞標題是〈你眼中的垃圾，他手裡的黃金〉（"One Man's Junk Is Another's Bonanza"），文中敘述債券交易在華爾街的火熱。[6] 自此，米爾肯成為化腐朽為神奇的超級巨星，而他五年前才剛從研究所畢業。

一般人經常只看字面、不明就裡，就像英國哲學家約翰・洛克（John Locke）說的：「望文生義。」[7] 在本章討論的這個案例中，由於一樣稱為「垃圾債券」，某個年代的垃圾債券經常被誤認為跟另一個年代的一樣，糊裡糊塗的投資人因此上鉤，殊不知信譽不佳的承銷機構發行的垃圾債券大有問題。如果世界上沒有米爾肯這個人，垃圾債券是否就跟 1943 年前的完全一樣？並非如此。

米爾肯利用蓋瑞·史密斯（Gary Smith）2014 年出版的《標準差》（*Standard Deviations*）書中討論的認知錯誤，來混淆投資人的視聽。[8] 史密斯在該書〈蘋果與梅乾〉（Apples and Prunes）一章中，討論了一種混淆視聽的欺騙手法，即利用模糊的假設，把兩種名稱一樣、實質不同的東西混為一談。當米爾肯說此垃圾債券就是彼垃圾債券時，他也不算說謊。一度成功的公司因為時局不濟，公司債券被打入垃圾債券等級，這種宛如折翼天使般的債券就是「蘋果」，也就是希克曼研究的垃圾債券。但米爾肯創造的垃圾債券是另外一種，也就是「梅乾」。折翼天使型債券在 1943 年前的表現確實亮眼，而米爾肯的挑戰就是要欺騙全世界的人，讓大家以為他賣的梅乾就是蘋果，以便從中獲利。在舊有的垃圾債券供不應求的情況下，米爾肯索性「創造」新的垃圾債券，並且專門包銷這種債券。

回到米爾肯的生平，他從柏克萊大學畢業後，在賓州大學華頓商學院（Wharton School）取得企管碩士，然後到費城一家老舊的投資銀行上班，即德雷克塞哈里曼瑞普利公司（Drexel Harriman Ripley）。該公司經過一連串合併，得到可觀的資金挹注，最後變成德崇證券公司（Drexel Burnham Lambert）。米爾肯上班才兩年，就說服新老闆杜比‧伯恩曼（Tubby Burnham）給他 200 萬美元成立低等級債券交易部門。沒多久，他就締造出 100％的獲利佳績。在這個「前米爾肯」時代，200 萬美元的收益已是一大筆錢。[9]

不過，這 200 萬美元只是米爾肯的牛刀小試，身在垃圾債券市場樞紐的他有的是機會，只要現有價格的供需之間有落差，中間人就可從買家願意買的價格與賣家願意賣的價格之間賺取差額。只要垃圾債券好好行銷，這個市場將大得驚人，而這一行最厲害的中間人，當然就是年輕的米爾肯。顯然，垃圾債券供不應求，特別在米爾肯創下獲利奇蹟之後。根據希克曼債券投資報告專書所傳的福音，米爾肯可把收益拉高 3.5％。[10]他需要做的，就是用他的故事來吸引銀行、退休基金和保險公司的資產組合經理人，這些管理大錢的經理人只要收益高個幾個基點（即 0.01％），就會搶得頭破血流。

當時不只垃圾債券的需求大，潛在的供給也不小。就我們的能力所及，回溯至 19 世紀初期，投資股票的報酬曾經非常龐大。由於投資股票與債券的報酬有很大差距，甚至衍生出一個名詞叫做「股權溢價」（equity premium）。股權溢價可能非常高，例如有人在 1925 年以 10 萬美元信託基金投資美國國庫證券，七十年後在 1995 年只值 130 萬美元，但若以 10 萬美元信託基金反覆投資股票，到了同樣的時間點可能價值超過 8 千萬美元。[11]如果各位的曾祖母剛好在年輕時有點積蓄，曾經投資過這樣的股票信託基金,你現在應該是不窮的。

1980年代初期,米爾肯周遭的人認為,利用垃圾債券以當時的股票價格從股東手中買下一家公司,可以獲得很大的報酬。只要選擇一家普通公司進行收購,由於股權溢價高,應可支付發行垃圾債券的利息。在收購公司後,還可以利用種種手段縮減支出,例如減薪、裁撤冗員或在退休基金上面動手腳等。若是發現公司的管理有問題,收購之後就可以把管理階層換掉,改弦易轍。對米爾肯、他的宣傳機器和交易部門而言,很容易就能找到一些正在發展的小公司,為他們發行垃圾債券以進行槓桿併購,進而吃下大公司。由於這種垃圾債券是自己搞出來的,要多少就有多少。

垃圾債券淘金三關卡

但要利用垃圾債券淘金,特別是以小吃大的惡性收購,也不是那麼容易,總有幾道難關需要克服。正如每個礦工都知道,純度高的金子必須先花費一番苦力挖出來,再進行萃取和精煉。凡是生意必定有其複雜之處,對準備吃掉別人公司的人和米爾肯來說,要從被低估的股票獲得報酬,主要有三道關卡必須攻克,而米爾肯正是攻克這些關卡的行家。

時機:又快又狠

第一道關卡和時機有關。如果惡意收購的目標已經聽聞到

第10章

風聲，就可以先做防備，例如管理階層可以籌措資金把公司買下來，或是自行尋找合適買家，也就是所謂的「白馬騎士」（white knight）出面解圍。不過，米爾肯當然知道如何應付這個問題。隨著業務擴展，米爾肯的客戶愈來愈多，個個都把他當成財神爺、是自家公司的再造恩人，尤其是收購儲貸協會的金主們，所以他們對米爾肯的建議言聽計從，並且提供儲貸協會的資產給米爾肯運用。

後來，在聯邦儲蓄貸款保險公司和清算信託公司（Resolution Trust Corporation）對米爾肯提出的訴訟中，多位收購儲貸協會的金主因此曝光，例如哥倫比亞儲貸協會（Columbia Savings and Loan Association）的湯瑪斯・史皮格（Thomas Spiegel）、林肯儲貸協會的基廷，以及中央信託銀行（CenTrust Bank）的大衛・保羅（David Paul）等。[12] 第一執行人壽（First Executive Life Insurance）的佛雷德・卡爾（Fred Carr），據說也提供數十億美元給米爾肯，那可全都是別人的血汗錢。[13]

對儲貸協會而言，由於聯邦存款保險法流於寬鬆，因此得以當米爾肯的後盾。這些寬鬆的法規讓儲貸協會得以用更高利率吸引存款，因此坐擁數不清的現金。每當米爾肯表示有新機會出現了，相關暗示馬上就會被聽懂。1985 年，米爾肯任職的德崇證券只要發出一封信表示「高度機密」，幾乎就能確定獲得融資，完成金額令人瞠目結舌的交易。舉例來說，以投資大亨卡爾‧伊坎（Carl Icahn）收購菲利普石油（Phillips Petroleum）一事，米爾肯在 48 小時內就籌措到 15 億美元。[14] 由於米爾肯具有集資神力，出手便又快又狠，常讓目標公司措手不及，可能只有幾個小時可做困獸之鬥。

特別值得一提的是，除了垃圾債券融資，米爾肯還有額外的方法回報那些幫助他完成交易的人。在聯邦儲蓄貸款保險公司訴米爾肯一案的卷宗中，一頁接著一頁陳述他如何輸送利益給自己的朋友。比方說，哥倫比亞儲貸協會的史皮格因為提供一大筆資金給米爾肯進行史托爾通信（Storer Communications）收購案，在事成後便取得該公司的合夥人認股權證（可在特定期限內，以特定價格認購特定數量的股票），於是史皮格以 13 萬 4,596 美元購買史托爾通信的股票，而這筆投資不久後就讓他獲利超過 7 百萬美元。[15]

該份起訴書還說，1987 年 11 月 30 日，林肯儲貸協會的基廷和一家分支機構為了碧翠絲國際食品公司（Beatrice International Food Company）的收購案，買進了 3,400 萬美元的垃圾債券，而基廷也在同一天購入 23 萬 4,383 股碧翠絲的股票。[16] 但米爾肯對第一執行人壽的卡爾的回饋方式有所不同，卡爾先幫忙融資收購公司，在事成之後，被收購的公司便以員工退休基金來投資他的第一執行人壽，但是它後來破產了。[17] 證據顯示，米爾肯的友人都撈到不少油水，所以每次米爾肯有東西要賣，他們都樂於買單。[18]

價格：通常比市價高很多

這些企業掠奪者必須面臨的第二道關卡，就是所謂的敲竹槓。[19] 掠奪者通常必須支付的錢比市場價格要多很多，例如 1985 年連鎖超市好食家（Pantry Pride）的羅納德・佩雷爾曼（Ronald Perelman）要吃下露華濃（Revlon），就是米爾肯在背後操刀。

佩雷爾曼本來出價每股 47.5 美元，後來不得不提高到 58 美元。話說回來，如果好食家是一家令人敬重的公司，或許也不會被敲竹槓。若是如此，原來的股東或許願意繼續當小股東，不必出脫持股。畢竟，如果華倫・巴菲特（Warren Buffett）有意收購一家公司，而你剛好持有這家公司的股票，在你賣股票之前你可能會三思，畢竟巴菲特是個偉大的投資家、判斷神準，能夠持有他旗下公司的股票應該很不錯。

然而，在 1985 年，很多人根本不知道佩雷爾曼和好食家。好食家的市值淨額只有 1 億 4,500 萬美元；相較之下，露華濃是價值 10 億美元的大公司。好食家連鎖超市甚至曾在 1981 年歷經破產重整，後來才起死回生。對露華濃的管理階層而言，佩雷爾曼是個掠奪者，顯然不懷好意，因此誓死阻撓。但對股東而言，選擇就相對簡單：看買家願意多付多少，或是保留持股，靜觀其變。[20]

需求：創造需求，然後確保需求一直存在

先前提到，米爾肯與德崇的「保密信件」和掠奪者的信譽可產生巨量垃圾債券，但米爾肯還必須面對第三道關卡，也就是需求面的問題。米爾肯新發行的垃圾債券和希克曼在書中評估的債券雖然同屬低等級債券，但這兩種債券其實完全不同。希克曼研究的那批老債券在發行之初屬於高等級債券，後來因為景氣欠佳而落難，被打入垃圾債券等級。舉例來說，賓州鐵路公司（Pennsylvania Railroad）就因為業績不振，公司債券淪為折翼天使。但米爾肯發行的垃圾債券完全不同，打從一開始就是低等級債券。打個比方，如果你要養狗，也從研究得知拉不拉多犬很親人，卻不小心挑了比特犬來養，這恐怕不是個好選擇。如果你因為希克曼推崇垃圾債券，而去買德崇證券發行的新債券，那你就錯了，畢竟前者是折翼天使，不同於後者。

因此，米爾肯的噩夢就是，如果有人看出他發行的垃圾債券不同於折翼天使型債券，他一手打造的垃圾債券王國可能就此毀滅。但統計數字巧妙地掩飾了這項弱點，根據紐約大學艾德華・亞特曼（Edward Altman）教授和其學生史考特・納瑪克（Scott Nammacher）的研究，垃圾債券的違約率平均只有1.5％。[21] 這樣的數據有誤導世人之嫌，因為垃圾債券的違約率與發行時間成正比，而這個市場的發展極為迅速。像這樣來計算違約率，就好比挑選 100 個 10 歲兒童和一個老祖父成為組合，再從這 101 人的組合去推算死亡率一樣。

　　儘管有人遲早會察覺這樣的差異，但在東窗事發之前，米爾肯至少知道如何讓會叫的狗保持安靜。在垃圾債券即將違約之時，可依據《1933 年證券法》（Securities Act of 1933）第 3 條 A 款第 9 項，透過股權交換的合法程序進行重組，如此一來就不算違約。[22] 如果一家公司的債券即將違約，米爾肯就會幫忙媒合，進行股權交換，這樣就能逃過一劫。麻省理工學院的保羅・亞斯奎斯（Paul Asquith），以及哈佛商學院的大衛・穆林斯（David Mullins）和艾瑞克・沃爾夫（Eric Wolff），共同發表了一篇重量級研究報告指出：1977 年至 1980 年新發行的垃圾債券，[23] 到了 1988 年末有將近 30％都違約了。在這批債券中，有 10％雖然都曾經透過股權交換免於違約，但最後還是違約了。[24]

從輝煌到落難

　　1980 年代初期到中期，是米爾肯垃圾債券的全盛時期。每年 3 月，德崇都會舉辦米爾肯高收益債券年會；到了 1985 年，這場盛會贏得「掠奪者的舞會」這個名稱，並且吸引了一千五百位賓客到比佛利希爾頓飯店和附近的飯店。[25] 與會的投資人資金雄厚，加上垃圾債券的發行，總計可籌措幾兆美元做為惡意收購的銀彈。由於垃圾債券生意興隆，德崇在 1986 年給米爾肯交易部門的獎金高達 7 億美元，而米爾肯自己就拿了 5.5 億美元，[26] 該部門也在 1978 年從紐約搬到洛杉磯。儘管米爾肯此舉未免過於貪婪，但他是這個市場的主宰，一舉一動牽動著整個美國商業界，以金融業的角度來看，或許這是他應得的。在米爾肯之前，沒有任何一個美國企業主管在一年之中拿到這麼多錢。[27]

米爾肯的所作所為，大抵而言並沒有什麼不法。畢竟願者上鉤，釣者並未違法，除非逾越了界線，而米爾肯雇用了一群優秀律師，以免越界。他用垃圾債券釣愚不但合法，甚至被學者譽為英雄之舉；哈佛商學院的麥可·簡森（Michael Jensen）論道，米爾肯發動的企業收購可使這個社會更加富裕。根據簡森的描述，這種收購行動可以淘汰能力不足的管理階層，讓一家公司脫胎換骨。[28] 但這種觀點忽略了另外一面：惡意收購也可能把整個優秀的經理人團隊連根拔起，而收購的利益或許來自犧牲員工的權益，例如薪資、福利、工作條件和退休金等。[29]

米爾肯的下場或許比較「特別」一點，雖然釣愚者通常可以全身而退，米爾肯還是鋃鐺入獄。起因是美國聯邦調查局追查一樁內線交易案，找上股票經紀人伊凡·波斯基（Ivan Boesky）。波斯基曾在柏克萊畢業典禮中演講，以「貪婪是健康的」一言令人印象深刻。[30] 波斯基眼見自己因為內線交易岌岌可危，為了自保願意認罪協商，供出米爾肯違法的證據。儘管波斯基在米爾肯的垃圾債券王國只是個小角色，但他提出的錄音證據，已使聯邦調查局得以展開對米爾肯的調查。起訴書上最初羅列的罪名就有 98 項，為了避免上法庭，並且讓自己的弟弟解套，米爾肯認了其中六項，包括從波斯基那裡購買債券，再承諾讓波斯基買回。這樣的交易違反了證券交易法有關「暫存」（parking）的規定，波斯基因而得以少繳一些稅金，又沒有風險。[31] 當局認為，米爾肯罔顧公眾利益，才會進行這樣的交易；這也顯示他對合作夥伴向來非常大方，只要自己有利可圖，不會忘了給這群夥伴一些好處。

米爾肯遭到起訴之後，不到幾個月，他在洛杉磯威爾夏大道（Wilshire Boulevard）上的交易部門就停止營業，後來德崇宣告破產。[32] 在他承認的六項罪名當中，像債券「暫存」這種情事，通常只要罰金就可以解決，不會到入獄的地步。然而，嚴重損壞公眾利益之罪，是聯邦儲蓄貸款保險公司和清算信託公司對他提出的民事訴訟，指控他和同夥挪用了別人的錢。[33] 這樁訴訟最後在庭外和解，米爾肯支付了 5 億美元。[34]

六點觀察

如果我們以更宏觀的角度來看米爾肯的失敗，可以觀察到下列六點。

觀察 1　米爾肯的垃圾債券例示了前面章節討論過的兩種訊息詐騙手法：一是扭曲信用評等（他發行的垃圾債券和希克曼書中描述的折翼天使型債券不同）；二是儲貸協會對帳務的操弄，該類金融機構在經濟上已是破產。儲貸協會與米爾肯聲氣相投，儲貸協會購買他發行的垃圾債券，他再給予回報。

觀察 2 在前幾章，我們介紹過「說故事」這件事。就米爾肯而言，一個故事說他是點石成金的天才，另一個則說他的垃圾債券和希克曼研究的折翼天使一樣違約率很低。

觀察 3 米爾肯造成新的不平等。1980 年代，美國所有人口收入占前 10％者的所得，以及金字塔頂端 1％者的所得和金字塔頂端 1％者的薪資，都有劇增的傾向。[35] 米爾肯帶來的這種間接影響，將永遠無法具體量化。儘管我們認為米爾肯聰明過人，但他不過搶先別人幾步進行企業收購，打破管理階層的薪酬標準。從市場釣愚均衡的理論與大型私募基金的出現來看，即使沒有米爾肯這號人物，企業收購的事例在所難免。不過，他算是一手開創了企業兼併與收購的新時代。

觀察 4 米爾肯的垃圾債券也例示了金融市場釣愚的另一個原則。我們在前兩章已探討過釣愚和金融市場的各面向環環相扣，米爾肯的垃圾債券風暴就和 2008 年金融危機一樣，相關釣愚行徑影響的範圍很廣，遠遠超過原始起點。米爾肯的垃圾債券不只和儲貸協會與保險公司的釣愚手法勾結，更促成 1980 年代初期到中期的美國企業收購風潮。[36]

觀察 5 米爾肯的操作展現出導致釣愚均衡的各種力量。在本書的導論中，我們描述過超市結帳櫃台的例子，米爾肯從華頓商學院畢業後到達「結帳櫃台」，發現了一個賺錢的大好良機。他發行了一種新的垃圾債券，不同於以往的折翼天使型債券。如前所述，他也克服了三大淘金難關，以前的人無法克服這些困難，所以無法利用這個賺錢的好機會，而米爾肯是第一個突破這些難關的人。

觀察 6 也是本書最重要、最務實的觀察結果：資產價格的波動很大。各位讀者可從本書描繪的金融亂象了解為什麼，例如先前描述過的各種釣愚行徑，包含利用信譽評等來欺騙世人、企業掠奪、做帳誤導別人、利用新聞媒體呈現浮誇故事，以及理財專家、投資公司、房地產仲介業者最拿手的推銷話術，還有經典的一夕致富神話，都得負上一些責任。如果只有被騙的人因景氣變差而成為輸家，資產波動造成的損害會相當有限。但如果是用借來的錢購買膨脹資產，就會產生連鎖的額外損失。如此一來，很多公司面臨破產，或是對破產的恐懼就像瘟疫一樣蔓延得非常快：因為擔心更多公司破產，對破產這件事也陷入更深的恐懼。接下來就是信用枯竭，經濟不振。

經濟疫病和身體染病一樣，都需要立刻治療。近百年的兩起重要事件可說是最好的對比實驗，讓我們了解只要當機立斷、及時因應，就可以防止更進一步的災害，但因應緩慢或毫無作為則後患無窮。1929 年華爾街股市崩盤的因應很慢，也沒有重要對策，世界因此進入迷你黑暗時代。相關影響持續了十五年，從 1930 年代一直到第二次世界大戰。2008 年金融危機和 1929 年的股市崩盤一樣凶惡，但各國財政主管機關和央行及時干預、協調，全力處理問題，儘管全球經濟病後猶虛、復原緩慢，但謝天謝地，我們並未重蹈覆轍，再次進入迷你黑暗時代。

現在有很多人認為，2008 年金融危機發生後，各國財政主管機關和央行不該太快出手干預，他們認為世人預期政府會出手才是危機出現的主因——用經濟學的語彙來說，資產價格膨脹是「道德風險」（moral hazard）造成的。相反地，我們認為，而且有大量實際細節支持我們的看法，資產價格膨脹是非理性繁榮加上釣愚造成的。

在非理性繁榮出現時，世人只會想到能有多少獲利，不會想到財政主管機關和央行會如何干預，以維持經濟穩定和信用流暢，更不會想到如果銀行和公司倒閉，政府是否會進行紓困。2008 年金融危機發生之前，每個人都陶醉在股市的榮景之中，絕大多數都不會想到這些。價格飛漲，賣家可以趁機大賺一票，而買家有如被肩上的猴子給控制住，儘管買貴了，也認為後市可期，穩賺不賠。總之，只要音樂不斷，大家就會繼續跳舞。

未能看出金融危機發生時必須進行快速、有效的干預，就是沒有考慮到掠奪、透過信譽評等獲利，以及非理性繁榮等因素。按照這種邏輯，我們大可把所有消防隊給解散掉，因為如果民眾知道沒有人會來救火，就會更加小心，也就沒有火災？許多年前，這個世界曾經付出過慘痛代價，我們知道在金融風暴發生時，如果未能有效干預的下場會是如何。我們嚐過苦果，知道經濟疫病若不立刻醫治，相關影響將會持續很久。我們也從分析中得知,許多力量導致金融體系具有多變的特質。一旦出現危機,還是愈快干預愈好,畢竟經歷一次迷你黑暗時代已是太多。

第 11 章
反制釣愚的英雄

　　本書論述的釣愚均衡已擴展到社會的許多層面，但還不到完全滲透的地步，這是因為有人能夠拒絕利益誘惑，這些人也許是公司最高主管、政府領導人、思想領袖或宗教導師。標準經濟學（即「純粹的經濟模式」）假設公民社會是不存在的，但我們確實活在彼此關心的社會之中。先前，我們已經提過幾位英雄人物，現在我們把焦點放在他們如何反制釣愚這件事上面，看看他們的成就與力有未逮之處。

　　拜這些英雄之賜，自由市場體系才能妥善運作。我們今天能夠享受這樣的富裕，並非因為市場本身，畢竟市場本身也充斥了複雜的操縱與欺騙。與過往所有歷史相較，目前已開發國家的人民生活品質很高，五十多國的女性和十一國的男性預期壽命已達 80 歲以上。[1] 當代汽車或許還有一些問題，有時甚至不得不召回產品，但現在每輛車都有安全帶，而且汽車的安全性也大幅提升，不像消費者運動之父拉爾夫・納德（Ralph Nader）在五十年前說的：「不管開快開慢，都不安全。」[2] 截至 2013 年 2 月為止，美國已經連續四年沒有發生任何商業客機死亡事故，[3] 這實在是了不起的紀錄。不只飛機本身安全可靠，還得靠飛機駕駛員和維修技師的努力。

即使擁有傲人的安全紀錄，產品品質也是一流的，我們仍有一些問題：這樣的成果是否完全由市場體系帶來的？我們的英雄擔負了什麼樣的角色？我們希望在本章的討論中，試圖找到這些問題的答案。正如我們所見，如果我們能夠衡量產品、服務和資產的價值，當相關品質和等級能夠獲得正確評定，我們能夠了解這些品質和等級的真正含義之後，那麼在大多數的時候，我們應該就能獲得我們預期的內容。

本章提到的英雄，皆致力於突破難以衡量或評估的困境，讓民眾免於淪為訊息釣愚的受害者。例如，在第 2 章討論 2008 年金融危機的部分，由於不動產抵押債券的違約風險難以評估，買到這些債券的人還以為「買到就是賺到」，最後才知道都是地雷，此類錯誤因而釀成全球金融風暴。只是如後續的結論所述，本章討論的英雄仍然難以破解心理釣愚，如果有人一時衝動揮金如土或暴飲暴食，恐怕沒有人能夠攔得住。

標準建立者

我們要介紹的第一類英雄，就是確立與執行品質標準檢覈的先驅。自 20 世紀開始，我們對產品品質的衡量與分級已有長足的進步，這個過程就是所謂的標準化。我們可從催生《純淨食品藥物法案》的農業部化學局局長威利，以及食品藥品監督管理局的成立略窺這項進程。威利是化學家，曾在德國的帝國食物實驗室（Imperial Food Laboratory）做研究，[4] 學會如何利用現代化學技術來檢測食品和藥物的成分，進而揪出產品標示不實者。

19 世紀，美國憲法修正度量衡標準的責任，基本上是由財政部一個小單位負責的。到了 1901 年，相關業務轉給新成立的國家標準局（National Bureau of Standards），不久這個機構就必須負責檢測聯邦政府所有採購物品的質量。儘管該局的預算只有 200 萬美元，據說每年為美國政府省下高達 1 億美元，即原始採購金額的三分之一。[5]

1927 年，史都華・查斯（Stuart Chase）和費德里克・史林克（Frederick Schlink）兩位英雄合寫了一本暢銷書《金錢的價值》（Your Money's Worth）──「新政」（The New Deal）一詞正是查斯創造出來的。[6] 兩位作者在書中不只介紹了國家標準局的業務，也提及各種產業的標準化、分級與檢定程序，書內討論的範圍不限於政府機構，還包括民營組織和非營利機構。長久以來，沒有人注意到這些層面，大家都認為品質好是理所當然的事，但這些都是無名英雄的成就。接下來，我們將簡單舉兩個例子：小麥分級和電器產品的認證。

美國小麥分級制度

在經濟學教科書和討論經濟的文章中，小麥是相當單純的產品，商人在競爭激烈的市場中進行買賣。在現實世界，小麥有很多品種、分很多等級，可能各有優缺點，所以必須有一套系統來分類、分級，才能成為大宗交易的產品。美國農業部的穀物檢驗、包裝及貨場管理署（Grain Inspection, Packers, and Stockyards Administration），有一套小麥的分級標準，基本上可分為八種（如杜蘭小麥、硬紅春小麥等），等級從一到五共分五級。分級標準根據每蒲式耳＊小麥的重量、穀粒損傷程度、是否摻雜異物或其他種類的小麥、是否含有動物排泄物和重量多少，以及是否摻雜蓖麻籽、野百合籽、玻璃、石頭等異物，還有穀粒被昆蟲損害的程度等。其他更進一步的分級，如是否含有麥角或大蒜，以及是否受到黑穗病的感染或處理不當等等。[7]

在美國生產的穀物，約有半數是由前述管理署授權的公司負責檢驗的，[8] 但其他檢驗方式也很常見。[9] 穀倉除了自行檢驗，也可外包給其他公司。穀物倉儲管理法除了包含檢驗、收費、貯存條件等相關規定外，也增加其他的保護辦法。穀倉如果獲得聯邦政府或州政府的執照，就必須按照規定來做。[10] 在這套規範之下，小麥交易變得容易，買方知道自己購買的小麥品質如何。

＊ 蒲式耳（bushel）小麥約為27.22公斤。

電器產品認證

電器產品市場則是標準設定的另一個範例，像電燈、滅火器等家用器材，都是由保險商實驗室（Underwriters Laboratories, UL）進行產品安全測試和認證。保險商實驗室是一家創立於 1894 年的非營利機構，凡是經過檢驗合格的電器都會印上認證標誌：一個圓圈中間有 UL 兩個大寫字母。為了申請認證，製造商必須支付檢驗費用給保險商實驗室。[11] 至於電器設備的檢驗標準，則是由美國國家標準協會（American National Standards Institute）制定的。這個協會成立於 1918 年，在成立之前由五個工程學會贊助，包括美國電機工程學會和美國機械工程學會等，並且獲得三個政府部門，包括陸軍、海軍和商務部的支持。[12] 這些標準的設立不但有助於增進產品的安全性，也有助於推動產品的標準化。如果電器插座、電線接頭、汽車輪胎、鐵路軌距、車廂聯結器等的規格都有一定標準，對大家來說就很實用。

消費者運動

在《金錢的價值》一書中，查斯和史林克不只建議產品應該標準化，也鼓勵消費者利用和政府部門採購產品一樣的產品評估方式。該書出版後沒幾年，他們就成立一個組織來推動這件事。[13] 這個組織歷經複雜的演變，包括工會員工抗爭等，最後變成今天的消費者聯盟（Consumers Union），每年出版《消

費者報告》（*Consumer Reports*）。[14] 目前這份刊物的發行量高達
730 萬份，檢驗的商品林林總總，包括冰箱、汽車、空調、電
子遊戲機等。[15]

消費者聯盟的檢驗與評等不只使消費者受益，每個人都能
夠獲得好處，因為產品製造者為了獲得優良評等、打敗勁敵，
不得不精益求精。消費者聯盟也許是消費者運動組織當中最受
人尊崇的，但類似組織也有不少。美國消費者聯合會
（Consumer Federation of America）擁有超過 250 個分支機構，
輪流進行研究、教育、消費者權益倡導，並且提供相關服務。[16]
不過，這個數字及相關概述只能大致呈現整體活動，我們從這
些朋友身上獲得的幫助其實很大。

除了建立各項標準、進行分級與評估，消費者行動主義還
有另外一面，部分和產品價值與安全性有關，但也可說是更深
層承諾的副產品，亦即消費是一種公民行為，只要是公民就有
道德義務。在美國，這種基於公民社會的運動，可追溯至 1760
年代到 1770 年代美國殖民地對英國進口產品的聯合抵制。其
中，最為人所知的就是「波士頓茶黨事件」（Boston Tea
Party），美國東北部波士頓民眾為了反抗英國殖民當局的高稅
收政策，發起了傾倒茶葉事件，將英國東印度公司（British
East India Company）三百多箱茶葉倒在波士頓港。到了 19 世
紀，南北戰爭開打之前，主張廢奴者同樣對奴隸製造的產品進
行杯葛。[17]

就前述的道德承諾而言，佛蘿倫絲・凱利（Florence Kelley）在 1899 年創立的全國消費者聯盟（National Consumers League），可謂當代的最佳典範。凱利是一位偉大的美國女性，全國消費者聯盟的使命和運作，來自她那強韌的性格與社會良知。她在 33 歲那年從瑞士蘇黎世大學研究所畢業，被任命為伊利諾州的首席工廠督察員，在那個年代，女性能夠擔任此職是為殊榮。她的父親信奉貴格會（Quaker），是主張廢奴的共和黨國會議員，但她寧可住在社會改革先驅珍・亞當斯（Jane Addams）在芝加哥設立的殖民之家，和窮人一起生活。[18]

全國消費者聯盟將消費者視為工廠工人的間接雇主，畢竟消費者購買工人生產的物品，工人才有工作，因此消費者對工人也有道德責任，必須重視工人的福祉。為此，全國消費者聯盟會視察工人的工作環境，就像凱利在伊利諾州擔任工廠督察員所做的事，只要通過聯盟檢查的工廠，就可以把蝴蝶結樣的「白色標籤」（White Label）貼在產品上。[19] 這個標籤後來也成為產品安全的保證，購買貼有「白色標籤」的產品，不只可達成對公民社會的承諾，而且產品安全無虞，對自己和家人都有利，可謂一舉兩得。

在第 6 章，我們已經看過工作環境和產品安全性的關係了。還記得小說家辛克萊在《魔鬼的叢林》中踏入芝加哥肉品加工廠，以種種令人髮指的情況，揭發薪資奴隸的悲慘世界嗎？但民眾在看了他的書之後，更害怕自己吃下肚的東西。直到今天，購物不只是為了當下的享受，「也為了讓世界更美好」，這種觀念仍是消費者行動主義的重要一翼。現在，不管是購買豐田普瑞斯（Prius）、放養肉品或家禽肉品，消費者都具有強烈的公民意識；此外，在美加兩國的大學院校擁有超過250個分部的「反血汗工廠團結學生聯盟」（United Students against Sweat Shops），也充分展現了消費者精神。直到2015年，全國消費者聯盟依然活躍、運作良好，繼續執行凱利的願景，致力於反對美國南部菸草工廠雇用童工，導致其深受尼古丁毒害等眾多消費衍生問題。[20]

商界英雄

對於秉持良心、製造好產品的商人而言，抵禦釣愚具有道德和經濟上的雙重因素考量。這些商人也發展出一些可行辦法，例如在1776年的倫敦，就出現「反詐騙、詐賭交易保護協會」（The Guardians, or Society for the Protection of Trade against Swindlers and Sharpers）這樣的組織。[21] 這個協會接受消費者投書，不但支持消費者對不良商人提出訴訟，甚至會主動逐出害群之馬，並且給予信譽良好的商家表揚證書。這種組織現在依然存在，在美國，它就是現在的非營利組織商業促進會（Better Business Bureau）。商業促進會主要是接受消費者的投訴，但也允許會員採取行動對付不肖的競爭者。如果投訴是來自其他會員，顯然可能是源於利益衝突的報復行動，但投訴者若是消費者（他們會查核是否屬實），就會可靠得多。

其他進一步對抗釣愚的行動，來自商業社群的規範。舉例來說，股東權益倡導者娜爾·米諾（Nell Minow），就用羞辱這種有效的方式來阻止可惡的行徑。[22] 她說，美國大企業的主管都非常在意自家公司的聲譽：「是全世界對聲譽最敏感的人。」[23] 其實，不只醫師必須遵守希波克拉底誓詞，律師在法庭前必須宣誓，幾乎所有商業組織也都有既定的原則。以美國不動產經紀人協會為例，其倫理準則如以單行間距打字，長達十六又四分之一頁。[24]

此外，幾乎每個美國社群（不論大小）都有商會，而商會都有自己的倫理規範。以筆者喬治的家族故事為例，1900 年左右，喬治的曾祖父在巴爾的摩破產了，欠下 50 萬美元的債務，他幾個兒子共同繼承了這筆債務。後來，他們在巴爾的摩商業社群的協助下，取得史都德貝克汽車（Studebaker）在當地的經銷權，以便償還債務——這可說是企業倫理實踐的一個雙贏範例。

政府英雄

反制釣愚還有其他做法，也就是透過持續改善法律標準來保護人民。19 世紀初期，美國最高法院裁定的「雷德洛訴歐爾根」（*Laidlaw v. Organ*）一案，確立了美國商法中「買方責任自付／賣方責任自付」（*caveat emptor/caveat venditor*）的原則。

　　赫克特・歐爾根（Hector Organ）是路易斯安那州紐奧良的菸草商人，在 1815 年 2 月 18 日清晨一得知英美停戰，雙方簽訂的《根特條約》（Treaty of Ghent）正式生效之後，便趕在消息傳開前急忙向雷德洛公司（Laidlaw & Company）訂購 111 大桶的菸草（約 54,805 公斤。）歐爾根預見英國海軍對美國物資的封鎖即將解除，菸草的價格即將暴漲，他在向雷德洛購買菸草時態度狡猾，閉口不談是否已經掌握到什麼特別消息。[25] 審理此案的首席大法官約翰・馬歇爾（John Marshall）裁定，歐爾根並未詐騙雷德洛公司，因為當事人並無義務告知其所知悉的事項；[26] 相反地，大法官主張買方責任自付／賣方責任自付。

　　這種法律原則似乎有利於釣愚，如果自己願意上鉤，就應該自行負責。但這項原則後來在各方法律英雄的護衛下，讓相關主張變得比較具有彈性，而且比較合理。縱使在馬歇爾大法官和歐爾根那個年代，買方責任自付這件事的定義也不是全然絕對，仍有防止詐騙的保護措施。時至今日，我們也有許多防範方法對抗疏失，例如「麥佛森訴別克汽車公司」（*MacPherson v. Buick Motor Co.*）一案就具有里程碑意義。

　　1910 年 5 月，唐納德・麥佛森（Donald MacPherson）在紐約州斯克內克塔迪市（Schenectady）的經銷商那裡買了一部別克汽車。[27] 麥佛森是一個墓碑石刻雕工，經常必須開車前往郊區墓園。不料到了 7 月，他的汽車左後輪突然脫落，原來輪輻是用腐朽木條做的，車子因此翻覆，麥佛森被困車底下。他的雙眼都受傷了，視力受損，右手臂也受到嚴重創傷，[28] 他因此控告別克汽車。當時審理此案的紐約上訴法庭法官班哲明．卡爾多佐（Benjamin Cardozo），以及之後最高法院的法官都裁定別克汽車確有疏失。雖然麥佛森是向經銷商購車，不是直接跟別克購買，別克也一向從有信譽的輪胎製造商那裡進貨，但該公司仍須為此事負責。法官認為，別克汽車應該仔細檢查輪胎，以防範重大車禍，但別克顯然疏忽了這項責任。[29] 在此一案例，卡爾多佐和麥佛森也名列在我們的英雄名單上。

美國法律除了防範詐騙和疏失，還提供更進一步的保護。各州都必須頒布實行《統一商法典》（Uniform Commercial Code），[30] 以彌補合約條文的缺漏。[31] 這本法典規定商業合約必須以誠信為本，同時進一步區分消費者和商家應負的責任，[32] 像是一般消費者對許多具有限制性質的附屬細則了解總是不如精明的商家，因此商家應負的責任該比消費者來得多。這樣的保護措施當然有用，只是「買方自付責任」並未就此消失。接下來，我們以高盛發行次級房貸商品「珠算」（ABACUS）遭到證券交易委員會起訴的案子為例，為各位解說實際應用的複雜，尤其當買方也是老狐狸時。

「珠算」是一種抵押貸款債券，讓投資者可利用信用違約交換對房貸證券下注。高盛的大客戶約翰．保爾森（John Paulson）看準了美國房市會變成泡沫，為了做空房市和次貸，特別挑選最差的次貸抵押債券由高盛包裝兜售，但高盛並未向投資人揭露保爾森的放空操作，也並未充分說明風險。[33] 高盛因為「珠算」被捲入兩起訴訟案，判決結果卻有三種。據說，投資人被誤導，以為保爾森是做多的一方，也就是打賭房屋抵押貸款債券的違約率很低，沒想到保爾森其實是要做空，賭的是抵押貸款債券的違約率高。[34] 保爾森因此大賺了將近 10 億美元，而做多的一般投資人則慘賠了 10 億美元。[35]

　　證券交易委員會起訴了高盛和負責「珠算」商品的副總裁法布里斯·杜爾（Fabrice Tourré），高盛本身的訴訟以和解解決，但必須繳納 5.5 億美元的罰金。[36] 高盛同意改變營業手法，但拒絕認罪。杜爾的訴訟則進入法庭審理，他是一手策劃並銷售整套詭計的人。他寫給女友的電郵曝光，引起一片譁然，文中有類似這樣的句子：「我在機場遇到幾個孤兒寡婦，成功把『珠算』賣給他們。」[37] 陪審團完全不同情這個人，他被指控六項詐騙罪名，[38] 必須繳交 82 萬 5 千美元以上的罰款。[39] 此外，還有一件法律訴訟，是由 ACA 資金管理公司（ACA Capital Management）提出的。ACA 因為交易虧損 1 億 2 千萬美元對高盛提出訴訟，但被法官駁回，法官認為 ACA 是「高度專業的商業實體」，應該知道交易風險。[40]

　　如果你買的是一台烤麵包機，不必詳讀說明書上的附屬細則也沒關係。如果你操作的退休基金必須簽訂合約，一旦違約必須擔負的賠償責任可能高達數億美元或數十億美元，你就不能不詳細了解合約的所有附屬細則。特別是在金融市場,「買方自付責任」的原則確實存在,專業投資人不得不小心,以免被釣上鉤。

監理英雄與監理俘虜的問題

政府提供我們免於被釣的保護,不只是利用合約進行約束,也讓我們在遭到欺騙時能夠透過訴訟獲得賠償,此外還有相關法規與監理機關的管束。在美國第一個出現的重要監理機關,就是創立於 1887 年的州際商業委員會(Interstate Commerce Commission),它保護地區商家免受鐵路公司的定價壟斷等弊害。[41] 後來,政府有許多監理機關因應而生,如消費品安全委員會(Consumer Product Safety Commission)、聯邦存款保險公司、核能管理委員會(Nuclear Regulatory Commission)等,[42] 但這些形形色色的經濟監理機關不見得有利無弊。

20 世紀下半葉出現了一種理論,認為政府監理機關除了可能有貪腐的問題,反而經常被其所管束的產業挾持,成為產業的俘虜。1955 年,政治學者馬佛・伯恩斯坦(Marver Bernstein)提出這種「監理俘虜」(regulatory capture)理論,認為監理機關設立的初衷是為了保護民眾、防堵弊害,卻經常有執法不力的問題,甚至收受賄賂、為親友安插工作或接受政客關說等。被監管的企業想要擺脫法規束縛,便不惜動用各種手段挾持監理機關,而一般大眾則被蒙在鼓裡,畢竟法條多如

牛毛，沒法深究。於是，本來應該扮演警察的監理機關反而為
虎作倀，在收受企業的好處之後，反過來嚴格執行正當性有問
題的法規，進而排除市場競爭，幫助該企業坐大。[43] 對於這樣
的論調，想必各位應有似曾相識之感，不妨回頭翻閱第 5 章。

　　還有一種陰謀論認為，監理機關的設立根本是被監管的企
業運作出來的。他們知道如何利用這樣的監理構關來牟利，因
此大力支持這樣的機構。[44] 這又叫做「經濟管制理論」，因為
從經濟學家的角度來看，絕大多數的經濟行為莫不是為了追逐
私利。[45] 不過，監理俘虜理論也有問題，支持這項理論的證據
偏頗，拿出的通常是因為監理機關失靈而產生的人咬狗故事，
刻意忽略更多狗咬人的故事，即監理機關努力不懈、確實擔負
起把關責任的故事。再者，支持監理俘虜理論的證據，也有因
果關係薄弱的問題。[46] 同等重要的是，監理俘虜不是非黑即
白，而有程度輕重之分。[47]

　　丹尼爾·卡本特（Daniel Carpenter）與大衛·摩斯（David
Moss）在合編的《監理俘虜防範之道》（*Preventing Regulatory
Capture*）一書提出「弱俘虜」（weak capture）之說，也就是儘
管監理機關仍被利益團體影響，但依舊能夠確實執法，保持自
身立場的平衡，維護公眾利益。[48] 正如我們在第 6 章看過關於
食品與藥物管理的實例，沒有人希望回到騙子為所欲為的 19
世紀，讓史旺萬靈藥或雷登滅菌劑大行其道。但我們也看到大
藥廠如何使用新招數欺瞞美國食品藥品監督管理局；另一方

面,該局甚至為藥廠的人體試驗計畫開了五道方便門,使他們送交審查的藥品能夠輕易通過藥品效能和安全性的標準,獲得上市許可。默克的偉克適不就是一個最好的例子?不過,如果因為監理機關有問題,就要廢除這樣的機構,那可就是因噎廢食,就像如果我們覺得成家、養兒育女或交朋友很麻煩,是不是乾脆就不要結婚、不要生孩子,也不要交朋友了?

感謝默默貢獻的英雄

最後,讓我們回到本章的主題上,也就是反制釣愚的英雄。筆者喬治住在華盛頓,聽聞許許多多監理英雄的事蹟。他們夜以繼日,連週末也在加班,以保護民眾的財務與個人安全。喬治有很多朋友在金融危機發生時賣命工作,甚至到了病倒的地步,例如發生心肌梗塞。有些人後來轉往華爾街任職,不是嚮往這個金錢世界,而是因為政府部門的職責過於繁重,壓得人喘不過氣來。相形之下,去華爾街工作還比較輕鬆。的確,在監理機關仍有許多盡忠職守的英雄,我們不在這裡一一列舉他們的名字,但我們真的認識這樣的人。

本章介紹了許多不同的英雄人物,不管他們是商界、政府部門或其他領域的領導人,共同特質就是具有強烈的倫理觀念和利他精神,他們說服社會大眾採納標準、對公家機構有信心。正如卡爾多佐法官在 1889 年對哥倫比亞大學畢業生發表的演講:我們不想活在社會主義那樣「純粹的社會」,因為那樣的社會與人類的經濟行動誘因背道而馳。[49] 我們應該追求的是「道德社會」，以及允許個別行動的自由市場，這樣的道德社會才能有效抵禦訊息釣愚。

　　儘管如此，心理釣愚依然難防。每個貪吃冰淇淋的小孩都知道一個警句：「當心願望成真」，希臘神話點石成金的邁達斯（Midas）*國王就是最好的例子。我們都可以圍堵訊息釣愚，但心理釣愚就比較難對付，我們會在下一章繼續討論這個問題。

---

*　酒神為了報答邁達斯，允諾給予他任何想要的東西。邁達斯希望擁有點石成金的本領，酒神便賦予他這項能力。邁達斯原本很高興自己獲得了這項神力，後來他觸碰過的東西都會變成金子，包括食物、甚至他的女兒，他便了解自己做了一項多壞的決定。

第 3 部

結論與後記

結論
美國的新故事及其影響

　　本書從一個地方開始，現在即將在另一個地方結束。在本書開頭，我們從傳統行為經濟學取材，介紹了幾個釣愚實例，主要是基於心理學家席爾迪尼提出的六種心理偏誤，各位可參看導論中有關釣愚均衡的討論，這些心理偏誤使人們容易受到操縱。

　　但隨著我們一路分析、推演下來，發現了一個新重點，為人們為何容易上鉤找到更普遍的通則性敘述。從第 3 章討論行銷和廣告的手法開始，我們不斷提到，人們會上鉤是因為他們把聽到的「故事」融入自身決定當中。這種決策模式為何會讓人容易受到操縱？因為故事總是延伸發展、不斷擴增，就大部分的釣愚行徑來看，有些人會以舊有故事為基礎，再添加新的細節，有些人則是用新故事取代舊有故事。

　　如果改用另一種同等方式來表達這個概念，人類最重要的技能之一就是專注力，我們可以對某些事物極為專注，對其他事物卻視若無睹。我們可以把人們在做決定時告訴自己的「故事」，稱為他們的專注「焦點」，從「焦點」的角度來看，馬上就能了解人們為何容易上當，也能看出釣愚的手法在何時出現。操縱注意力這件事，是兩種職業的基本功：扒手和魔術師，他們能夠巧妙地轉移你的注意力，然後趁機動手腳。

在寫下前面這些文字之前，筆者二人從本書最先提到的肉桂捲開始細細回顧了很多例子，我們發現在每個釣愚案例當中，當釣客成功轉移焦點、使人上當，釣愚的事件便發生。在某些時候，釣客就像扒手和魔術師一樣，會刻意創造錯誤的焦點，吸引大家注意。我們也再度研究了席爾迪尼的六種心理偏誤，發現每一種都和焦點錯置有關。

釣愚本身就是一個故事

這把我們帶回到本書最重要的訊息，我們寫這本書的初衷是希望幫助人們從錯誤的焦點轉移回來。在美國，關於自由市場有一個普遍被相信的故事，而且影響到美國以外的地方。這個故事源於對標準經濟學的簡化詮釋，它說自由市場經濟除了必須當心所得分配不公和外部性，仍舊為我們創造出可能是最好的世界。就像咒語一樣，只要讓每個人都能夠「自由選擇」，自由市場經濟便能為我們帶來塵世樂園，在目前的科技發展、人類才能和收入分配之下，為我們打造出最接近伊甸園的所在。

筆者二人看到自由市場帶來的榮景，但正如每枚硬幣都有

正反兩面，自由市場也不例外。自由市場的榮景源於人類的巧
思，但推銷員的舌粲蓮花也是。自由市場產生的不只是利人利
己的東西，也有損人利己之物；只要和利益有關，兩種情況都
有可能出現。自由市場也許是人類社會有史以來最強大的工
具，但所有強大工具都像一把雙刃劍。

　　這表示人人都需要保護措施，這個道理每個用過電腦的人
都知道。電腦雖然為我們開啟了通往世界之門，但我們都知道
必須小心網路釣魚和各種電腦病毒，也都知道別人會寄電子郵
件給我們，要求我們做一些對自己不利、但對他們有利的事。
我們都知道這點，是因為我們也會做出同樣的事。我們知道電
腦很容易使人上癮，像網路遊戲和臉書等的種種誘惑可能教人
無法自拔。[1] 我們會因為一些好處的吸引，使自己置身於這些
負面事物當中，這就像某種形式的自由市場一樣，但只有真正
的傻瓜才會假裝一切都沒有壞處，或是不需要任何預防保護措
施。

　　相較之下，美國自 1980 年代以降，經濟發展的故事——
或許還是最具主導性的一個——總是自由市場對我們是有利
的，只要我們能夠自由選擇的話。至於有關前述的那些警告，
眾人總是在事情發生後才加以注意和討論，而不是在事前積極
防範弊端發生。

改革時代：舊故事

在美國歷史中，有一個時期相當特出，大約是從 1890 年到 1940 年，也就是所謂的「改革時代」（The Age of Reform）。這個時期出現了三次重要運動：一是 1890 年代由威廉‧詹寧斯‧布萊恩（William Jennings Bryan）領導的農民民粹運動；另一是 1900 年至 1920 年由老羅斯福總統發動的進步主義，支持「代表人民」的良善政府；第三則是小羅斯福總統的新政實驗。這些運動與目標都大不相同，但在改革時代結束時，美國民眾期待政府能夠扮演一個全新的、更多元化的角色，特別是在聯邦政府的層級，已與 1890 年代對政府的觀感截然不同。[2]

回顧第二次世界大戰後的年代，也就是已歷經改革洗禮的美國社會，我們會發現民眾都有一個共識，亦即政府必須制衡過度發展的自由市場。儘管當時共和黨和民主黨之間仍有歧見，但以美國內政而言，兩黨的差異可說是微不足道。共和黨的艾森豪（Dwight Eisenhower）總統，指派了同是共和黨人的厄爾‧華倫（Earl Warren）擔任首席大法官（兩人同屬共和黨只是巧合）。[3] 華倫做出許多翻轉美國歷史的判決，包括推翻美國最高法院之前的決議，裁定公立學校種族隔離違憲。阿肯色州州長歐佛‧福布斯（Orval Faubus）公然挑戰此一裁決，甚至動用國民警衛隊阻止黑人學生入學，艾森豪總統便下令美國陸軍部隊接管阿肯色州國民警衛隊，護送黑人學生進入學校。

此外，艾森豪總統也在任內修築了美國州際公路系統。儘管他
是共和黨人，只要人民有需求，他總是能夠超越黨派，利用政
府的力量幫助人民。

　　輪到民主黨的甘迺迪總統和詹森（Lyndon Johnson）總統
坐上白宮寶座後，則延續既有政策。甘迺迪總統利用凱因斯的
理論刺激經濟，也提倡民權法案。在他不幸遇刺身亡後，精通
國會議事程序的詹森總統，則以自身才能和總統聲望促進民權
法案通過；此外，詹森總統也開辦了聯邦醫療保險
（Medicare）。後來，再換共和黨人尼克森總統執政，改革的腳
步未曾減緩。尼克森總統推動國家環境保護局（Environmental
Protection Agency）的成立，同時大幅增加社會安全福利。[4] 不
管是共和黨執政或民主黨當家，我們可從美國的國家故事看到
政府角色的多元與多變。當然，政府做的並非盡善盡美，但這
不是我們討論的重點。根據改革時代最多人信服的美國故事，
政府的確可以在很多方面發揮效能，為人民服務。[5]

新故事

　　然而，另一個版本的故事漸漸流行：「危機當前，政府不
但無法解決我們的問題，問題就出在政府。」這是雷根第一次
當選總統時，在就職演說中發表的言論。這句話經常被引用，
只是省略了「危機當前」這幾個字，他陳述了美國的「新故
事」。[6] 一旦認為只要能夠自由選擇，市場就能夠完美運作，自

然就會相信政府就是問題所在，政府沒有資格干預。但由於外部性，加上所得分配不公和釣愚事件層出不窮，這個市場的運作確實是有缺陷的。在這種情況之下，政府當然可以有所作為，改革時代便足以證明政府是有效能的，可以為人民帶來真正的福祉；可惜的是，那已是「舊故事」。

新故事的謬誤在於，它描述的經濟和美國歷史的特質都是錯的。從包含改革時代在內的美國歷史軌跡來看，我們可以看到政府的活動層面變得更廣大，不斷地透過謹慎試誤，從痛苦經驗中汲取教訓，有許多施政方案和法律已經能夠符合人民的真正需要，例如社會安全制度、聯邦醫療保險、證券監管、存款保險、州際公路系統、濟貧方案、食品與藥物的監管、環境保護、汽車安全法規、抵押貸款反詐欺法、民權法案、性別平權等，而且這些只是其中一部分而已。在雷根總統發表就職演說時，美國已經奮鬥了將近一世紀，發展出能夠真正為民服務的政府體系。

宣稱政府就是問題所在的新故事，本身就是一種釣愚手法，這樣的訴求不管在過去或現在，似乎都讓人覺得很有道理。畢竟，對各種報導者來說，歌功頌德的正面故事不若揭露問題的爆料故事那麼好賣。記者如果一直報導「證交會員工是努力盡責的公僕」，大概很快就會沒飯可吃。所以，各種有關政府的新聞報導，大都是指出政府的過錯。再者，一般民眾對政府的施政計畫依賴日深，新聞對這些施政計畫的批判很容易引發大眾注意，尤其是沒做好的時候。

新故事思維的三個實例

在本書的論述中，我們以經濟理論為各章基礎，再佐以實例說明，我們也採用這個方法作結。在本章後續的段落中，我們將以三個實例來對比新舊故事中的經濟情況，這些實例顯示如果把試誤經驗得來的改革丟到一邊，新故事顯然刻意忽略了釣愚的角色。

社會安全制度與改革方案

我們曾經對很多人解釋過釣愚的概念，大多數的人都會提出這樣的問題：「那你們認為應該怎麼做才好？」，尤其是關於理財天后蘇西・歐曼提出的過度花費的問題。很多理財書都建議讀者要做預算、量入為出，而且要持續規劃。美國參議員伊莉莎白・華倫（Elizabeth Warren）和女兒艾蜜莉亞・泰吉（Amelia Tyagi），就提出一個基本原則，[7] 建議民眾將所得分成三等分：其中50％是生活必需品等「必要開支」，30％用來滿足欲望，剩下的20％則必須儲蓄，以備養老或不時之需。這種建議很合理，把「必要開支」先定義清楚，就可以避免過度花費；這個方法也讓人同時得以滿足欲望，偶爾可以買束鮮花或到餐廳吃個飯，小小增加一下生活樂趣。基本上，這兩人的建議跟歐曼的很像：只要嚴守預算，就不會為了錢煩憂。

　　小心執行預算是解決低儲蓄問題最直截了當的方法，可以
幫助人們累積財富。只是通往財富之門似乎經常被堵住，畢竟
就像人生中許多事一樣，小心執行預算這件事知易行難。美國
政府了解這種困難，除了為民眾開了一扇通往財富的正門，還
開了一扇後門，避免儲蓄過低的最差情況。美國社會福利制度
大幅減少年邁老人的貧困比率，美國民眾不必一個個親身嘗試
華倫和泰吉兩人提出的 20％退休儲蓄之道，社會安全制度有
更聰明的做法，亦即透過課稅（社會安全稅），幫民眾把錢存
起來——薪資所得的 6.2％，受雇者和雇主都必須繳納，目前
的上限是 11 萬 8,500 美元。[8] 社會安全制度會用這筆錢來支付
養老金，這套制度成效卓越。

　　1960 年代社會安全福利提升時，美國 65 歲以上老人的貧
窮率大幅下降，從 1959 年的 35.2％，下降到 1975 年的
15.3％。[9] 對 65 歲以上的美國老人而言，社會安全退休金是最
主要的非勞務所得。如果不計算勞務所得和其他政府津貼，例
如退伍軍人福利金等，在所得分配最低的 20％中，94％的所
得皆來自社會安全退休金。所得分配在最低 20％～40％的人
占 92％，最低 40％～60％的人占 82％，60％～80％的人占
57％，只有所得分配在最高 20％的人，非勞務收入不到一半
來自社會安全退休金。但即使是對所得最高的這群年長者來
說，雖然收入可能來自豐厚的退休金、年金、撫恤金或自己本
身非常富有，因此造成樣本偏差很大，但社會安全退休金平均

仍占 31％，不容小覷。[10] 如果沒有社會安全退休金，美國 65
歲以上老人的貧窮率，將從 9％直線上升為 44％。[11]

　　美國社會安全制度可有效減輕民眾因受引誘而過度花費的
問題，再加上聯邦醫療保險的實施，以及年屆 60 歲者房屋自
有率高達 80％，[12] 美國年長者大致上生活過得還算不錯，可以
偶爾買點禮物送給孫子。但這套因應低儲蓄問題的退休方案，
走的並非通往財富的大門，告訴民眾如何聰明花費。美國政府
居中幫了大忙，在這套方案之下，民眾即使沒有多少儲蓄，仍
能安度晚年。政府不是一直跟人民說教，要他們理財、做預
算、好好儲蓄，而是想了一個方法幫人民準備退休金。除了退
休金的問題，政府還能利用各種方案解決比低儲蓄更緊急的問
題，例如：總體經濟政策提倡充分就業，就能減少失業帶來的
衝擊；失業保險保障民眾在找下一份工作時生活較為輕鬆一
點；失能保險則為無法工作的人提供生活保障。

　　儘管大多數美國民眾的生活都依賴社會安全制度，令人驚
訝的是，居然有政治人物要挑戰這套制度。由於不少人被「新
故事」洗腦，懷疑政府的效能，因此認為社會安全退休金岌岌
可危。2004 年，小布希總統提議把一部分的社會安全計畫轉
為私有化，讓美國民眾有更多選擇的自由，受雇者可選擇從既
有 6.2％社會安全稅留下 4％存到自己的帳戶。[13] 如此一來，他
們就有錢投資政府認可的共同基金，在退休時就多了一筆基
金，但還是需要把留在帳戶的 4％還給政府，也就是當初用來

購買共同基金的錢。這麼做似乎很合理，可以選擇利用一部分的社會安全稅金來買基金，聽起來很好，不是嗎？這項提議還提出一個很有創意的做法，亦即退休者必須還給政府的4%社會安全稅，可從每個月領取的社會安全退休金中扣除，這就好比跟政府貸款一樣，貸款利率為3%加上通貨膨脹率。[14]

我們承認，這項提議訴諸選擇自由的確高招，但我們不得不直言，這種做法過於輕率、瘋狂。這麼做就像政府借錢給財務最差的一群人去炒股、買債券，而還款日期就從退休那一天開始，而且利息還不算低。筆者羅伯以美國股票與債券近一百年的報酬率進行模擬，了解這樣的退休金改革方案是否可行。[15]如果報酬不錯，這項方案當然是退休者的福音。如果股票收益確實反映出它們在美國過去一百年的投資績效，一個把所有錢用來買股票的投資者獲利將會不錯。但這涉及了兩個極端假設，根據模擬，如果投資組合包含股票和債券，甚至包括一些報酬率高的股票，平均獲利只有一點點，而且還有風險：以基本資產配置計畫而言（依生命週期調整持有股票和債券），發生虧損的時候占了32%。至於另一種關於股票收益更有可能的假設，以股票的投資報酬率而言，如果反映的是其他國家股市的表現，而非美國近一百年的情況，那麼投資的風險就更大：基本資產配置投資組合虧損的時候占了71%。如果投資組合完全是股票的話，發生虧損的時候占了33%，收益中位數變得很小。

　　小布希政府在第二任任期之初提出這項議案，因為不受美國人民歡迎，此案因此胎死腹中。十多年後的今天，這項提議似乎仍無法再度浮上檯面，但不管左派或右派都蠢蠢欲動。小布希的社會安全金私有化雖然失敗，當初力推這項計畫的眾議員保羅·萊恩（Paul Ryan），則打算對聯邦醫療保險動刀。他主張以私人醫療保險替代聯邦醫療保險，其中最重要的一點就是，2022 年後屆滿 65 歲的老人將無法使用原來聯邦醫療保險提供的服務，取而代之的是購買私人醫療保險的憑證。由於醫療保險憑證是隨物價指數變動，而非不斷飛漲的醫療費用，因此可以節省政府預算，但這種節約並非沒有後遺症。根據美國國會預算局的估算，到了 2030 年，一般人在 65 歲之後，必須自付醫療費用的 68％；如能繼續享有聯邦醫療保險，自費額僅占 25％。[16] 共和黨會提出這樣的預算計畫，大抵是基於新故事的邏輯思維，但這讓美國政府不再與人民站在同一陣線上。

證券監管：預算不足，成效不彰

　　翻閱美國報紙，充滿了種種政府預算危機的報導，隨便舉幾個例子來說，例如幼稚園到高中教育及高等教育的預算，還有基礎建設、司法制度、疾病控制與預防中心、科學研究和對抗全球暖化等的預算。其實，由於資源有限，必須妥善運用納稅人的錢，不管在任何領域都有一點預算危機。然而，目前預算危機不只是合理分配的問題，依據新故事的邏輯，政府本身就是問題，而非助力。各個政府機關無不為了保住預算使盡全力，正所謂泥菩薩過江自身難保，也就難以顧及人民的真正需求。

證券監管是政府最重要的職能之一，公司帳目和證券評等在妥善的監管之下，一般大眾才不致被錯誤訊息蒙蔽而遭受損失。我們在本書的序文中，曾經簡單介紹過經濟學家約翰‧肯尼斯‧高伯瑞（John Kenneth Galbraith）所說的「侵吞額」（the bezzle），亦即從侵吞行為開始到東窗事發為止，所累積的資產利益總和。在第 2 章 2008 年金融危機的相關討論中，我們看到次貸的非法鯨吞和資產市場的急凍引發全球金融風暴。有鑑於美國證券交易委員會有防範侵吞的重責大任，了解該委員會的預算是否也受到新故事的影響而減縮、致使監督效能不彰，這件事就變得特別重要。

只要簡單看一下證券交易委員會的預算，就知道這個部門的經費八成不足。2014 年，證交會審查了將近 50 兆美元的資產，本身的預算只有 14 億美元。[17] 換算一下，這表示接受監管的每 1 美元資產，政府投入的錢只不過比 0.0025 美分多那麼一丁點兒而已。我們直覺這樣的數目顯然太少了，於是拿了兩個例子來做比較。以美國銀行（Bank of America）而言，該行也受到證交會的監管，光是花在行銷上面的錢，就比證交會全部的預算來得多。[18] 其共同基金在每 1 美元資產上的花費平均為 1.02 美分，這也是證交會監管每 1 美元資產預算的四百倍。[19]

　　如果證交會捉襟見肘，應該會顯露一些徵兆。在第 2 章，我們看到證交會沒能妥善管理好衍生性金融商品和信評機構，乃至於釀成危機。此外，我們也發現了一些直接指標，例如紐約南區聯邦地區法院的法官傑德・拉克夫（Jed Rakoff），就駁回證交會與花旗集團（Citigroup）的和解案，認為和解條件太便宜花旗了，有違公眾利益。[20]拉克夫說，自 2008 年以降，由於證交會的預算不足，幾乎只起訴公司，起訴個人的案件非常罕見。[21]這是便宜行事的結果，因為起訴公司比起訴個人容易，但懲罰一家公司比較沒有嚇阻作用，因為罰金是由所有股東共同承擔，如果是個人遭到懲罰，就必須直接負責。

　　前納斯達克主席伯納德・馬多夫（Bernard Madoff）的案子，更讓我們了解到證交會的運作及預算不足的後果。大家現在都知道馬多夫是個超級大騙子，引誘許多富有的投資人落入龐氏騙局 * 的陷阱。投資人每個月都會收到馬多夫寄來的對帳單，通知他們投資資產的價值又增加了多少，每個月都會有驚人的收益。麻州惠特曼（Whitman）一位投資量化分析師哈利・馬可波羅斯（Harry Markopolos）追蹤馬多夫的基金表現，向證交會波士頓地區辦事處檢舉。馬可波羅斯表示，馬多夫的基

---

* 龐式騙局（Ponzi scheme）即非法吸金，也就是一般俗稱的「老鼠會」，透過不斷加入的新成員來賺錢，名稱來自美國義大利移民查爾斯・龐茲（Charles Ponzi）。

金報酬率一直都很高，每個月都在1％到2％之間，有違金融
常理。[22] 馬多夫辯說，這是因為他採取「領子期權」（collar）
策略，買入看跌期權、賣出看漲期權，因此能夠締造神奇的投
資報酬率。[23] 雖然這種投資策略可以帶來穩健收益，但馬可波
羅斯計算過，成本過於昂貴，無法像馬多夫那樣定期支付高報
酬給投資人。由此更可推斷是一場龐式騙局，因為要執行這樣
的策略，馬多夫必須達成的期權買賣總量，已經超過美國市場
的整體交易量。[24]

儘管馬可波羅斯的推測與指控很有道理，證交會卻來個相
應不理。馬可波羅斯第一次向證交會波士頓辦事處檢舉是在
2000年和2001年，結果石沉大海。[25] 但他鍥而不捨，繼續向
證交會紐約辦事處投訴，而由於馬多夫居住在該辦事處的管轄
範圍內，證交會終於在2005年11月展開調查。該辦事處的主
管梅根·張（Meaghan Cheung）與調查官席夢娜·蘇（Simona
Suh）負責此案，[26] 但這兩位和指派這樁案件的朵瑞雅·巴肯
海默（Doria Bachenheimer）反而相信馬多夫，懷疑馬可波羅
斯指控不實。三人都認為，馬可波羅斯因為私利才會檢舉馬多
夫，巴肯海默甚至直白表示：馬可波羅斯是「賞金獵人」。[27]

在投資量化分析師馬可波羅斯和調查此案的證交會團隊之
間，明顯存有文化上的差異。巴肯海默認為，馬可波羅斯的檢
舉只是「理論」，而且從法律的觀點來看，他也不能算是「吹
哨者」，因為他並不是馬多夫公司裡的內部人員，可在法庭上

作證。[28] 原本就為此感到憤怒的馬可波羅斯，在與梅根・張的一通電話中表示自己對證交會的評價很低，甚至出言侮辱了梅根・張，更是對整件案情沒有幫助。[29] 等到馬多夫終於來到證交會接受調查時，負責此案的梅根・張和席夢娜・蘇早就準備好上鉤了，果真也被這位謊言教父唬得團團轉，結論是查無不法，不久就結案了。

在此，我們關注的焦點並非馬多夫一案細節，而是一個更大的問題，也就是證交會因為預算不足，導致監管職能不彰的問題。儘管證交會紐約辦事處的官員犯了錯，他們還是盡心盡力，在乎證交會及其任務。[30] 可惜的是，調查團隊並不了解馬可波羅斯的投訴或動機，如果團隊中有金融背景強一點的人，應該就不會誤解馬可波羅斯了。此外，根據新故事的思維，美國民眾對官方監管人員不夠敬重，監管人員的薪資和工作量不成比例，也導致監理機關的工作人員士氣低落，否則證交會對馬可波羅斯的投訴也許會有不同的態度。我們無法知道如果證交會的經費充裕一些，會不會有不同結果，只知道馬多夫調查案進行得差強人意，畢竟「一分錢，一分貨」，0.0025 美分能辦多少事？由於新故事強調「政府本身就是問題」，不只證交會捉襟見肘，其他政府機構也有經費遭到縮減、左支右絀的問題。

聯合公民

第三個例子來自政治領域，我們已在第 5 章看過利益團體如何利用金錢當作釣餌獲得選票，進而影響美國選舉。實施超過一百年的聯邦競選法，就是為了阻止這種問題。1907 年通過的《提爾曼法案》（Tillman Act），禁止銀行和企業直接捐款給候選人。《1974 年聯邦競選法修正案》（Federal Elections Campaign Act Amendments of 1974）設立了聯邦選舉委員會，限制個人捐款給候選人和政黨的金額，同時對選舉開支設限。

然而，不久利益團體便發現，可以透過像政治行動委員會這樣的「政治夥伴」捐款給候選人，巧妙迴避聯邦競選法的規範。即使沒有任何直接捐款，政治行動委員會也能影響選情，於是問題便來了：如何控制政治行動委員會等「利益夥伴」，而不違反憲法對言論自由的保障？經過多年角力，美國國會終於在 2002 年提出了一項妥協方案：《跨黨派競選改革法》（Bipartisan Campaign Reform Act），由於此案是由參議員約翰・馬侃（John McCain）和羅斯・芬古德（Russ Feingold）發起的，所以又稱為《馬侃－芬古德法案》（McCain-Feingold Act）。[31]這項法案中有許多重要規定，其中一項就是在初選前三十天及大選前六十天，任何企業、工會和非營利組織，都不得出資播放任何提及候選人姓名的廣告。

2007 年，非營利政治組織聯合公民（Citizens United）決定挑戰這項規定，該組織為了攻擊希拉蕊・柯林頓（Hillary

Clinton），拍攝了名為《希拉蕊》（*Hillary: The Movie*）的紀錄片，計劃透過有線電視台播放。觀眾可以隨選免費收看，但為了播放此片，聯合公民必須支付 120 萬美元給有線電視台。聯合公民請求聯邦選舉委員會裁定，此片若在 2008 年初選期間播放，由於希拉蕊將參選，是否符合《馬侃－芬古德法案》？聯邦選舉委員會判定不可播放，聯合公民便提出訴訟，控告聯邦選舉委員會違反憲法保障的言論自由。結果敗訴，聯合公民便上訴到美國最高法院。[32]

　　由於《希拉蕊》一片的播放管道並不多，本來爭議很容易解決，但最高法院仍以《美國憲法第一修正案》保障言論自由做為依據，判決聯合公民獲得勝訴。[33]九位最高法院大法官最後的判決結果為五比四，這樣的結果反映了新故事的思維，也疏忽了對釣愚行徑的防備。筆者二人認為，言論自由就像自由市場一樣，兩者都是經濟繁榮之鑰，而且言論自由對民主來說特別重要。但正如釣愚在自由市場讓許多人上當，言論自由也有弊害，必須透過規範保留有用的，去除偏頗、異常的。任何主持過會議的人都知道，即使是在最民主的城鎮，一樣必須按照議事規則開會。美國國會歷經一連串的試誤，從《提爾曼法案》至今設下一些這類選舉規則。

　　撰寫此案多數意見書的大法官是安東尼・甘迺迪（Anthony Kennedy），其他持贊同意見的大法官有約翰・羅勃茲（John Roberts）、安東寧・史卡利亞（Antonin Scalia）、克拉倫斯・湯瑪斯（Clarence Thomas）和塞繆爾‧阿利托（Samuel Alito）。
多數意見不認為言論自由有個人和企業之分，也不認為言論自
由需要規則約束。從意見書上的一段陳述可見判決依據：「如
果政府剝奪了某些人的言論自由，讓其他人享有言論自由，弱
勢個人或階級就無法利用言論自由的權利，來建立價值、表達
立場，並且獲得相對應的重視與尊敬。政府不可剝奪公眾權
利，自行決定人民要聽什麼樣的言論或聽何人講述。《美國憲
法第一修正案》保障言論自由與表達者的權利，以及這兩者所
傳達的思想概念。」[34]

　　但釣愚理論告訴我們，甘迺迪大法官的論點也有漏洞：言
論自由並不是絕對的，就像任何英國人民都能在海德公園的
「演說者之角」（Speaker's Corner, Hyde Park）高談闊論，再荒
誕不經的話都無妨，就是不能在那裡大聲播放音樂。甘迺迪大
法官似乎把言論當作一種訊息的傳布，並未考慮到說服的效應
與釣愚的問題。他在意見書前面的篇幅論道：「言論自由是民
主最重要的機制，可使官員對人民負責。公民擁有查詢、聽
取、表達和使用資訊的權利以達成特定共識，這是開明自治的
先決條件，也是保護民主的必要手段。」[35]筆者二人當然同意
這樣的論點，但甘迺迪大法官沒有特別說明的，對這件案子也
同樣重要。言論自由是一種說服他人的好方法，如果民眾很好
釣，透過言論自由可以說服眾人採取對「我們」有利的行動，
而不是對「他們」真正有益的行動。

　　正如負責撰寫不同意見書的大法官約翰・保羅・史蒂文斯（John Paul Stevens）所言，企業和個人當然是不同的，這是常識。他很遺憾，多數意見顯然並未考慮競選操作的問題。釣愚不只是新故事的一部分，史蒂文斯提醒法庭，已有證據顯示企業（及工會）通常有求於國會議員，而他們回報的方式之一就是幫這些議員抹黑對手。議員只要打正面廣告就好了，不會被捲入是非之中，但企業或工會會安靜地通知議員，確定他知道他們為他做了什麼事。議員表示銘感五內，繼續裝作置身事外。[36] 史蒂文斯評論：「這種貪腐對民主社會造成的破壞比賄賂更甚，可惜多數意見對貪腐的理解十分狹隘，致使立法者幾乎不能防止一些濫權事件。」[37]

　　以擴音機做為比喻，我們必須限制擴音機的使用，以免擁有資源的人占盡優勢、強力放送，淹沒了其他人的聲音。我們在第 5 章看過，葛雷斯利與史莫爾在 2004 年的選戰，就是一場實力懸殊的比賽，葛雷斯利挾其強大財力，在電視廣告上占盡優勢。聯合公民一案的判決結果，印證在政治領域以新故事思維取代舊故事為民主社會帶來的危險。這項以新故事思維為基礎的判決結果，忽略了釣愚的問題，少了戒心就容易掉進陷阱之中。

　　哈佛法學院教授勞倫斯・雷席格（Lawrence Lessig）提出一項折衷方案，建議聯邦政府發給每個美國公民等同 50 美元的代金券，讓民眾得以捐款給自己支持的候選人。此外，選民也可以自掏腰包捐 100 美元給任何一位候選人，但接受這類捐款的候選人必須放棄其他政治獻金來源，包括政治行動委員會的補助金等。[38] 雷席格估計，如此一來，每年的選舉成本約為 30 億美元。[39] 有鑑於我們先前看到的民主扭曲，這招也許能收撥亂反正之效，是相當划算之舉，而國會議員的真正工作將不再是打電話募款，可以回歸到追求人民的福祉上。

結論：不能只看光明面

本章討論的三個例子，從社會安全改革法案、證券監管到選舉獻金法，涉及本書討論的各個主題，也凸顯用正確角度闡述國家故事的重要性。新故事思維滲透到美國國家政策的各個層面，包括政府與家戶的關係（社會安全制度）、金融與失察的關係（證券監管），以及政治制度與選舉的關係（選舉獻金法）。從一個又一個實例來看，新故事陳述的事實只有一半，自由市場讓人們自由選擇，但也讓人們自由欺騙別人、釣人上鉤，忽略這些事實將種下禍根。

我們透過美國的視角，在本書引用了很多美國的例子，證明故事、尤其是國家故事的確很重要。當然，釣愚不只是美國現象，全球各地都有詐騙情事。一個機能正常的國家故事，需要對經濟及政治等各面向如何良好運作擁有正確的詮釋。我們不能只看市場和民主的光明面，也必須顧及黑暗面，其中包含釣愚這件事。

後記
釣愚均衡的意義

　　本書舉出一個又一個釣愚實例，有些讀者必然會出現這樣的疑問：與目前的經濟學相較，本書提出了哪些新觀點？所有經濟學家不是早就知道釣愚了嗎？確實如此，經濟學家看到釣愚的情況會知道，也了解成因為何，但關於自由市場的傳統認知是否能給我們直覺，讓我們知道釣愚在何時發生、如何發生？答案是否定的。[1]

　　大多數國家已學會尊敬自由市場，理應如此，因為自由市場為人類社會帶來高水準的生活。我們從經濟學了解，競爭激烈的市場很有「效能」，是基於這樣的假設：在均衡的情況下，個人福祉不可能獲得改善，除非另一個人的利益遭受犧牲。簡單來說，儘管經濟學描述自由競爭的市場運作「良好」，但還有一些問題尚待解決，例如外部性和所得分配不公等，這些問題可以透過最小的干預手段獲得解決，像是適當課稅與補助等。

　　但我們採取一個較為宏觀的不同角度看待人類和市場，在本書的論述當中，處處可見這個立場。我們無意反駁經濟學教科書所述的自由市場優點，各位只要閉上眼睛神遊：從中國到北韓，再越過疆界到南韓，就會知道為什麼了。儘管如此，我們對自由市場的歌頌也別過了頭。自由市場雖然有一些問題，只要處理妥當，還是一套運作良好的系統，就像教科書描述的一樣。但每個人總有弱點，我們經常會面臨資訊不足的窘況，有時真的不知道自己想要什麼。由於我們天生具有這樣的弱點，很容易就會上當。或許這就是人性，但經濟學教科書上抽象的「個人」卻不是如此。如果人類並不完美，競爭激烈的自由市場，就不只是供給我們需求、滿足我們欲望的場域，也是釣愚的所在，而世人將陷入釣愚均衡之中。

筆者曾與一位友人／同事激辯許久，就是因為這種觀點上的差異。這位友人同意聽我們闡述釣愚理論，也很快就切入本章提出的問題：任何一個經濟學家，不管張三或李四，不是早就知道這個道理？我們解釋，我們寫這本書，是從人類有弱點的角度來檢視市場的角色，因此市場的效能沒有那麼好，有弱點的人類很容易上當受騙。他說我們錯了，如何能將病態與標準經濟學混為一談？

相對於當今的經濟學，這正是本書的重點所在。我們認為，不能只是用「標準」的心智架構去設想市場的最佳運作，把所有的經濟病態歸因於外部性與所得分配的問題。我們相信，經濟學比傳統觀點要來得複雜、有趣，像前述這樣把經濟健康與病態清楚劃分出一條界線，不只過於馬虎、乖謬，而且會導致嚴重後果。為什麼？因為這種觀點使現代經濟學難以揪出各種騙局和詭計，並且刻意無視一般人過於天真、容易上當。

今天，經濟學家回顧 2008 年金融風暴，有些人也許會問這個問題：為什麼？我們不只問為什麼會發生這種事（我們現在大致上了解），也自問為什麼身為經濟學家的我們，沒有幾個人預見這場危機？[2] 如果用 Google 學術搜尋引擎（Google Scholar），搜尋關於金融（finance）與經濟學（economics）的研究報告和專書，你可以找到超過 225 萬個條目。[3] 這當然不是說世界上的經濟學家無限多，但肯定可以找到足夠的研究報告，了解為何美國國家金融服務公司（Countrywide Financial）、華盛頓互惠銀行（WaMu）、印地麥克銀行（IndyMac Bank）或雷曼兄弟等機構會一個個垮台。我們早該識破他們推銷不動產抵押證券和信用違約交換業務是在玩什麼把戲，我們也該預見歐元會變得疲軟。

我們相信，2008 年金融危機對所有人來說有如一記當頭棒喝，這才知道經濟學家長久以來一直忽略欺詐在市場運作的角色。我們已經指出問題所在：這是因為經濟學家對市場的了解，總是把欺詐排除在外。正如我們的朋友說的，這樣的病態主要歸因於外部性，但這種看法未能認清競爭激烈的市場本質上很容易產生欺詐，而追逐利益的動機同時也讓我們繁榮。如果經濟學家把自由市場視為一把雙刃劍，積極防範它的負面影響，必然能看出衍生性金融商品、不動產抵押證券或主權債務是禍根；如此一來，向世人示警的經濟學家就不會只是少數幾個人。

向癌宣戰的挫敗

身兼癌症研究員的辛達塔・穆克吉（Siddhartha Mukherjee）醫師在《萬病之王》（*The Emperor of All Maladies*）一書中，描述癌症分析與治療也有類似的錯誤。[4] 若用經濟學的術語來說，就是有些疾病歸因於外部性，源於外來的細菌或病毒；一般而言，大多數的病症都好對付，可用藥物或疫苗殲滅這些外來的入侵者。就這個外部性的比喻，在經濟學中，「疾病」就是對站下風處吸二手菸的人造成的傷害，而解方就是對香菸徵稅。

但穆克吉醫師表示，癌症並非病毒或細菌等外來入侵者造成的，而是源於身體原本的健康生理機制。癌症是我們本身的細胞突變造成的，身體的健康細胞有防禦能力，可以抵擋細菌或病毒的攻擊，突變細胞也有這樣的能力。癌症的發生並非由於身體的防禦系統不夠好，以惡性腫瘤的發生來說，是身體的防禦系統太好了，腫瘤細胞過於強韌，不容易被摧毀，拒絕凋亡。癌症根源存於我們的正常生理機能，當細胞發生多次突變就導致癌症。釣愚也是如此，釣愚源於市場的正常運作，每個人都相當成熟、世故，但由於一些人容易上當，被另一些人欺騙，因此導致釣愚的情況出現。

1970 年代，「向癌宣戰」（War on Cancer）的提倡者，成功號召了全美人士共同投入這場戰役，矢志「征服癌症」。[5] 1971 年通過《國家癌症法案》（National Cancer Act of 1971），美國聯邦政府隨即大幅增加癌症研究的預算。我們可能會認為抗癌經費增加是好事，但穆克吉醫師認為「向癌宣戰」是個錯誤，想要找到一個快速、簡便的療法，反而容易忽略真正的問題。如果癌症的根源很簡單，例如是病毒造成的，才可能有速效的療法。[6] 由於世人把癌症的根源看得太簡單了，就無法發現癌症的本質。唯有深入了解癌症的真正成因，才能大幅降低癌症的致死率：癌症其實是突變的結果，癌細胞的自我防禦能力，正是身體健康防禦的延伸。

我們認為，經濟學家對市場的看法一樣過於簡單。標準經濟學也許可以假裝經濟病態只是外部性造成的，但在自由市場衍生的種種釣愚現象並非源於外部性，而是競爭市場自然運作產生的。如果人人全然理性，追求利益的動機可為我們帶來健康、良善的經濟，但在同樣的動機之下，也會產生釣愚的經濟病態。

本書之前的釣愚研究

釣愚理論當然有前例可循，透過 Google 學術搜尋引擎搜尋，約有超過 20 萬篇論文探討精明／天真與知情／不知情的差別，我們將在接下來幾個段落介紹一些比較具有代表性的文章。在這類文章中，就像我們在本書舉的實例，會以特殊方式結合精明者與天真者，有時是透過焦點陳述，但通常是透過插花的方式，彰顯天真者或不知情者經常遭到精明者或知情者的利用。

這裡要舉的第一個例子，就是我們曾在導論中提過的健身俱樂部繳費選擇的研究。兩位作者德拉維尼亞和馬曼迪爾發現，這些合約的共同特點就是：簽約容易，取消難。他們在模型中描述健身俱樂部的策略，就在於利用顧客的「當下偏差」（present bias）心理──看重當下利益，低估長遠利益。[7] 簡單來說，就是顧客把重點都放在當下的選擇上，導致原本可在今天完成的事延遲到明天，但是當明天到來，它又變成當下，所以又再次拖過了一天。大家都知道運動有益身心，因此興沖沖加入健身俱樂部，但是往往只有三分鐘的熱度，後來就懶得去了，或是決定明天再去。健身俱樂部就是看準了很多顧客都有這樣的心態。

賽維爾・加貝克斯（Xavier Gabaix）與大衛・雷伯松（David Laibson）則是製造了另一個方法，讓賣家得以占買家的便宜，因為產品的某些特點難以分辨，只有賣方知道。[8] 他們使用的術語是，這些產品特點被「隱藏」（shrouded）了。他們含蓄地問：如果餐廳顧客不知道昂貴的印度香米和班叔叔（Uncle

Ben's）的米有什麼不同，餐廳老闆會供應哪種米？基於獲利動機，老闆自然會選擇比較便宜的米。

有關產品的隱藏特點，兩人提出一個非常具有代表性的案例：噴墨印表機。消費者通常只會注意印表機的價格，忽略墨水匣的價格，而墨水匣的價格平均約為印表機的三分之二。[9]購買印表機的相關成本不只是印表機而已，它包含了列印文件的所有費用，還必須加上墨水匣的價格。一項針對惠普（Hewlett-Packard）某個型號噴墨印表機的消費者所做的調查結果顯示，只有3％的受測者回答：在購買印表機時已經知道墨水匣的價格。[10]這絕非巧合，加貝克斯和雷伯松的研究顯示，對印表機購買者來說，印表機的價格是考慮要項，很容易在網路上找到，但是要查墨水價格就沒有那麼容易了，可見印表機製造商刻意隱藏這點。[11]從調查的證據來看，對製造商而言，這的確是個成功的銷售手法。[12]

筆者羅伯進行了另一項實驗來印證產品的隱藏特點，他看了電視廣告買美味貓食給愛貓「閃電」吃。廣告中的貓咪總是神采奕奕地衝到裝滿貓食的碗前面，看起來很開心，但真的好吃嗎？羅伯決定親自嘗試。廣告口味聽起來對人類很有吸引力的，諸如火雞、鮪魚、鴨肉、羊肉等口味，似乎不是那麼一回事。這裡顯然出現了加貝克斯和雷伯松兩人所謂的產品隱藏特點，但我們也得承認這不是決定性的試驗，如果閃電會開口說話，我們就有比較明確的答案了。[13]

在金融世界，也有許多傻瓜被騙子引誘上鉤，正因騙子掌握比較多的訊息。單純的金融經濟學得到的結論常是錯的，基本論述主張股票價格是根據其「基本面價值」而定，亦即股票價格等於未來預期股利按照適當年收益率（如股息和股票回購等）折現的現值，但若真是如此，股票價格的波動就不會那麼大。[14] 再者，金融市場可說光怪陸離，例如股市交易量為何那麼大？股民持有股票的平均時間為何那麼短……等，所以真相不可能那麼單純。

大多數（並非全部）的金融經濟學家，都承認這個單純的股市模型有嚴重缺失，因此改為假設股市（或其他資產市場）由兩種人構成。[15] 其中一種就是「知情」的交易者，也就是真正了解股市的人，他們是大無畏的人，根據理論，如果股市由這些人主導，股價就能反應其「基本」價值。但故事中還有另外一種人，他們是「不知情」的交易者，根本不了解那些基本要素；金融學家稱為「雜音交易者」（noise traders），因為他們買賣股票並非根據股票的基本價值，而是依據沒有道理可循的「雜音」。關於這種人，最好的例子就是1990年代末期網路泡沫化前狂買網路股的那群人。[16] 很多研究雜音交易的報告指出，很多「異常」的股價都導因於這種交易，包括股票相對報酬率高於債券，以及股價變異性相對高於其基本面狀況等。[17]

雜音交易的檢驗一直是一個成功的研究典範，在數學模型中，釣愚的確存在，因為掌握訊息的精明投資人會利用雜音交易者。研究人員甚至已透過這樣的模型，得出知情與不知情交易者個別的獲利公式。[18] 總而言之，這些來自經濟與金融的例子，凸顯天真與精明、知情與不知情的對比，精明／知情者的表現總是勝過天真／不知情者，不管這種事例在哪裡發生，都是釣愚。

本書提出的新觀點

如果行為經濟學與金融學已經有很多關於天真和不知情者的討論，我們兩個為什麼還要寫一本書來探討這個問題？或許你會覺得這本書沒什麼新鮮事，若是如此，我們還是希望你覺得看這本書很有趣，也喜歡其中的故事。不過，我們真心希望為各位新增了一種觀點，接下來我們將以三種方式呈現我們的觀點，解說它和當今經濟學相比較為新穎的地方。

均衡在競爭市場扮演的角色

我們首先關注的，是行為經濟學在經濟學的地位。正如導論所言，經濟學家的思想基礎源於亞當・斯密。以亞當・斯密筆下的肉販、釀酒人和麵包師傅來說，他們彼此競爭回應消費者的需求，根據消費者願意支付的價格來決定供應。這樣的體系會自動達成均衡，如果不均衡就有套利的機會，自然會有人利用這種機會。正如「自然憎惡空無」，經濟體系也厭惡可獲利的機會被白白浪費。以本書導論討論過的肉桂捲例子而言，如果機場或超市沒有販賣肉桂捲的櫃位，很快就會有人設櫃。

近兩個半世紀以來，這種強調均衡的經濟思維，一直是經濟學思想的中樞神經系統。然而，行為經濟學似乎偏離了這樣的主流思想（後面我們也會討論金融的部分。）我們從德拉維尼亞／馬曼迪爾與加貝克斯／雷伯松這兩組研究人員的例子可以看出，依現在學術期刊報告的寫作要求，他們的模型和例子都很特殊。從德拉維尼亞與馬曼迪爾研究的健身俱樂部會員行為來看，入會者經常受到當下偏差心理的影響。加貝克斯和雷伯松提出的產品隱藏特點的市場模型也很特殊，他們提供一個除了基本產品也包含附加產品的供需模型，讓我們了解有些消費者很精明、有些則比較短視近利，廠商會決定是否隱藏附加價格。[19] 根據經濟學期刊文章的標準，這些研究報告證明釣愚確實存在，報告提出的模型與實例讓人無可否認釣愚事例，但這麼做也是有代價的：釣愚在現實世界的通行，並未被妥善傳達。

這就是我們寫這本書的原因，把釣愚放在亞當‧斯密的均衡架構之中，成為所有經濟學家可以參考的通則。這樣的通則使我們了解：釣愚行為其實無所不在，難以避免。再回到經濟學家為何不能預知金融危機發生的問題，如果我們一直了解釣愚是一種普遍現象，只要人們有資訊不足或心理弱點，就會被人利用、藉以圖利，經濟學家應該早就預期或發現導致金融危機的釣愚跡象。

「顯示性偏好」的問題

既然行為經濟學和行為金融學對偏誤及市場有特殊描述，為什麼沒能掌握釣愚的普遍性？標準經濟學總是認為人們所做的選擇，是為了將自身利益最大化，這種假設還有一個很有派頭的名稱：「顯示性偏好」（revealed preferences），也就是人們會藉由選擇增進自身利益。[20] 問題是，我們先前提過，人們真正想要什麼（有利於他們的），和人們認為自己想要什麼（被肩上那隻猴子操縱），兩者有所不同。行為經濟學的特質，包含各種心理偏差（如當下偏差）和市場情況的特殊（如壟斷競爭），更凸顯前述兩者的差異並非常態，必須根據個案各別研究，但是都算「特例」。儘管行為經濟學並非有意傳播這樣的訊息，在無意間還是透露這樣的含意。

因此，大多數經濟學家還是認為人們的選擇反映出自身真正需求，不理性的選擇比較少。這種觀點與至少在已開發國家觀察到的情況一致，大多數的人都藉由選擇滿足基本需求。這可能會使我們相信，對我們真正有益的「帕雷多最優化」與肩上猴子的「帕雷多最優化」，兩者的差異並不重要。儘管我們在簽訂健身俱樂部的入會合約或購買印表機墨水匣的時候，這種差異確實浮現，但這些都是「特例」，「顯示性偏好」在大多數時候都是正確的。

然而，如果我們廣泛地來看釣愚這件事，就會發現這種令人討厭的事，並非偶爾才出現，根本處處可見。它不只影響到我們很多決定，在某些時候，它對我們本身的利益衝擊甚大。我們在本書精心挑選的例子，不只顯示釣愚可能存在，它其實無所不在，對我們的經濟生活具有全面影響。釣愚挑戰傳統經濟學（非行為經濟學）的直覺，亦即我們總是依據自身利益來做選擇，釣愚並未構成什麼影響。

我們把釣愚帶入一般均衡（general equilibrium）之中，考慮肩上的猴子對我們的影響，超越了目前的行為經濟學，指出一項對任何用一般均衡理論思考的人都再自然不過的事實，這樣的思維會考慮釣愚的不可避免性。再一次，讓我們回到我們「最愛的範例」中：在一般均衡的架構下，如果在機場設櫃賣肉桂捲可以獲利，即使現在沒有這樣的櫃位，遲早會出現。所以，如果我們有弱點、可能上鉤，自然會出現釣愚的人在那裡等我們上鉤。就像麵包師傅、釀酒人和肉販會在那裡，如果我們有錢可以買他們供應的麵包、啤酒和肉，騙子也會在那裡準備釣愚。

故事的移植

對於行為經濟學，釣愚還有更進一步的貢獻。目前行為經濟學的主流，是基於心理學家的實驗證據。就我們所見，人們會做出一些不合理的決定，是因為他們被肩上的猴子操控思想，而不是以自己真正的需求為根據。對此，心理學家已列出一長串的異常動機。

我們同意，人類都有清單上列出的這些心理偏差，但本書的主要目的除了提出釣愚均衡的概念，更以較廣泛的立場來看待這些偏差。如第一章蘇西‧歐曼相關段落討論的，經濟學家會假設消費者有什麼樣的行為，例如做預算很痛苦等，然後心理學家和行為經濟學家根據線索，推斷一個人所做的決定是根據某種模式，例如席爾迪尼列出的六種心理弱點等。正如經濟學家會為做決定的人想出種種可能的「限制」，心理學家也是，他們已列出種種的非理性行為。但依我們所見（對大多數社會學家和人類學家也是如此），這樣的清單是有問題的。或許人類有些行為源於清單上列出的心理偏差，但也可能不是如此。經濟學家、心理學家和社會學家的想法應該更具包容性，應該更妥善、全面考慮人們在做決定時的所有可能思維，不管是出於意識或潛意識的層面。

因此，我們依循社會學家與文化人類學家的做法，找到一個用以描述人類做決定的廣泛心智架構。在本書的後半部，我們逐漸採用這種新觀點來論述釣愚，同時逐漸捨棄行為經濟學家的行為偏誤清單；這個方法具有包容性，不僅包含失常決定背後的心理偏誤，但探討的角度更為寬廣一點。我們從人們做決定的心智架構發現了一項通則，稱為「人們說給自己聽的故事」。這提供了進一步的優勢，讓我們清楚看到大多數的釣愚事例是怎麼發生的。所謂「釣愚」，就是使人做出有利於釣者、而非本人的決定。由於我們的決定通常是依據當下所處情境告訴自己的故事，這能夠使我們更了解動機，也因此了解大多數的釣愚是如何發生的。

如此一來，我們也為經濟學增添了一個新的變數：人們對自己述說的故事。由於這些故事很容易被操縱，因此人們所做的決定不一定有利於自己這點，也就十分容易理解。只要能夠成功改變人們的注意焦點，就能改變他們所做的決定。

切莫自愚愚人

總而言之，本書也許不算是「新經濟學」。如果我們企圖重塑經濟學，可能不倫不類，也難以令人信服，無論如何這並非我們的目的。我們希望從釣愚的探討，得出與傳統經濟學完全不同的結論：擁抱自由市場的現代經濟，讓已開發國家的人民過著高水準的生活，這是我們之前所有世代都夢想不到的，但我們切莫自愚愚人，因為這樣的現代經濟也帶來釣愚，使我們受害。

謝辭

　　這本書探討的是操縱和欺騙，但我們也必須承認和強調這個世界的善事有很多，充滿了像第 11 章描述的英雄。本書能夠問世，正是許多慷慨英雄共同努力的成果。

　　在即將寫完這本書的此刻，最大的樂趣就是撰寫這篇謝辭，我們衷心感謝所有為本書貢獻的人。在寫作的過程中，筆者二人並非成天在房裡坐著，為了下一句要寫什麼搜索枯腸。反之，書中的理念和成形的過程，大抵源於我們和經濟學研究社群友人的討論，再加上優秀的研究助理給我們的協助。所以，我們首先要感謝同儕，他們的基本理念給了我們很多啟發。

　　我們第一個要感謝的，就是經濟學家保羅·羅默（Paul Romer）。他和筆者喬治共同發表〈掠奪：破產圖利的經濟黑暗世界〉（"Looting: The Economic Underworld of Bankruptcy for Profit"），本書討論儲貸協會危機與垃圾債券的第 9 章和第 10 章主要源於此文，我們非常感謝羅默讓我們援引這篇論文。

本書論及故事的主題，大抵出自喬治與瑞秋·克蘭頓（Rachel Kranton）合著的《認同經濟學》（*Identity Economics*）。該書闡述人們告訴自己的故事，包括自己是誰、應該做什麼、不該做什麼等，這些故事就是人們行事的動機。羅伯在論述資產市場的專著《葛林史班的非理性繁榮》（*Irrational Exuberance*）中，也發現「故事」在金融危機的角色。因此，本書的敘事角色——也許是這本書最重要的精華——融合了前述兩種思考路數；筆者在此要特別感謝克蘭頓。此外，我們也非常感謝童暉。關於以訊息為基礎的釣愚均衡，主要來自他和喬治共同發表的一篇報告〈檸檬市場與訊息不對等〉（"Lemons with Naïveté"），多年來我們進行的釣愚研討會，就是以這篇研究報告為基礎。

我們要特別向馬克辛·博義柯（Maxim Boycko）致謝。博義柯是羅伯1989年去莫斯科參加美國全國經濟研究所（National Bureau of Economic Research）與蘇聯世界經濟和國際關係研究所（USSR IMEMO）共同舉行的會議認識的，之後羅伯在公眾態度與市場的關係、比較經濟學及社會規範與態度對市場運作的影響等研究，都是和博義柯共同進行。

2012年秋季，本書的初稿到了一個段落，羅伯提議找幾位研究助理來幫忙。他在學校張貼啟事，前來應徵的學生多達約八十位。錄取的三位耶魯大學部學生，等於是本書最重要的支柱，不只擔任我們的研究助理，也和普林斯頓大學出版社的彼得‧道爾堤（Peter Dougherty）一起負責編輯工作。我們不只一次請這幾位為本書的各部分評分，不只針對每一章、一小節，也對每一段評分。他們幫每一章、每一段打的成績不一定是最高的，尤其考量到分數膨脹的現代標準，但他們耐心解釋為何有些章節或段落並未得到高分。透過和他們不斷討論，筆者因而得以有所突破，這三位研究助理實在非常優秀。

維多莉亞‧布勒（Victoria Buhler）在加入這個團隊的時候還只是個大三生，但她在耶魯班上寫的一篇文章讓大衛‧布魯克斯（David Brooks）在《紐約時報》（*The New York Times*）專欄上稱道。布勒大學畢業後前往劍橋深造，也繼續幫忙《釣愚》這本書。那一年，因為羅伯獲得諾貝爾獎，至少有幾個月忙得不可開交，幸好布勒即時填補了這個空缺。她對國際政治非常感興趣，著實才華洋溢，乃至於喬治在寫給她的一封電子郵件開頭說：「『當』妳當上國務卿……」，而不是用「如果」的假設語氣。

戴安娜‧李（Diana Li）也是最初投身這項計畫的研究助理。我們發現，不管問她任何問題、交給她任何事情，她都能夠完成，後來連我們都不好意思，擔心要求她做的事情太多了。她是耶魯的辯論好手，為《耶魯每日新聞》（*Yale Daily News*）撰寫市政新聞，是主修經濟學的學生。有一天，她告訴我們，她要去馬來西亞參加世界辯論冠軍賽。不管她做什麼，都抱著使命必達的決心；她為本書的付出，每位讀者應當都能從中獲益。她是個訪談高手,為本書進行的訪談計畫,總是令我們拍案叫絕。有一次,時尚雜誌《魅力》(*Glamour*)將她列為某個獎項的候選人,我們還為她寫了一封推薦信。儘管後來她並未中選,但我們深知她真正的魅力。

第三位研究助理是傑克・紐沈(Jack Newsham)。他和另外兩位研究助理一樣貢獻良多,為我們進行訪談,給我們中肯的編輯意見。例如,在本書討論廣告的第 3 章,是他向我們提及哈定參選背後就是由拉斯克操刀。紐沈在耶魯就讀期間就想當記者,我們也看到他的採訪才華。他畢業後擊敗眾多高手到《波士頓環球報》(*Boston Globe*)工作,現在新聞報紙的工作相對稀罕,這實屬難得。紐沈為《釣愚》這本書整整努力了兩年,我們感謝這個研究團隊有這麼一位有才華的年輕人。

在本書準備出版的最後階段,我們要感謝下列幾位的協助。史蒂芬・施尼伯格(Stephan Schneeberger)給了我們不少高明的編輯意見,幫我們檢查第 4 章到第 8 章的事實正確性,我們由衷感謝他的協助。陸毅佳幫我們檢查序到第 3 章的事實正確性,最後丹尼斯・杜慈(Deniz Dutz)則是從頭到尾幫我們再次查證全書的每一項細節。2015 年 5 月到 6 月,文稿編輯瑪德蓮・亞當斯(Madeleine Adams)花了六週時間為全書文字潤飾增色。

本書呈現的理念,也是筆者二人在經濟學研究獲致的心得。在此,我們要特別感謝其他四位重要學者。第一位是康納曼（Daniel Kahneman），他在二、三十年前就告訴我們，心理學最重要的一項特質就是把人看成一部有瑕疵的機器，而心理學家的任務就是研究這些機器如何及何時出現功能異常。對照之下，經濟學的基本概念則是均衡，本書也納入了許多相關觀察。我們要感謝的第二位學者是理查‧塞勒（Richard Thaler），過去二十五年，羅伯和他一起主持行為經濟學工作坊。塞勒對我們的影響很大，二十幾年前，他就建議我們兩人應該合作，可以說是我們倆的「媒人」，我們衷心感謝他。另外兩位我們要感謝的學者是馬力歐‧史莫爾（Mario Small）和蜜雪兒‧拉摩（Michele Lamont），這兩位社會學家曾經告訴我們，人們在做決定時憑藉的往往是潛意識而非意識。我們認為，這就是人們容易被操縱的原因，這也是我們撰寫本書的重要靈感。

　　普林斯頓大學出版社的道爾堤，不只是本書的編輯，也是我們執行這整項計畫的忠實友人。他為本書寫作指引方向，不吝提供良好的編輯建議，沒有他，這本書恐怕會難產。本書序文「誰願意當釜中之魚？」一小節提到的四種經濟困境，就是筆者與道爾堤討論的結果。

　　除此之外，這本書要感謝的人還有很多，尤其是喬治在國際貨幣基金組織的同事。自 2010 年 10 月到 2014 年 10 月為止，這些同事在喬治寫書的整整四年期間幫了很大的忙，羅伯在耶魯大學的同事也是。謹在此感謝下列諸位：威維克‧阿羅拉（Vivek Arora）、麥克‧艾許（Michael Ash）、賴瑞‧柏爾（Larry

Ball）、羅藍・班納博（Roland Bénabou）、奧利維爾・布蘭查德（Olivier Blanchard）、艾琳・布隆拉德（Irene Bloemraad）、妮拉・布蘭史孔比（Nyla Branscombe）、露西亞・布歐諾（Lucia Buono）、約翰・坎貝爾（John Campbell）、艾力・卡納堤（Elie Canetti）、卡爾・凱斯（Karl Case）、菲利浦・庫克（Philip Cook）、威廉・戴瑞特（William Darity）、史提芬諾・德拉維尼亞（Stefano DellaVigna）、拉菲爾・迪・泰拉（Rafael Di Tella）、艾維納許・狄克西特（Avinash Dixit）、克特・伊頓（Curt Eaton）、約書華・費爾曼（Joshua Felman）、妮可・佛爾汀（Nicole Fortin）、皮耶・佛爾汀（Pierre Fortin）、亞歷山大・哈斯蘭（Alexander Haslam）、凱瑟琳・哈斯蘭（Catherine Haslam）、約翰・海利維爾（John Helliwell）、羅伯特・強生（Robert Johnson）、安東・柯瑞尼克（Anton Korinek）、賴利・柯堤利科夫（Larry Kotlikoff）、安德魯・李文（Andrew Levin）、安娜瑪利亞・盧莎蒂（Annamaria Lusardi）、烏莉克・馬曼迪爾（Ulrike Malmendier）、森迪爾・穆蘭納珊（Sendhil Mullainathan）、阿伯西內・穆素（Abhinay Muthoo）、菲力普・歐瑞爾普若斯（Philip Oreopoulos）、羅伯特・奧克索比（Robert Oxoby）、錫拉・帕札巴席歐古魯（Ceyla Pazarbasioglu）、雪莉・菲普斯（Shelley Phipps）、亞當・波森（Adam Posen）、佐爾坦・波扎爾（Zoltan Poszar）、納塔莎・舒爾（Natasha Schüll）、艾爾達・夏菲爾（Eldar Shafir）、卡爾・夏皮洛（Carl

Shapiro）、丹尼斯・斯諾爾（Dennis Snower）、邁可・史戴普納（Michael Stepner）、史迪格里茲（Joseph Stiglitz）、菲利普・施瓦格（Phillip Swagel）、喬治・維倫特（George Vaillant）、提歐朵拉・韋拉葛拉（Teodora Villagra）、荷西・維納爾斯（Jose Vinals）、賈斯汀・沃爾佛斯（Justin Wolfers），以及培頓・楊（Peyton Young）。

我們也要感謝下列學校和機構給我們報告的機會：麻州大學安默斯特分校、加大柏克萊分校、杜克大學、喬治華盛頓大學、喬治城大學、約翰霍普金斯大學、馬里蘭大學、普林斯頓大學（本德翰金融講座）、華威大學、加拿大經濟協會、國際貨幣基金組織、世界銀行、新經濟思想研究所、彼得森國際經濟研究所、紐約協和神學院，以及加拿大高級研究所的社群互動、認同與幸福研究小組。

羅伯已將本書納入他在耶魯大學教授的行為與制度經濟學課程中，這門課供研究所、法學院與商學院的學生修習。學生回饋的意見和年輕的觀點都很寶貴。

喬治要感謝國際貨幣基金組織自 2010 年 10 月至 2014 年 10 月慷慨贊助他為訪問學者，以及喬治城大學自 2014 年 11 月起的研究經費贊助。此外，他也要感謝加拿大高級研究所的經費贊助，該所的社群互動、認同與幸福研究小組給他撰寫此書的重要靈感。

最後，我們要特別感謝家人的溫暖支持。我們的孩子都成了經濟學家：羅比‧艾克羅夫（Robby Akerlof）專攻組織經濟學，目前任教於華威大學；班‧席勒（Ben Shiller）則在布蘭迪斯大學任教。德瑞克‧席勒（Derek Shiller）在內布拉斯加大學教授哲學。羅伯的太座維吉妮亞‧席勒（Virginia Shiller）始終很支持我們，多年來我們一直請她貢獻意見，她總是大方分享想法。我們也要感謝行政助理邦妮‧布雷克（Bonnie Blake）、卡蘿‧柯普蘭（Carol Copeland）、香緹‧克魯納蘭特尼（Shanti Karunaratne）和派翠西亞‧麥迪納（Patricia Medina）的協助，他們幫我們從緊湊的行程表中規劃時間來寫這本書。

注釋

序 自由市場的人們，小心別上鉤

1. "A Nickel in the Slot," *Washington Post*, March 25, 1894, p.20.

2. "A Crying Evil," *Los Angeles Times*, February 24, 1899, p.8.

3. Bernard Malamud, "Nevada Gaming Tax: Estimating Resident Burden and Incidence" (University of Nevada, Las Vegas, April 2006), p.1, last accessed May 5, 2015, https://faculty.unlv.edu/bmalamud/estimating.gaming.burden. incidence.doc.

4. Richard N. Velotta, "Gaming Commission Rejects Slot Machines at Cash Registers," *Las Vegas Sun*, March 18, 2010, last accessed May 12, 2015, http://lasvegassun.com/news/2010/mar/18/gaming-commission-rejects-slot-machines-cash-regis/?utm_source=twitterfeed&utm_medium=twitter. 參議員哈利‧瑞德（Harry Reid）任職內華達州博奕委員會（Nevada Gambling Commission）主席時，以無懼黑手黨而聞名。電影《賭國風雲》（*Casino*）據說就是根據瑞德的真實故事改編，描述他如何對抗法蘭克‧羅森塔爾（Frank Rosenthal），可參看維基百科的條目：http://en.wikipedia.org/wiki/Harry_Reid。

5. Natasha Dow Schüll, *Addiction by Design: Machine Gambling in Las Vegas* (Princeton: Princeton University Press, 2012).

6. 出處同上，pp.24-25。

7. 這三處包括一間加油站／便利商店、一家她有時會去賭博的超市，但她最常去的還是皇宮站賭場（Palace Station casino）。

8.　出處同注釋第5條，p.2。莫莉告訴舒爾：「我去玩吃角子老虎不是為了贏錢。我只是想一直玩、一直玩，在機器前面忘卻一切。」我們感謝舒爾在2014年2月13日接受了我們的電話訪問，她在電話中為我們描述更多莫莉的行為。

9.　出處同注釋第5條，p.33。舒爾在書中描述賭場監視錄影帶錄到的一幕：「儘管有一名賭客因為心肌梗塞倒下，撞到旁人的椅子，然後倒在他們的腳邊。但那些賭客視若無睹，依然沉迷於眼前的賭局。」

10. John Elfreth Watkins Jr., "What May Happen in the Next Hundred Years," *Ladies Home Journal*, December 1900, p.8, https://secure.flickr.com/photos/jonbrown17/2571144135/sizes/o/in/photostream/. See "Predictions of the Year 2000 from *The Ladies Home Journal* of December 1900," accessed December 1, 2014, http://yorktownhistory.org/wp-content/archives/homepages/1900_predictions.htm.

11. *Oxford English Dictionary*, s.v. "phish," accessed October 29, 2014, http://www.oed.com/view/Entry/264319?redirectedFrom=phish#eid.

12. 康納曼（Daniel Kahneman）和阿摩司・特沃斯基（Amos Tversky）都是現代認知心理學的先驅，兩人早期的研究都關注視錯覺。康納曼告訴筆者喬治，行為經濟學的思想扭曲就像視錯覺一樣（約為二十五年前的私人談話。）

13. Kurt Eichenwald, *A Conspiracy of Fools: A True Story* (New York: Random House, 2005), and Bethany McLean and Peter Elkind, *The Smartest Guys in the Room: The Amazing Rise and Fall of Enron* (New York: Portfolio/Penguin Books, 2003).

14. Bethany McLean and Peter Elkind, "The Guiltiest Guys in the Room," *Fortune*, July 5, 2006, last accessed May 12, 2015, http://money.cnn.com/2006/05/29/news/enron_guiltyest/.

15. Henry David Thoreau, *Walden: Or, Life in the Woods* (New York: Houghton Mifflin, 1910), p.8, https://books.google.com/books/about/Walden.

html?id=HVIXAAAAYAAJ.

16. 根據麗蓓嘉・米德（Rebecca Mead），康泰納仕（Condé Nast）出版集團進行一項年度美國婚禮研究，2006年每對美國新人為了婚禮平均花費27,852美元，這個數目已是人均GDP的60％。參見此書：Mead, *One Perfect Day: The Selling of the American Wedding* (New York: Penguin Books, 2007), Kindle locations 384-92 out of 4013. 自2008年金融危機之後，美國新人的婚禮開支因人均GDP的降低而略減。但根據最近的統計，2014年每場婚禮的花費都「超過28,000美元」，約為人均GDP的51％。參見："BRIDES Reveals Trends of Engaged American Couples with American Wedding Study," July 10, 2014, accessed December 1, 2014, http://www.marketwired.com/press-release/brides-reveals-trends-of-engaged-american-couples-with-american-wedding-study-1928460.htm.

17. Jessica Mitford, *The American Way of Death Revisited* (New York: Knopf, 1998), Kindle location 790-92 out of 5319.

18. "From your very first appointment until your baby arrives, your PRA will provide you with personal guidance on everything you'll need for baby." Babies "R" Us, "Baby Registry: Personal Registry Advisor," accessed March 20, 2015, http://www.toysrus.com/shop/index.jsp?categoryId=11949069.

19. 從美國心理學會的年度美國人壓力（Stress in America）問卷調查，可以看出帳單帶給一般人的苦惱。在美國人的生活當中，經濟壓力在所有壓力中排行第一。最近一次的調查報告指出（參見第二頁）：「美國人的生活飽受金錢和財務壓力。」幾乎有四分之三（72％）的美國成人，至少「有時」會覺得為金錢問題感覺壓力很大。有將近四分之一的人表示，對金錢問題感到巨大壓力（如果以10分給評，有22％的人針對上個月的財務壓力評出8分、9分或10分。）「在某些案例中，甚至有人擔心錢不夠而不敢就醫。」此外，工作壓力也可能是金錢壓力的另一種表現，美國人承受的壓力排行第二名就是工作壓力。參見：American Psychological Association, *Stress in America: Paying with Our Health*, February 4, 2015, last accessed March 29, 2015, http://www.apa.

org/news/press/releases/stress/2014/stress-report.pdf.

20. 在這種情況下，我們會說消費者被「剝皮」（rip off），也就是多付錢、當了冤大頭。東西買貴是常見的交易情況，並非商家非法詐騙。根據維基百科「剝皮」（Ripoff）條目的定義為：「一種不當的財務交易，通常指消費者買貴了。」Accessed November 13, 2014, http://en.wikipedia.org/wiki/Ripoff.

21. 根據薛哈亞‧波克哈利（Sheharyar Bokhari）、華特‧托勒斯（Walter Torous）與威廉‧惠頓（William Wheaton）的研究，在1990年代末期至2000年代初期、美國房市泡沫形成前，向房利美（Fannie Mae）貸款的購屋者，只有40％的質押率少於80％，質押率為抵押品價值所能借貸到融資的比率。相關的房屋交易成本約占房價10％，其中包含6％的不動產仲介費和4％的過戶費，這表示60％的房屋過戶相關成本約占頭期款的50％以上。參見：Bokhari et al., "Why Did Household Mortgage Leverage Rise from the Mid-1980s until the Great Recession?" Massachusetts Institute of Technology, Center for Real Estate, January 2013, last accessed May 12, 2015, http://citeseerx.ist.psu.edu/viewdoc/download?doi=10.1.1.269.5704&rep=rep1&type=pdf.

22. Carmen M. Reinhardt and Kenneth Rogoff, *This Time Is Different: Eight Centuries of Financial Folly* (Princeton: Princeton University Press, 2009).

23. John Kenneth Galbraith, *The Great Crash*, 50th anniversary ed. (New York: Houghton Mifflin, 1988), Kindle location 1943-45 out of 4151.

24. James Harvey Young, *The Toadstool Millionaires: A Social History of Patent Medicines in America before Federal Regulation* (Princeton: Princeton University Press, 1961), p.248.

25. 參見大衛‧葛拉翰（David J. Graham）2004年11月18日在參議院財政委員會（Senate Finance Committee）的證詞：http://www.finance.senate.gov/imo/media/doc/111804dgtest.pdf。葛拉翰時任美國食品藥品監督管理局藥物安全部門副主任，他估計偉克適造成的心肌梗塞或突發性心搏停止的案例，多達8萬8千例到13萬9千例，其中致死率高達30％

到40%（參見證詞第一頁）。本書第6章有更詳細的討論。

26. 參見：John Abramson, *Overdosed America: The Broken Promise of American Medicine*, 3rd ed. (New York: Harper Perennial, 2008), p.70。這個估計數字源於英國「百萬婦女研究」（The Million Women Study）的健康調查。在2003年8月《柳葉刀》（*The Lancet*）醫學期刊的一篇文章中，該研究總結表示：「過去十年，英國50歲到64歲婦女使用荷爾蒙替代療法，預估因此多了2萬個乳癌病例，確切死亡人數無法統計。」參見：Valerie Beral, Emily Banks, Gillian Reeves, and Diana Bull, on behalf of the Million Women Study Collaborators, "Breast Cancer and Hormone-Replacement Therapy in the Million Women Study," *Lancet* 362, no.9382 (August 9, 2003): 419-27。由於荷爾蒙補充療法在美國比英國更為普遍，這個推算數字相對保守。

27. Centers for Disease Control and Prevention, *Health, United States, 2013: With Special Feature on Prescription Drugs*, p.213, table 64, accessed December 1, 2014, http://www.cdc.gov/nchs/data/hus/hus13.pdf. 圖表顯示2011年至2012年20歲以上成年人的情況。我們發現，1988年到1994年過度肥胖的比例為22％，但是到了2011年至2012年過度肥胖的比例增加了原先比例的50％之多。

28. Dariush Mozaffarian et al., "Changes in Diet and Lifestyle and Long-Term Weight Gain in Women and Men," *New England Journal of Medicine* 364, no.25 (June 23, 2011): 2395-96, accessed October 30, 2014, http://www.nejm.org/doi/full/10.1056/NEJMoa1014296?query=TOC#t=articleTop.

29. Michael Moss, *Sugar, Salt and Fat* (New York: Random House, 2013), Kindle location 287-89 out of 7341.

30. 1965年美國成人抽菸者的比例為43％，到了2014年已降為18％。參見："Message from Howard Koh, Assistant Secretary of Health," in US Surgeon General, *The Health Consequences of Smoking—50 Years of Progress* (2014), accessed March 6, 2015, http://www.surgeongeneral.gov/library/reports/50-years-of-progress/full-report.pdf.

31. 那時最有名的廣告詞為:「別吃甜食,來根Lucky吧!」香菸長長的廣告文案還解釋,抽菸有健康、美容之效:「雖然健康膳食允許適量糖分,但是吃太多甜食有害健康,美國人也吃下太多這樣的甜食。為了適量考量,我們建議:『別吃甜食,來根Lucky吧!』」源自1929年好彩(Lucky Strike)香菸廣告,參見:Julian Lewis Watkins, *The 100 Greatest Advertisements, 1852-1958: Who Wrote Them and What They Did* (Chelmsford, MA: Courier, 2012), p.66. Reproduced at https://beebo.org/smackerels/lucky-strike.html. Last accessed March 29, 2015.

32. David J. Nutt, Leslie A. King, and Lawrence D. Phillips, on behalf of the Independent Scientific Committee on Drugs, "Drug Harms in the UK: A Multicriteria Decision Analysis," *Lancet* 376, no.9752 (November 6-12, 2010): 1558-65; Jan van Amsterdam, A. Opperhuizen, M. Koeter, and Willem van den Brink, "Ranking the Harm of Alcohol, Tobacco and Illicit Drugs for the Individual and the Population," *European Addiction Research* 16 (2010): 202-7, DOI:10.1159/000317249.

33. Nutt, King, and Phillips, "Drug Harms in the UK," p.1561, fig. 2.

導論　誘餌無處不在:釣愚均衡

1. 就夏娃的故事與本章及全書的關連而言,我們可把夏娃被毒蛇引誘吃下禁果的故事,看成是一種均衡的結果:毒蛇利用機會,讓夏娃上當。我們可以想像,毒蛇早就在那裡等候夏娃了,牠不斷地演練,看該怎麼說才好。在伊甸園裡有這麼多動物,出來引誘夏娃的毒蛇,剛好就在那棵蘋果樹上,而不是兔子或長頸鹿。顯然,這個「釣愚者」是依照設計出現的。從本章的中心主題來看,一切都是安排好的,沒有巧合。夏娃與毒蛇相遇的結果,就是「釣愚均衡」(phishing equilibrium)。從字面上來看,或許《創世紀》是《聖經》的第一個故事,但依照Google的搜尋結果來看,很多人跟我們一樣認為,夏娃吃下禁果才是《聖經》的第一個故事。

2. 二、三十年前筆者喬治曾和康納曼討論,他便強調經濟學與心理學的這種差異。

3. 參見：Paul Krugman and Robin Wells, *Microeconomics,* 2nd ed. (New York: Worth Publishers, 2009), pp.12-13。該書曾用這個例子來解釋均衡的本質。下列一書也曾提過這個意象：Robert H. Frank and Ben Bernanke, *Principles of Macroeconomics* (New York: McGraw Hill, 2003)。

4. Cinnabon, Inc., "The Cinnabon Story," accessed October 31, 2014, http://www.cinnabon.com/about-us.aspx.

5. 出處同上。

6. 參見維基百科條目：http://en.wikipedia.org/wiki/Cinnabon, accessed October 22, 2014.

7. 出自德拉維尼亞2014年10月25日寫給筆者喬治的電子郵件。

8. International Health, Racquet, and Sportsclub Association, "Industry Research," accessed October 22, 2014, http://www.ihrsa.org/industry-research/.

9. Stefano DellaVigna and Ulrike Malmendier, "Paying Not to Go to the Gym," *American Economic Review* 96, no.3 (June 2006): 694-719. See also DellaVigna and Malmendier, "Contract Design and Self-Control: Theory and Evidence," *Quarterly Journal of Economics* 119, no.2 (May 2004): 353-402.

10. DellaVigna and Malmendier, "Paying Not to Go to the Gym," p.696.

11. DellaVigna and Malmendier, "Contract Design and Self-Control," p.391, and p.375, table 1.

12. 這是下列一文的標題：DellaVigna and Malmendier, "Paying Not to Go to the Gym"。

13. M. Keith Chen, Venkat Lakshminarayanan, and Laurie R. Santos, "How Basic Are Behavioral Biases? Evidence from Capuchin Monkey Trading Behavior," *Journal of Political Economy* 114, no.3 (June 2006): 517-37.

14. Stephen J. Dubner and Steven D. Levitt, "Keith Chen's Monkey Research," *New York Times*, June 5, 2005.

15. Venkat Lakshminarayanan, M. Keith Chen, and Laurie R. Santos,

"Endowment Effect in Capuchin Monkeys," *Philosophical Transactions of the Royal Society B: Biological Sciences* 363, no.1511 (December 2008): 3837-44.

16. Adam Smith, *The Wealth of Nations* (New York: P. F. Collier, 1909; originally published 1776), p.19. 本引文略加重點強調。

17. 帕雷多的原文寫作，參見：Vilfredo Pareto, *Manual of Political Economy: A Critical and Variorum Edition*, ed. Aldo Montesano et al. (Oxford: Oxford University Press, 2014)。此版本源自1906年義大利出版的版本：*Manuale di Economia*，後來又出法文版。

18. 1954年，肯尼斯·阿羅（Kenneth Arrow）和傑拉德·德布魯（Gerard Debreu）共同發表了一篇文章，證明這種均衡的確普遍存在。兩人後來都榮獲諾貝爾獎：阿羅於1972年獲獎，德布魯則於1982年獲獎。「一般均衡」（general equilibrium）的存在與這樣的假設，對我們而言似乎不是很有趣，尤其它的出現是相當數理因素。但它離真正的經濟圖利只有一小步之遙：這種均衡在相同的一般條件下，正是「帕雷多最優化」的表現。對我們而言，這實在是個令人驚異的結果，這意謂競爭市場的均衡本身其實是好的，也證實亞當·斯密的直覺。參見下列這篇有名的文章：Kenneth J. Arrow and Gerard Debreu, "Existence of an Equilibrium for a Competitive Economy," *Econometrica* 22, no.3 (July 1954): 265-90。

19. 當然，經濟學還有其他的「問題」，例如壟斷和寡占等，都值得經濟學家注意。但這些並非自由市場產生的問題，而是偏離自由市場所造成的問題。

20. Milton Friedman and Rose D. Friedman, *Free to Choose: A Personal Statement* (New York: Harcourt Brace Jovanovich, 1980).

21. Vance Packard, *The Hidden Persuaders: What Makes Us Buy, Believe—and Even Vote—the Way We Do* (Brooklyn: Ig Publishing, 2007; original ed., New York: McKay, 1957). 蛋糕預拌粉參見該書第90到91頁，保險公司的描述參見第94頁。

22. Robert B. Cialdini, *Influence: The Psychology of Persuasion* (New York: HarperCollins, 2007).

23. 席爾迪尼的分類包括：「互惠」、「喜歡」、「順從權威」、「社會認同」、「承諾與一致」，以及「害怕」。「害怕」就是我們所說的「損失嫌惡」。席爾迪尼在上述一書第204頁中強調：「只有了解你可能失去某樣東西，你才會珍愛它。」我們認為，行為經濟學家的分類可能稍微不同。

24. 出處同注釋第22條，pp.229-30。

25. 倫敦經濟學院的經濟學家艾瑞克・艾斯特（Eric Eyster），曾告訴筆者喬治他在芝加哥地鐵看到騙子在耍這種把戲。他們在地鐵的車廂地板上放了三個杯子，然後不斷地變化杯子的位置，要乘客猜猜看，錢幣會在哪個杯子底下出現。幾次之後，有乘客猜出錢幣的正確位置。接下來，騙子要乘客用100美元做為賭注，看錢幣會在哪個杯子底下出現。結果，這次錢幣出現在不同地方，騙子在拿了錢以後，很快便在下一站溜走了。這是2011年6月的私人談話。

26. 我們可再多舉幾個例子來說明。例如，帕克德在書中論道，家庭主婦在做蛋糕的時候，會設想自己很有創意，而買保險的人則會把自己想成相框裡的人。我們也可從席爾迪尼列出的人性弱點來看，因為它們包含了大多數的心理偏差，而心理偏差就是行為經濟學的基礎。根據席爾迪尼，向他弟弟理查買車的人，在心裡植入自己可能會「失去」車子的意象，亦即他們想買的車子被別人買走了（康納曼稱為「損失嫌惡」。）我們在本書用「故事」來描述，就是他所謂的「心理框架」（mental frames）。就席爾迪尼列出的其他五項人性弱點，可見人們在做決定的時候，是從「故事」的觀點為出發。人們想要互惠，因此會設想出這麼一個故事：自己送禮物給別人，別人也會回禮。人們希望別人喜歡自己，因此會想像自己受人喜歡的故事。人們服從權威，因此想像別人具有權威。舉例來說，史丹利・米爾格蘭（Stanley Milgram）就曾做過一個非常有名的實驗，受測者在「老師」的指示下，給予「學習者」電擊，受測者服從具有「權威」的「老師」，不敢反抗。參見：Stanley Milgram, *Obedience to Authority: An Experimental View* (New York: Harper & Row, 1974)。人們也傾向跟隨別人，不敢標新立異（社會認同）；因此，他們會告訴自己這樣的故事：別人的判斷比較好，資訊比較充足。此外，人們也希望自己的決定不會前後矛盾，在他們設想的情境中，自己所做的各別決定總是具有一致性。當然，佛洛依德的心理學充斥人類心靈的隱晦故事，有些是有意識的，有些則是無意識的。

第1章　沿路都是誘惑

1. Suze Orman, *The 9 Steps to Financial Freedom: Practical and Spiritual Steps So You Can Stop Worrying*, 2nd paperback ed. (New York: Crown/Random House, 2006).她在自己的網站上宣稱該書賣出三百萬本：http://www.suzeorman.com/books-kits/books/the-9-steps-to-financial-freedom, last accessed November 4, 2014。

2. 在此不妨看一下教科書的介紹，例如葛雷葛利・麥基（Gregory Mankiw）所著的《經濟學原理》（*Principles of Economics*; New York: Harcourt, Brace, 1998）。這本書對現代經濟學是極佳的導論，是一本很好的閱讀範例，但我們在本書還會列舉很多其他例子。這裡先來討論一下《經濟學原理》第21章的「消費者選擇理論」，但這本書和大多數現代教科書一樣，不是用蘋果和柳橙做為比方，而是用百事可樂和披薩。舉例來說，消費者的「預算限制」是他的收入為1,000美元，他的「最佳選擇」是百事可樂一罐以2美元購買，披薩以1美元購買（參見該書第456頁的圖表。）麥基在該章結論寫道：「大家真的是這麼想的嗎？有時，你也許會用懷疑的眼光來看消費者選擇理論……就像你自己很清楚，你可能不會依據預算限制和無差異曲線來做決定。由於你自己做決定的方式有所不同，是否就能推翻消費者選擇理論？答案是否定的。消費者選擇理論並不是用來描述人們如何做決定，它是一個模型……理論的驗證在其應用。」這在現代經濟學也被稱為「預測」。這一段寫得真的很好，但你並未被告知，不能用這樣的模型來預測歐曼那些為了錢操煩的客戶，而在現實世界中這樣的人以數十億計算。模型對某些事物來說，也許是很好的指標，但我們無法得知何時不能套用這種模型。經濟學家艾倫·布蘭德（Alan Blinder）曾經解釋過模型的限制：模型就像地圖一樣，如果我們要去南極旅遊，並不會使用住家附近的地圖；如果要去住家附近的商店，也不會查閱南極地圖。麥基持續論道，而且相當正確：「在更進階的經濟學課程中，我們可從這種理論得到許多額外分析的架構。」他並未提及，「這只是一個模型」的聲明將不會在他處再見（參見該書原始版本第471頁。）

3. 參見注釋第1條一書的步驟三，尤其是第38頁和第42頁。歐曼說：「我大多數的客戶對自己嚴重低估開支都感到非常訝異，因為他們都認為自己已經誠實估算了。」

4. Board of Governors of the Federal Reserve, Current Release, Consumer Credit, table G-19, for August 2014, released on October 7, 2014, accessed November 5, 2014, http://www.federalreserve.gov/releases/g19/current/.

5. Annamaria Lusardi, Daniel Schneider, and Peter Tufano, "Financially Fragile Households: Evidence and Implications," *Brookings Papers on Economic Activity* (Spring 2011): 84.

6. Greg Kaplan, Giovanni Violante, and Justin Weidner, "The Wealthy Hand-to-Mouth," *Brookings Papers on Economic Activity* (Spring 2014): 98, table 2, "Household Income, Liquid Income, Liquid and Illiquid Wealth Holdings, and Portfolio Composition, Sample Countries." 根據2010年「消費者財務調查報告」（Survey of Consumer Finances），美國家庭收入中位數為47,040美元，而美國家庭持有現金，或在活存／支票帳戶、定存帳戶與貨幣市場帳戶的中位數則為2,640美元，約為月收入的三分之二。

7. David Huffman and Matias Barenstein, "A Monthly Struggle for Self-Control? Hyperbolic Discounting, Mental Accounting, and the Fall in Consumption between Paydays," *Institute for the Study of Labor (IZA) Discussion Paper* 1430 (December 2005): 3.

8. FINRA Investor Education Foundation, *Financial Capability in the United States: Report of Findings from the 2012 National Financial Capability Study*, p.23, last accessed May 14, 2015, http://www.usfinancialcapability. org/downloads/NFCS_2012_Report_Natl_Findings.pdf.

9. 出處同上，p.26。到了2012年，由於經濟持續衰退，比率已經上升為3.5%。

10. 在五十年的時間內，每兩年的破產率若為2.5%，則每人平均在成年時期將經歷0.625次破產。但如果破產一次者再經歷兩次破產（總計三次），遭遇一次破產的成年人口將占20.83%。筆者無法找到重複破產的實際統計資料，美國法律對每個人申請破產、免除債務的次數予以限制。

11. Matthew Desmond, "Eviction and the Reproduction of Urban Poverty," *American Journal of Sociology* 118, no.1 (July 2012): 88-133. 根據這項研究，在為數60萬的人口中遭到強制遷出的成人及兒童總數約有1萬6千人（p.91）。在調查的所有地區中，遭到強制遷出租屋者的比例為3.5%，在高度貧窮地區則為7.2%（p.97）。戴斯蒙描述，由於留下法院紀錄，遭到法院裁定強制遷出者很難再找到租屋。即使這些數據因為一些未知因素顯得過高，但仍然足以證明：美國有許多家庭被強制驅離住所，而且很難再找到另一個住處。

12. John Maynard Keynes, "Economic Possibilities for Our Grandchildren," in *Essays in Persuasion* (London: Macmillan, 1931), pp.358-73.

13. 8倍的出處同上，p.365。關於美國人均收入的成長，我們採用安格斯・麥迪森（Angus Maddison）對1930年代到2000年代的計算，參見："US Real Per Capita GDP from 1870-2001," September 24, 2012, accessed December 1, 2014, http://socialdemocracy21stcentury.blogspot. com/2012/09/us-real-per-capita-gdp-from-18702001.html。至於2000年到2010年的收入成長，我們採用《2013年總統經濟報告》（*Economic Report of the President 2013*）經濟顧問委員會對人均GDP的預估（表B-2），人口成長則是參閱表B-34：http://www.whitehouse.gov/sites/

default/files/docs/erp2013/full_2013_economic_report_of_the_president.pdf, accessed December 1, 2014。因此產生從1930年到2010年，美國人均收入增加5.6倍的數據。

14. 出處同注釋第12條，p.369。

15. 出處同上，pp.366-67。

16. Arlie Russell Hochschild, *The Second Shift: Working Parents and the Revolution at Home* (New York: Viking, 1989).

17. 英文歌詞參見：http://www.oldielyrics.com/lyrics/patti_page/how_much_ is_that_doggy_in_the_window.html。Last accessed November 5, 2014.

18. Paco Underhill, *Why We Buy: The Science of Shopping* (New York: Simon and Schuster, 1999), p.85.

19. Oren Bar-Gill and Elizabeth Warren, "Making Credit Safer," *University of Pennsylvania Law Review 157*, no.1 (November 2008): 1-101. 兩位作者列舉許多消費者信用市場的釣愚實例，包括信用卡等各種個人信貸。

第2章　信譽透支與金融危機

1. 討論總體經濟學的著作，可參見：Alan S. Blinder, *After the Music Stopped: The Financial Crisis, the Response, and the Work Ahead* (New York: Penguin Press, 2013)。其他相關著作，有興趣的讀者可參考：Roddy Boyd, *Fatal Risk: A Cautionary Tale of AIG's Corporate Suicide* (Hoboken, NJ: Wiley, 2011)；William D. Cohan, *Money and Power: How Goldman Sachs Came to Rule the World* (New York: Doubleday, 2011)；Greg Farrell, *Crash of the Titans: Greed, Hubris, the Fall of Merrill Lynch, and the Near-Collapse of Bank of America* (New York: Crown Business, 2010)；Kate Kelly, *Street Fighters: The Last 72 Hours of Bear Stearns, the Toughest Firm on Wall Street* (New York: Penguin, 2009)；Michael Lewis, *Boomerang: Travels in the New Third World* (New York: W. W. Norton, 2011) and *The Big Short: Inside the Doomsday Machine* (New York: W. W. Norton, 2010)；Lawrence G. McDonald, with Patrick Robinson, *A Colossal*

Failure of Common Sense: The Inside Story of the Collapse of Lehman Brothers (New York: Crown Business, 2009)；Gretchen Morgenson and Joshua A. Rosner, *Reckless Endangerment: How Outsized Ambition, Greed, and Corruption Led to Economic Armageddon* (New York: Times Books/ Henry Holt, 2011)，此書論述房利美與房地美；Henry M. Paulson, *On the Brink: Inside the Race to Stop the Collapse of the Global Financial System* (New York: Business Plus, 2010)，此書從美國財政部的觀點加以討論；Raghuram Rajan, *Fault Lines: How Hidden Fractures Still Threaten the World Economy* (Princeton: Princeton University Press, 2010)，此書論述金融體系；Robert J. Shiller, *Subprime Solution: How Today's Global Financial Crisis Happened and What to Do about It* (Princeton: Princeton University Press, 2008)；Andrew Ross Sorkin, *Too Big to Fail: The Inside Story of How Wall Street and Washington Fought to Save the Financial System* (New York: Viking, 2009)，此書論述美國財政部的角色；Gillian Tett, *Fool's Gold: How the Bold Dream of a Small Tribe at J. P. Morgan Was Corrupted by Wall Street Greed* (New York: Free Press, 2009)；David Wessel, *In Fed We Trust: Ben Bernanke's War on the Great Panic* (New York: Crown Business, 2009)。此外，特別有用且資料詳盡的是這份報告：*Financial Crisis Inquiry Report: Final Report of the National Commission on the Causes of the Financial and Economic Crisis in the United States* (Washington, DC: Government Printing Office, 2011), http:// www.gpo.gov/fdsys/pkg/GPO-FCIC/pdf/GPO-FCIC.pdf。前述這些專著都有助於了解本章敘述的故事。

2. Carl Shapiro, "Consumer Information, Product Quality, and Seller Reputation," *Bell Journal of Economics* 13, no.1 (1982): 20-35.

3. Tobias Adrian and Hyun Song Shin, "Liquidity and Leverage," *Journal of Financial Intermediation* 19, no.3 (July 2010): 418-37.兩位作者計算1990年代某一時期至2008年第一季前五大投資銀行的平均資產（起算時間各銀行略異），包括貝爾斯登、高盛、雷曼兄弟、美林與摩根士丹

利（Morgan Stanley）。這幾家銀行的平均資產為3,450億美元，平均負債為3,310億美元，平均股權為1,330億美元。參見該報告：table 2, "Investment Bank Summary Statistics"。

4. 參見Paulson, *On the Brink*與Blinder, *After the Music Stopped*等書。

5. Charles Ellis, *The Partnership: The Making of Goldman Sachs* (New York: Penguin Press, 2008), p.97. 此書資料正確、詳實，我們十分仰賴這本書來了解一家金融公司的內部運作。一般企業都不願透露這類細節，因此本書格外希罕。

6. Goldman Sachs, *Annual Report 2005*, p.65, table on "Consolidated Statement of Financial Conditions," accessed December 6, 2014, http://www.goldmansachs.com/investor-relations/financials/archived/annual-reports/2005-annual-report.html. 高盛的股權達280.02億美元，總資產為7,068.04億美元。

7. Council of Economic Advisors, *Economic Report of the President 2007*, table B-26, http://www.gpo.gov/fdsys/pkg/ERP-2007/pdf/ERP-2007.pdf. 此數據在2013年的報告中略升至12.2。

8. 出處同注釋第5條一書，可參見第4章："Ford: The Largest IPO," pp.53-72。

9. 繳稅條件也相當複雜，出處同上，p.55。

10. 出處同上，pp.60-61。

11. 出處同上，p.185。

12. 出處同上，p.347。文中描述：「影響企業聯盟的規則，其實就像兄弟會的規則。」

13. 因此，在2008年金融危機發生時，邁可‧湯瑪斯（Michael M. Thomas）感嘆道，以前穆迪的首席債券分析師像艾爾伯特‧艾索凱（Albert Esokait）和多明尼克‧迪‧帕爾馬（Dominic de Palma），都是「非常謹慎、有風骨的人。」參見：Thomas, "Rated by Idiots," *Forbes*, September 16, 2008。

14. 出處同注釋第5條，p.103。

15. 出處同上，p.114，相關花費及公司資金或許已經枯竭；p.103，公司所有資金皆為合夥人所有。

16. 出處同注釋第5條，pp.569-70。文中提及，高盛在公開上市之時，「很多高盛人自身資產有85％以上都投資在公司。」因此，即使當時高盛的賠償責任有限，如果破產，合夥人要賠的恐怕還是不少。

17. "Today Is Moving Day for Goldman Sachs," *New York Times*, April 1, 1957.

18. Goldman Sachs, "Who We Are," "What We Do," and "Our Thinking," all accessed December 1, 2014, http://www.goldmansachs.com/index.html.

19. 開幕日期的資料來自維基百科的條目：http://en.wikipedia.org/wiki/200_West_Street, accessed October 22, 2014。

20. Paul Goldberger, "The Shadow Building: The House That Goldman Built," *New Yorker*, May 17, 2010, accessed October 22, 2014, http://www.newyorker.com/magazine/2010/05/17/shadow-building.

21. 如果銀行違約，在重整債務後，債權人必須蒙受巨大損失 —— 俗稱「剃頭」（haircuts），這是企業擔憂的事。關於這點，感謝佐爾坦·波扎爾（Zoltan Poszar）的分享。來源：2010年至2011年，筆者喬治與其在國際貨幣基金組織的私人談話。

22. Catherine Clifford and Chris Isidore, "The Fall of IndyMac," Cable News Network, July 13, 2008, accessed December 1, 2014, http://money.cnn.com/2008/07/12/news/companies/indymac_fdic/.

23. 出處同注釋第5條，p.78。

24. 出處同上，p.5。

25. Cohan, *Money and Power*, p.602.

26. 參見：Moody's, "Moody's History: A Century of Market Leadership," accessed November 9, 2014, https://www.moodys.com/Pages/atc001.aspx。根據此資料出處，「這項改變的基本理由是，發行者要為客觀評等所帶來的龐大市場價值付費。」三大信用評等機構穆迪、標準普爾（Standard and Poor's）與惠譽國際（Fitch Ratings）皆是如此。參見：Christopher Alessi, Roya Wolverson, and Mohammed Aly Sergie, "The

Credit Rating Controversy," Council on Foreign Relations, Backgrounder, updated October 22, 2013, accessed November 8, 2014, http://www.cfr.org/financial-crises/credit-rating-controversy/p22328。

27. 美國參議院「華爾街及金融危機」聽證會的證據顯示:「投資銀行往往會對信評機構施壓,使其發行的債券獲得比較優良的評等。」參見:US Senate, Committee on Homeland Security and Government Affairs, Permanent Subcommittee on Investigations, *Wall Street and the Financial Crisis: Anatomy of a Financial Collapse*, Majority and Minority Staff Report, April 13, 2011, p.278, http://www.hsgac.senate.gov//imo/media/doc/Financial_Crisis/FinancialCrisisReport.pdf?attempt=2。

28. 舉例來說,《金融危機調查報告》(*Financial Crisis Inquiry Report*)第126頁論道:「美國證券交易委員會(Securities and Exchange Commission)或其他監理機關對信評機構監管不力,無法確保相關評等的品質與正確性。根據證交會的個案研究,穆迪的房屋抵押債券評等模式有瑕疵且已過時,無法正確評估抵押貸款相關證券、有效衡量資產價值,但即使穆迪已經發現模式有誤,卻仍然繼續沿用。」

29. Kristopher Gerardi, Andreas Lehnert, Shane M. Sherlund, and Paul Willen, "Making Sense of the Subprime Crisis," *Brookings Papers on Economic Activity* (Fall 2008): 69-139. 此文強調,評等過高的原因是,信評機構未能預見未來價格會下跌,當時絕大多數的人都認為美國房市不大可能崩盤(p.142)。

30. 根據《金融危機調查報告》第xxv頁。此外,根據Charles W. Calomiris ("The Subprime Crisis: What's Old, What's New, and What's Next," paper prepared for the Federal Reserve Bank of St. Louis Economic Symposium, "Maintaining Stability in a Changing Financial System," Jackson Hole, WY, August 2008, p.21),80%次級房貸都設法獲得AAA評等;95%獲得A以上的評等。《金融危機調查報告》第xxv頁進一步表示:「你可以了解穆迪評等失準的種種原因,除了電腦模型有瑕疵、評等付費方施壓,還有為了爭奪市場占比的強烈動機,但相關資源不足,並且缺乏

有效監管。」

31. US Senate, Committee on Homeland Security and Government Affairs, Permanent Subcommittee on Investigations, *Wall Street and the Financial Crisis*, p.245.

32. Lewis, *The Big Short*.

33. 高盛的大客戶約翰·保爾森（John Paulson）放空操作讓他嗅出端倪，但他還是透過自己的模型進行調查。參見Cohan, *Money and Power*, pp.493-95。

34. 出處同上，p.567。

35. 出處同上，p.595。

36. Associated Press, "Timeline of United Airlines' Bankruptcy," *USA Today*, February 1, 2006, accessed November 9, 2014, http://usatoday30.usatoday. com/travel/flights/2006-02-01-united-timeline_x.htm; Bloomberg News, "United Airlines Financial Plan Gains Approval from Creditors," *New York Times*, December 31, 2005; and Micheline Maynard, "United Air Wins Right to Default on Its Employee Pension Plans," *New York Times*, May 11, 2005.

37. Ellis, *The Partnership*, p.2, footnote.

38. Bloomberg News, "Cuomo Announces Reform Agreements with 3 Credit Rating Agencies," June 2, 2008, http://www.bloomberg.com/apps/news?pid= newsarchive&sid=a1N1TUVbL2bQ. 42個月的期限，參見：Michael Virtanen, "NY Attorney General Looks at Ratings Agencies," Associated Press, February 8, 2013, accessed March 21, 2014, http://bigstory.ap.org/ article/ny-attorney-general-looks-ratings-agencies-0。

39. Danielle Carbone, "The Impact of the Dodd-Frank Act's Credit-Rating Agency Reform on Public Companies," *Corporate and Securities Law Advisor* 24, no.9 (September 2010): 1-7, http://www.shearman.com/~/media/ Files/NewsInsights/Publications/2010/09/The-Impact-of-the-DoddFrank- Acts-Credit-Rating-A__/Files/View-full-article-The-Impact-of-the- DoddFrank-Ac__/FileAttachment/CM022211InsightsCarbone.pdf.

40. Boyd, *Fatal Risk*.

41. 《金融危機調查報告》第141頁和第267頁。

42. 出處同上，p.267。

43. 出處同上，p.141。

44. 同上。

45. 同上。

46. Boyd, *Fatal Risk*, p.196.

47. 出處同上，p.182。

48. 《金融危機調查報告》第347頁到第350頁。

49. US Department of the Treasury, "Investment in AIG," accessed March 11, 2015, http://www.treasury.gov/initiatives/financial-stability/TARP-Programs/aig/Pages/status.aspx.

50. 數據來自：René M. Stulz, "Credit Default Swaps and the Credit Crisis," *Journal of Economic Perspectives* 24, no.1 (Winter 2010): 80, for June 30, 2008。

51. 出處同上，p.82。

第3章　精準掌握人性弱點的廣告商

1. Lemelson Center, "Edison Invents!" Copy in authors' files. Originally available at: http://invention.smithsonian.org/centerpieces/edison/000_story_02.asp.

2. Roger C. Schank and Robert P. Abelson, *Scripts, Plans, Goals, and Understanding: An Inquiry into Human Knowledge Structures* (Hillsdale, NJ: L. Erlbaum Associates, 1977).

3. 我們的觀點與傑羅姆·布魯納（Jerome Bruner）對敘事心理學（narrative psychology）的詮釋一致：「行動是基於信念、欲望和道德承諾……要了解一個人，你必須了解他的經驗與行動如何受到有意的心智狀態影響而形成。」參見：Bruner, *Acts of Meaning: Four Lectures on Mind and Culture* (Cambridge, MA: Harvard University Press,

1990), pp.23 and 33。布魯納描述（第33頁）：我們行動的重要主宰，就是「自己心中那永遠都在變化的自傳草稿。」在本書，我們將「心中的自傳」稱為「故事」，也就是人們在做決定時自我敘述的故事。布魯納強調，「文化」對這些故事有重大影響，但我們只將它列為眾多決定因素之一。關於敘事心理學的評論，可參見：Michele L. Crossley, "Introducing Narrative Psychology," in *Narrative, Memory and Life Transitions*, ed. Christine Horrocks, Kate Milnes, Brian Roberts, and David Robinson (Huddersfield: University of Huddersfield Press, 2002), pp.1-13。

　　故事的角色在經濟學也有前例可循，筆者羅伯曾探討故事大肆傳播對投機泡沫的重要性，參見：Robert J. Shiller, *Irrational Exuberance* (Princeton: Princeton University Press, 2000), pp.161 and 163。相同主題也出現在我們合著的《動物本能》一書。故事也與認同經濟學有關，參見筆者喬治與瑞秋‧克蘭頓（Rachel Kranton）共同發表的 "Economics and Identity," *Quarterly Journal of Economics* 115, no.3 (August 2000): 715-53，以及 *Identity Economics: How Our Identities Shape Our Work, Wages, and Well-Being* (Princeton: Princeton University Press, 2010)。關於認同經濟學，布魯納所謂的「心中的自傳」，包括一個人的「社會分類」，也就是他們的身分與影響他們的社會規範。當然，不管社會分類或社會規範，都會對一個人的意圖產生影響。因此，我們認為，而且與布魯納的敘事心理學的描述一致，人們告訴自己的「故事」會影響行動。由於一個人對其社會分類和影響自身的社會規範，看法可能改變，而且改變的速度也許很快，認同經濟學進一步掌握布魯納所說的故事中出現的變化，而這類變化就是本書所要強調的。關於認同經濟學中敘事心理學的應用，近年的研究包括史蒂芬‧博斯沃思（Steven Bosworth）、塔妮亞‧辛格（Tania Singer）與丹尼斯‧史諾爾（Dennis J. Snower）對認同的描述。他們認為，認同不只是和「生命故事」有關，還包括更深一層、更高頻率的故事（「個人在時空、不同情境和社會角色的調適」），參見："Cooperation, Motivation and

Social Balance," presented at the American Economic Association Meeting, Boston, January 3, 2015。他們強調，認同的本質一直在改變。至於保羅・克里爾（Paul Collier）則是用比較狹隘的定義使用「敘事」（narratives）一詞，他認為那是有關個人的特定故事，但他也認為「認同、敘事與社會規範」彼此交互作用，並且特別強調這三者如何透過社會網絡傳遞。參見：Collier, "The Cultural Foundations of Economic Failure: A Conceptual Toolkit" (mimeo, Oxford University, February 2015), p.6。此外，克里爾也強調，「敘事」和「觀察」一樣重要（p.5）。

4. 行銷學的經典教科書是菲利普・科特勒（Philip Kotler）與蓋瑞・阿姆斯壯（Gary Armstrong）合著的《行銷管理》（*Principles of Marketing*, 14th ed.; Upper Saddle River, NJ: Prentice Hall, 2010）。本章對廣告的看法和該書大抵一致。兩位作者在書中對奧美互動行銷（OgilvyOne）進行個案研究，論道：「廣告的終極目標不是為了獲得獎項，甚至也不是讓人喜歡，而是要讓人們在接觸廣告之後去思考、感覺或採取行動。因此，無論廣告做得多麼有趣、多有藝術性，如果不能把東西賣出去，都沒有創意。」必須注意的是，如兩位作者定義的，廣告只是行銷的一部分。該書原文版共有613頁，談論廣告和公關的部分只有28頁。

5. 第二段的歌詞如下：
   我必須啟程到加州
   留下我可憐的甜心
   如果他能夠養隻小狗，就不會覺得寂寞
   狗兒也能有個好飼主
   這首歌繼續描述這隻小狗可以帶給她的甜心什麼好處，例如若是遇上搶匪，狗兒吠叫應能嚇跑壞人。完整的原文歌詞參見：http://www.oldielyrics.com/lyrics/patti_page/how_much_is_that_doggy_in_the_window.html。

6. 參　見：Jane Austen, *Pride and Prejudice* (New York: Modern Library,

1995)，第3卷第15章或全書第57章。

7. 我們可從一些統計資料大致了解廣告在經濟的總體規模及分布，但我們必須指出，不同的統計資料將有不同的估算結果。例如，根據下列這個資料庫的長期歷史資料：Coen Structured Advertising Expenditure Dataset（www.galbithink.org/cs-ad-dataset.xls），1970年廣告總支出為195.5億美元，約為當年度GDP（10,383億美元）的1.9％。2007年的廣告總支出成長為2,796.12億美元，約為當年度GDP（140,287億美元）的2％。因此，廣告支出在GDP所占的份額大約只成長了5％。

但不同形式的廣告，成長大有不同，尤其相對於傳統印刷廣告而言。根據前述這個資料庫，報紙和雜誌廣告在1970年的廣告總支出占35.79％，但在2007年只占20％，萎縮了將近45％。至於收音機和電視（包括無線電廣播電視和有線電視），則是從25.1％增加為2007年的32.2％。同時，DM廣告成長了50％以上，從14.1％增加到21.5％。在本章的後面部分，我們將了解DM廣告增加的原因。根據前述的資料庫，網路廣告在2007年雖然只占所有廣告營收不到4％（105億美元），但從此成長迅速。我們注意到的這些變化，以及廣告支出占GDP的比例，雖然可讓我們大致了解廣告業的概況，但對單一資料庫的數據最好還是小心存疑。舉例來說，根據另一個資料庫，2007年的網路廣告營收為兩倍以上、多達212億美元，參見：Interactive Advertising Bureau, *Internet Advertising Revenue Report: 2013 Full-Year Results*, conducted by PricewaterhouseCoopers (PwC), accessed March 7, 2015, http://www.iab.net/media/file/IAB_Internet_Advertising_ Revenue_Report_FY_2013.pdf。根據此資料庫，從那時起，網路廣告到2013年成長了2倍以上、高達428億美元，比Coen資料庫統計的2007年所有報紙廣告421億美元還多。其他關於報紙廣告的統計資料，可參見：Newspaper Association of America, "The American Newspaper Media Industry Revenue Profile 2012," April 8, 2013, accessed March 7, 2015, http://www.naa.org/trends-and-numbers/newspaper-revenue/ newspaper-media-industry-revenue-profile-2012.aspx。

8. Jeffrey L. Cruikshank and Arthur W. Schultz, *The Man Who Sold America* (Boston: Harvard Business Review Press, 2010), p.17.

9. "The Personal Reminiscences of Albert Lasker," *American Heritage* 6, no.1 (December 1954), accessed May 21, 2015, http://www.americanheritage. com/content/personal-reminiscences-albert-lasker?page=2.

10. 出處同注釋第8條，pp.31-32。

11. 出處同上，p.33。

12. 後來版本的廣告，出處同上，參見第152頁與第153頁的圖片。

13. 出處同上，p.52。

14. "The Propaganda for Reform," *Journal of the American Medical Association* 61, no.18 (November 1, 1913): 1648.

15. Claude Hopkins, *My Life in Advertising and Scientific Advertising: Two Works by Claude C. Hopkins* (New York: McGraw Hill, 1997), p.20.

16. 出處同上，pp.43-44。

17. 出處同上，pp.46-47。

18. 出處同上，p.61。

19. 出處同注釋第8條，p.95。

20. 出處同上，pp.91-92。

21. 出處同上，p.97。

22. Stephen R. Fox, *The Mirror Makers: A History of American Advertising and Its Creators* (Urbana: University of Illinois Press, 1984), p.192.

23. 出處同注釋第8條，p.100。

24. 出處同上，p.106。

25. 出處同注釋第15條，pp.215-16。霍普金斯在該書解釋這種贈品券的使用，以及廣告要如何更廣泛地應用科學方法。

26. 出處同注釋第8條，pp.115-21。

27. David Ogilvy, *Confessions of an Advertising Man* (New York: Atheneum, 1988), p.30.

28. Kenneth Roman, *The King of Madison Avenue: David Ogilvy and the*

Making of Modern Advertising (New York: Macmillan, 2009), p.44.

29. 出處同注釋第27條，p.51。

30. 同上。

31. David Ogilvy, *Ogilvy on Advertising* (New York: Random House/Vintage Books, 1985), p.10.

32. 出處同上，pp.59 and 79。

33. 出處同注釋第22條，p.231。

34. 出處同注釋第27條，pp.145-46。注意奧格威提及「故事訴求」：「哈羅德‧魯道夫（Harold Rudolph）把這個神奇元素稱為『故事訴求』，並示範在圖像中注入愈多這種元素，就會有愈多人注意到你的廣告。」(p.144.)

35. 出處同注釋第15條，p.34。

36. 出處同注釋第27條，p.20。

37. 出處同上，p.114。誠如他的名言：「所有廣告詞彙最重要的就是『測試』。」

38. 參見最近發表的兩篇論文：Song Han, Benjamin Keys, and Geng Li, "Credit Supply to Bankruptcy Filers: Evidence from Credit Card Mailings" (U.S. Federal Reserve Board, Finance and Economics Discussion Paper Series Paper No.2011-29, 2011), http://www.federalreserve.gov/pubs/feds/2011/201129/201129pap.pdf；以及 Hong Ru and Antoinette Schoar, "Do Credit Card Companies Screen for Behavioral Biases?" (presented at the meetings of the American Finance Association, January 2014)。這兩篇文章都描述私人企業如何運用大數據。信用卡公司會針對不同客群提供服務，例如會針對收入較少、教育程度較低的顧客，提供初期相當誘人的低利率（醒目標示），但之後再提高利率（寫在小字說明裡。）顧客常常會搞不清楚自己使用的是什麼方案。在前述第二篇文章中，兩位作者指出，在2006年、全球金融危機發生前，美國的信用卡公司光是一個月就發出6億份信用卡申請書，美國每個成年人每年平均可申請到36張新的信用卡，可見美國信用卡發卡浮濫。這是我們將在

下一章討論的問題，信用卡可能導致過度消費。信用卡公司寄送這些辦卡邀請，日後必然能夠從我們身上回收郵寄費用。

39. John A. Morello, *Selling the President, 1920: Albert D. Lasker, Advertising and the Election of Warren G. Harding* (Westport, CT: Praeger, 2001), Kindle locations 831-48 and following out of 1801.

40. 出處同上，Kindle locations 1074-84。

41. 出處同上，Kindle locations 942-90。

42. Sasha Issenberg, *The Victory Lab: The Secret Science of Winning Campaigns*, 1st paperback ed. (New York: Crown/Random House, 2012), pp.244-46. 這裡提到的一億個選民，是2008年美國大選的數據，2012年選民人數必定增加。

43. 出處同上，p.248。作者描述數據如何被使用，他說未受調查的選民行為是透過模擬推算出來的。

44. 出處同上，pp.129-30。作者在文中描述相關技巧。

45. Ronald B. Tobias, *Twenty Master Plots: And How to Build Them*, 2nd paperback edition (Blue Ash, OH: F+W Media, 1993), p.139.

第4章　買車、買房、刷卡時，為何總是感覺被剝皮？

1. 正如序的第20條注釋所述，我們用「剝皮」一詞，來指消費者當了冤大頭、多付了錢。

2. 銷售的新車和二手車總數除以家戶數目所得。2013年，新車銷售量為1,560萬輛，參見：Zacks Equity Research, "Strong U.S. Auto Sales for 2013," January 6, 2014, accessed December 1, 2014, http://www.zacks.com/stock/news/118754/strong-us-auto-sales-for-2013。2013年，二手車銷售量為4,100萬輛，參見：Keith Griffin, "Used Car Sales Figures from 2000 to 2014," accessed December 1, 2014, http://usedcars.about.com/od/research/a/Used-Car-Sales-Figures-From-2000-To-2014.htm。至於2013年的美國家戶總數（包括單親家庭）為1億2,250萬戶，參見：US Census Bureau, "America's Families and Living Arrangements: 2013," table H1,

accessed December 1, 2014, https://www.census.gov/hhes/families/data/cps2013.html。

3. Ian Ayres and Peter Siegelman, "Race and Gender Discrimination in Bargaining for a New Car," *American Economic Review* 85, no.3 (June 1995): 304-21.

4. 出處同上，p.309, table 2。文中的美元是基於1989年的價格，調整為2014年的價格。在我們進行研究時，1989年是最佳估算。我們引用的數據來自美國勞工部勞動統計局（Bureau of Labor Statistics）消費者物價平減指數，參見：http://data.bls.gov/cgi-bin/cpicalc.pl?cost1=635.6&year1=1989&year2=2014, last accessed March 25, 2014。

5. 出處同注釋第3條，table 2。

6. 出處同上，p.317。

7. 我們假設最終報價的分布呈截尾常態分布，在零利潤點之下，經銷商將不會交易。

8. Ian Ayres, "Fair Driving: Gender and Race Discrimination in Retail Car Negotiations," *Harvard Law Review* 104, no.4 (February 1991): 854.

9. 同樣地，「剝皮」在此意謂消費者花了冤枉錢。

10. US Census Bureau, *Statistical Abstracts of the United States*, 2012, Table 992, "Homeownership Rates by Age of Householder and Household Type: 1990 to 2010," last accessed May 22, 2015, https://www.census.gov/compendia/statab/2012/tables/12s0992.pdf. 2010年，60歲到64歲的住戶有80.4%都擁有自己的房子。

11. 由於其他不同的數據更廣為人知，我們誤以為美國人很常搬家，所以24年這樣的時間長度，似乎長得令人難以置信。但是，24年並不是指美國屋主待在目前住處的平均時間長度，而是指目前購屋者將來會住在所買房子的時間長度。這兩種測量截然不同，因為買房次數比較頻繁者，在購屋者的平均居住時間長度，會有相對較大的權重。舉例來說，每兩年買一戶房屋者，比每二十四年買一戶房屋者，權重比例高了12倍。原因很簡單：前者購屋的頻率為12倍。想了解美國人多常搬家，我們想知道的並不是購屋者在自己買的房子住了多久，而是一般人在現有住處居住的時間長度。因此，我們衡量現有住戶到搬出去前的平均居住時間是恰當的。

居住超過24年的計算，根據資料如下：Peter Mateyka and Matthew Marlay, "Residential Duration by Race and Ethnicity: 2009" (paper presented at the Annual Meeting of the American Sociological Association, Las Vegas, 2011), p.29, table 3。考量到報告中的分布情形，我們加倍計算現有住戶的居住時間均值。此推算得出一個很好的居住時間近似值，因為在一般的情況下，屋主接受抽樣調查的時間，平均在其居住時間的一半。（但這個近似值忽略了自有房屋的成長率，因此低估了屋主預計居住的時間長度。不過，自有房屋的成長率增長緩慢，所以低估值很小。）

購屋者在其所購的單戶家庭住宅的居住時間，則是以另一種方式估算。我們估算出來的時間長度約為13.1年，這是依據2000年單戶家庭住宅存量計算的（7,631萬3千戶），資料來源：US Census Bureau, "Historical Census of Housing Tables," October 31, 2011, accessed December 1, 2014, https://www.census.gov/hhes/www/housing/census/historic/units.html。同年，單戶家庭住宅的銷售總數為58億4千萬戶，資料來源：US Census Bureau, *Statistical Abstracts of the United States, 2012*, accessed December 1, 2014, https://www.census.gov/prod/www/statistical_abstract.html, tables 979 and 974；此數據加總現有房屋銷售量和新近自有單戶住宅的銷售量，並且減去產權公寓（condo）和出租公寓（apartment）的銷售量（table 980）。

此外，我們也就所有遷出者的居住時間進行量測，包含租屋者在內。透過這樣的量測，美國人住在自己新租或新購房屋的平均時間為8.3年。這個統計數字對美國人多常搬家也有誤導之嫌，因為它也有權重問題。我們的估算方式，是將總人口數除以每年遷出者的數目，至於全美遷出者的統計資料參見：US Census Bureau, "Census Bureau Reports National Mover Rates Increases after a Record Low in 2011,"

December 10, 2012, accessed December 1, 2014, https://www.census.gov/newsroom/releases/archives/mobility_of_the_population/cb12-240.html。

12. Susan E. Woodward, *A Study of Closing Costs for FHA Mortgages*, prepared for US Department of Housing and Urban Development, Office of Policy Development and Research, May 2008, http://www.urban.org/UploadedPDF/411682_a_mortgages.pdf.

13. 邏輯很簡單,下列這兩種房屋交易條件,對買賣雙方都差不多:房屋售價30萬美元,由買方支付仲介費用1萬8千美元;房屋售價31萬8千美元,由賣方支付仲介費用1萬8千美元。在兩種交易條件下,賣方的售屋所得都是30萬美元,而買方的購屋支出都是31萬8千美元。仲介費用可由賣方或買方支付,雙方談定即可。

14. 即使信用限制減少,初次購屋者所付的頭期款還是很少。在1980年代初期,平均頭期款約為15%,之後逐漸減少,到2007年、金融危機發生前,平均更少於10%。參見:John V. Duca, John Muellbauer, and Anthony Murphy, "House Prices and Credit Constraints: Making Sense of the US Experience," *Economic Journal* 121 (May 2011): 534, fig. 1。

15. 經濟學家一直不解,為何美國的房地產交易仲介費用如此高昂,比其他已開發國家平均要多出1.5%到2.5%。參見:Robert W. Hahn, Robert E. Litan, and Jesse Gurman, "Bringing More Competition to Real Estate Brokerage," *Real Estate Law Journal* 34 (Summer 2006): 89。儘管可能面臨網路競爭,美國的房地產交易仲介費用依然居高不下。參見:Alex Tabarrok, "The Real Estate Commission Puzzle," April 12, 2013, accessed December 1, 2014, http://marginalrevolution.com/marginalrevolution/2013/04/the-real-estate-commission-puzzle.html。

16. 出處同注釋第12條。根據該書作者自1990年代末期至2000年代初期的樣本,房屋貸款開辦費平均為3,400美元(p.viii),產權保險費平均為1,200美元(p.xii)。由於貸款金額平均為10萬5千美元,前述費用約為貸款金額的4.4%(p.viii)。

17. 最後的裁決結果,參見:US Bureau of Financial Protection, "Loan

Originator Compensation Requirements under the Truth in Lending Act"
(Regulation Z), 12 CFR Part 1026, Docket No. CFPB—2012-0037, RIN
3170-AA132, accessed November 11, 2014, http://files.consumerfinance.
gov/f/201301_cfpb_final-rule_loan-originator-compensation.pdf。為了避免
貸款人被多收費，此法案禁止貸款服務業者依據交易的獲利性而收取
額外報酬（p.4）。

18. Susan E. Woodward and Robert E. Hall, "Consumer Confusion in the
Mortgage Market: Evidence of Less Than a Perfectly Transparent and
Competitive Market," *American Economic Review* 100, no.2 (May 2010):
511-15.

19. 出處同上，p.513。93％的數據，是由單一貸方樣本中2千6百名借款
人的88％，以及聯邦住宅管理局樣本中6千3百名借款人的95％加權
平均而來。

20. 「利差溢酬」（yield spread premium, YSP）：當房貸經紀銷售的房貸利
率高於標準利率，放貸方為了獎勵經紀所支付的報酬。

21. Carolyn Warren, *Mortgage Rip-offs and Money Savers: An Industry Insider
Explains How to Save Thousands on Your Mortgage and Re-Finance*
(Hoboken, NJ: Wiley, 2007), pp. xviii-xix.

22. 阿拉斯加的人口只占美國總人口的0.25％，所以極可能買家也來自鄰
近的貴州或紐約州。

23. Richard A. Feinberg, "Credit Cards as Spending Facilitating Stimuli: A
Conditioning Interpretation," *Journal of Consumer Research* 13, no.3
(December 1986): p.349, table1. 大抵而言，付帳時如果使用信用卡，小
費平均為帳單金額的16.95％，但如果用現金付帳，小費只有帳單金
額的14.95％。

24. Elizabeth C. Hirschman, "Differences in Consumer Purchase Behavior by
Credit Card Payment System," *Journal of Consumer Research* 6, no.1 (June
1979): 58-66. 請特別注意第62頁假設2a的結果。

25. Matias F. Barenstein, "Credit Cards and Consumption: An Urge to Splurge?"

in "Essays on Household Consumption" (PhD diss., University of California, Berkeley, 2004), p.44, table A2. 該作者發現，信用卡持卡人平均收入為 43,396美元，無信用卡者平均收入為25,155美元，資料出處為1988年 到1999年聯準消費者支出調查（Federal Reserve Consumer Expenditure Survey）。

26. 這項實驗可能是在1982年或更早之前進行的，因為范伯格參照了那 一年的資料。我們也以1982年來計算成目前的美元價值。

27. 出處同注釋第23條，p.352, table1。

28. Drazen Prelec and Duncan Simester, "Always Leave Home without It: A Further Investigation," *Marketing Letters* 12, no.1 (2001): 8.

29. "Making Purchases with Credit Cards—The Best Credit Cards to Use," August 26, 2014, accessed November 14, 2014, http://www.creditinfocenter. com/cards/crcd_buy.shtml#Question6. 參見下列這個問題的答案：「就同 一件商品而言，商家可以向刷卡顧客收取比付現顧客高的價格嗎？」 （"Can the merchant charge credit card users more than cash customers for the same item?）

30. FINRA Investor Education Foundation, *Financial Capability in the United States: Report of Findings from the 2012 National Financial Capability Study*, May 2013, p.21, last accessed May 14, 2015, http://www. usfinancialcapability.org/downloads/NFCS_2012_Report_Natl_Findings. pdf.

31. Robin Sidel, "Credit Card Issuers Are Charging Higher," *Wall Street Journal*, October 12, 2014.

32. 2012年，住宅支付的房貸利息為4,210億美元（無論房屋產權自有或 出租），參見：Bureau of Economic Analysis, "Mortgage Interest Paid, Owner- and Tenant-Occupied Residential Housing," accessed October 29, 2014, https://www.google.com/#q=BEA+mortgage+interest+paymen ts+2010。

33. 2012年，消費者外食費用（包括食物和飲料）為8,550億美元，汽車和零組件的個人消費支出為3,950億美元，參見：Bureau of Economic Analysis, "National Income and Product Accounts," table 2.3.5, "Personal Consumption Expenditures by Major Type of Product," for 2012, accessed November 15, 2014, http://www.bea.gov/iTable/iTable.cfm?ReqID=9&step= 1#reqid=9&step=3&isuri=1&904=2010&903=65&906=a&905=2011&910 =x&911=0。

34. 我們從許多資料整理得到這個粗略的了解。根據下列這個資料出處：US Census Bureau, *Statistical Abstracts of the United States, 2012*，我們粗估得到美國人在2010年支付的信用卡消費利息。2009年，持卡人背負的卡債總額（包括Visa, MasterCard, Discover, American Express）為7,740億美元，參見table1188。循環信用比率為0.1340（table 1190），導致每年應支付的利息高達1,037億美元。光是2009年一年，《紐約時報》報導，信用罰款高達205億美元，參見：Ron Lieber and Andrew Martin, "Overspending on Debit Cards Is a Boon for Banks," *New York Times*, September 8, 2009, accessed May 2, 2015, http://www.nytimes.com/ 2009/09/09/your-money/credit-and-debit-cards/09debit.html?pagewanted= all&_r=0。我們也得到一個「銀行交換費一年為480億美元」的數據，出自：John Tozzi, "Merchants Seek Lower Credit Card Interchange Fees," *Businessweek Archives*, Octobcr 6, 2009, accessed May 2, 2015, http://www.bloomberg.com/bw/stories/2009-10-06/merchants-seek-lower-credit-card-interchange-fees。前述三個數字相加為1,710億美元，與2009年的1,670億美元差不多，後者數據來自：Robin Sidel, "Credit Card Issuers Are Charging Higher"。我們把逾期違約金和銀行的交換費視為約略常數，但信用卡的利息費用視為變數，從2012年1,500億美元的營收得出相關比例。

35. 資料出處：http://truecostofcredit.com/400926，但是這個網站現在已經關閉。哈波後來開了一家顧問公司，指導商家如何減少信用卡交易所衍生的費用（該公司最後被收購。）由於信用卡交易所衍生的費用很高，哈波提供的服務確實很有用。哈波列舉的例子仍然散見於網路，我們已將哈波的部落格資料存檔。

36. 根據Integra Information Systems公司的產業研究報告，雜貨店的平均毛利為10.47％，所以成本加成少於12％。參見：Tim Berry, "On Average, How Much Do Stores Mark Up Products?" December 2, 2008, accessed October 23, 2014, http://www.entrepreneur.com/answer/221767。

37. Michelle J. White, "Bankruptcy Reform and Credit Cards," *Journal of Economic Perspectives* 21, no.4 (Fall 2007): 178.

38. 出處同上，p.177。

39. 出處同上，p.179。

第5章 政治釣愚

1. 如果有競選公職者希望聆聽我們的建議，不管所屬黨派為何，出自對公共服務的承諾，我們都願意協助，也包含教過學生的家長。

2. Iowa Legislature, "Legislators," accessed December 1, 2014, https://www.legis.iowa.gov/legislators/legislator/legislatorAllYears?personID=116.

3. Sue Morris, "Small Runs for Senate," *Le Mars Daily Sentinel*, March 24, 2004.

4. 2001年的減稅額估算，參見：Joint Committee on Taxation, "Estimated Budget Effects of the Conference Agreement for H.R. 1836," May 26, 2001, p.8, accessed December 1, 2014, https://www.jct.gov/publications.html?func=startdown&id=2001。2003年的減稅額估算，參見："Estimated Budget Effects of the Conference Agreement for H.R. 2, the 'Jobs and Growth Tax Relief Reconciliation Act of 2003,'" May 22, 2003, p.2, accessed December 1, 2014, https://www.jct.gov/publications.html?func=startdown&id=1746。也可參見下列資料：Glen Kessler, "Revisiting the Cost of the Bush Tax Cuts," *Washington Post*, May 10, 2011, http://www.washingtonpost.com/blogs/fact-checker/post/revisiting-the-cost-of-the-bush-tax-cuts/2011/05/09/AFxTFtbG_blog.html。

5. 根據我們的計算，使用小布希總統減稅的錢，可大幅舒緩2009年到

2012年的經濟蕭條效應。1.7兆美元並非在2008年之前就全部減掉了，約有6千億美元是在2008年之後減掉的；減稅總額及減稅時間點依據美國國會稅收聯合委員會（Joint Committee on Taxation）的兩份刊物，出處同注釋第4條。大抵而言，在零利率的情況下，政府支出乘數為2，參見：International Monetary Fund, *World Economic Outlook*, April 2012, accessed December 1, 2014, http://www.imf.org/external/pubs/ft/weo/2012/01/, chap. 1, part 3。這是合理的，稅收乘數可被視為約莫1，利率固定的平衡預算乘數也接近1。這意謂政府支出增加1千億美元，GDP將增加2千億美元，而2008年美國的GDP為14.3兆美元，參見：Council of Economic Advisors, *Economic Report of the President 2013*, table B-1, accessed December 1, 2014, http://www.whitehouse.gov/sites/default/files/docs/erp2013/full_2013_economic_report_of_the_president.pdf。因此，美國政府支出增加1千億美元，將使GDP成長1.4％。由此可見，奧肯法則（Okun's Law）仍然非常正確，參見：Laurence Ball, João Tovar Jalles, and Prakash Loungani, "Do Forecasters Believe in Okun's Law? An Assessment of Unemployment and Output Forecasts," *IMF Working Paper* 14/24 [February 2014]: 7, table 1。如果GDP增加2％，失業率將減少1％，1.7兆美元可用來減少失業率，使2009年到2012年那四年的平均失業率從略低於9％降為7％出頭。

6. Center for Responsive Politics, "Sen. Chuck Grassley," accessed November 16, 2014, http://www.opensecrets.org/politicians/summatry.php?cycle=2004&type=I&cid=n00001758&ncwMem=N.

7. Jessica Miller, "Ads Prove Grassley's Greener on His Side of the Ballot," *Waterloo–Cedar Falls Courier*, October 25, 2004, accessed November 16, 2014, http://wcfcourier.com/news/metro/article_fdd73608-4f6d-54be-aa34-28f3417273e9.html.

8. "Statistics of the Presidential and Congressional Election of November 2, 2004," June 7, 2005, accessed November 16, 2014, http://clerk.house.gov/member_info/electionInfo/2004election.pdf.

9. 數據根據下列資料與競爭席次計算而得：US Census Bureau, *Statistical Abstracts of the United States*, *2012*, table 426, "Congressional Campaign Finances—Receipts and Disbursements," accessed December 1, 2014, https://www.census.gov/prod/www/statistical_abstract.html。

10. Anthony Downs, "An Economic Theory of Political Action in a Democracy," *Journal of Political Economy* 65, no.2 (April 1957): 135-50.「中間選民定理」可參見：Duncan Black, "On the Rationale of Group Decision-making," *Journal of Political Economy* 56, no.1 (February 1948): 23-34。

11. 此結果假設選民的偏好呈單峰分布，表示若離選民的偏好愈遠，不管是在左邊或右邊，愈無法使選民滿意。

12. 參見：Lawrence Lessig, *Republic Lost: How Money Corrupts Congress— And a Plan to Stop It* (New York: Hachette Book Group, 2011)，在所有文獻中，這本書給我們最近似的描述。政治學者已強調選民往往不知情，參見：Arthur Lupia, "Busy Voters, Agenda Control, and the Power of Information," *American Political Science Review* 86, no.2 (June 1992): 390-403。前述這篇論文指出，選民的資訊有限，經常被不實消息誤導。文章作者Lupia與Mathew D. McCubbins合著的下列一書：*The Democratic Dilemma: Can Citizens Learn What They Really Need to Know?* (New York: Cambridge University Press, 1998)，也提出證據說明選民難以獲得資訊做出正確決定，而且容易受到欺瞞。此外，也可參見：Gene M. Grossman and Elhanan Helpman, *Special Interest Politics* (Cambridge, MA: MIT Press, 2001)，該書指出選民往往對選舉獻金模式了解有限。

13. James R. Healey, "Government Sells Last of Its GM Shares," *USA Today*, December 10, 2013.

14. 參見：Emergency Economic Stabilization Act of 2008, H.R. 1424, 110th US Congress, accessible at https://www.govtrack.us/congress/bills/110/hr1424/text。前言全文為：「授權聯邦政府購買與投保特定種類的問題資產，以維護經濟與金融體系的穩定、避免崩壞，並且保護納稅人

免受損失。同時，也修正1986年通過的《國內稅收法》（Internal Revenue Code），以刺激能源生產與節約、延展特定過期條文、提供個人所得稅減免，以及其他用途。」

15. 我們十分感謝施瓦格為我們所做的詮釋，幫助我們了解法案的解讀方式，資料來源：施瓦格於2012年4月2日寫給筆者喬治的電子郵件。

16. 九大銀行的執行長在這場戲劇性的美國財政部會議上得知，他們已在「問題資產紓困計畫」的資金挹注名單上。會議上瀰漫一股朦朧的威脅感，財政部長保爾森告訴富國銀行（Wells Fargo）的執行長理查德‧柯瓦希維奇（Richard Kovacevich），如果他不簽約：「明天監管官員會打電話給你，告訴你貴行資金不足。」而且，富國銀行將無法在私募市場籌措資金。參見：Alan S. Blinder, *After the Music Stopped: The Financial Crisis, the Response, and the Work Ahead* (New York: Penguin Press, 2013), p.201。花旗集團（Citigroup）、富國銀行與摩根大通各取得250億美元；美國銀行，150億美元；高盛、美林和摩根士丹利各100億美元；紐約梅隆銀行（Bank of New York Mellon），30億美元；道富銀行（State Street），20億美元；總計1,250億美元。參見：Henry M. Paulson, *On the Brink: Inside the Race to Stop the Collapse of the Global Financial System* (New York: Business Plus, 2010), p.364。

17. Emergency Economic Stabilization Act, H.R. 1424, p.3, https://www.govtrack.us/congress/bills/110/hr1424/text.

18. 同上。

19. Center for Responsive Politics, "Lobbying Database," accessed December 1, 2014, https://www.opensecrets.org/lobby/.

20. 菲蓋瑞多後來到杜克大學法商學院任教。

21. 參見注釋第19條。我們得到的數據出自1999年至2000年的選舉週期，參見：Stephen Ansolabehere, John M. de Figueiredo, and James M. Snyder, "Why Is There So Little Money in U.S. Politics?" *Journal of Economic Perspectives* 17, no.1 (Winter 2003): 105-30。

22. Ansolabehere, de Figueiredo, and Snyder, "Why Is There So Little Money in

U.S. Politics?," p.108. 這篇文章的三位作者發現，在1999年至2000年美國國會和總統大選選舉週期，總計花費了30億美元，其中只有3億8千萬美元來自企業、工會、協會等組織。

23. Robert G. Kaiser, *So Damn Much Money: The Triumph of Lobbying and the Corrosion of American Government* (New York: Vintage Books/Random House, 2010).

24. Steven V. Roberts, "House Votes Funds Permitting Study on MX to Continue," *New York Times*, December 9, 1982. 亞斯平會有此言，是因為美國國會反對MX飛彈計畫，他的前一句是：「這是一項重要的表決案。儘管如此，並不表示MX飛彈計畫就此胎死腹中。」

25. MoJo News Team, "Full Transcript of the Mitt Romney Secret Video," *Mother Jones*, September 19, 2012, accessed December 1, 2014, http://www.motherjones.com/politics/2012/09/full-transcript-mitt-romney-secret-video.

26. Mayhill Fowler, "Obama: No Surprise That Hard-Pressed Pennsylvanians Turn Bitter," *Huffington Post*, November 17, 2008, last accessed April 30, 2015, http://www.huffingtonpost.com/mayhill-fowler/obama-no-surprise-that-ha_b_96188.html.

27. 下列一文的三位作者發現，遊說依賴的是能夠接觸到的人脈，這件事比知道什麼內情更為重要，參見：Marianne Bertrand, Matilde Bombardini, and Francesco Trebbi, "Is It Whom You Know or What You Know? An Empirical Assessment of the Lobbying Process," *American Economic Review* 104, no.12 (December 2014): 3885-3920。同樣地，下列一文的三位作者也指出（p.3731），與美國參議員有關係的說客，在他們卸任後收入會減少24％，參見：Jordi Blanes i Vidal, Mirko Draca, and Christian FonsRosen, "Revolving Door Lobbyists," *American Economic Review* 102, no.7 (December 2012): 3731-48。

28. 參見本書結論「聯合公民」的段落。在政治學中，選民或許「缺乏訊息」的看法，隱藏在將選民分為兩種的常見區分中：「知情」與「不知情」的選民。

29. Elliot Gerson, "To Make America Great Again, We Need to Leave the Country," *Atlantic Monthly*, July 10, 2012, accessed May 22, 2015, http://www.theatlantic.com/national/archive/2012/07/to-make-america-great-again-we-need-to-leave-the-country/259653/.

30. Jeff Connaughton, *The Payoff: Why Wall Street Always Wins* (Westport, CT: Prospecta Press, 2012), Kindle locations 304-5, out of 2996.

31. 出處同上，Kindle locations 343-45。

32. 出處同上，Kindle locations 408-12。

33. 2013財政年度，美國聯邦預算約為3.8兆美元，參見：Council of Economic Advisors, *Economic Report of the President 2013*, table B-78。

34. 出處同注釋第23條。

35. 出處同上，p.238。

36. 出處同上，pp.228 and 232。

37. Raquel Meyer Alexander, Stephen W. Mazza, and Susan Scholz, "Measuring Rates of Return for Lobbying Expenditures: An Empirical Case Study of Tax Breaks for Multinational Corporations," *Journal of Law and Politics* 25, no.401 (2009): 401-57. 35％和5.25％的數據，參見該期刊第412頁。

38. 出處同上，p.427, table 1。參與遊說但沒有加入聯盟的公司，靠遊說節省下來的費用與成本相比更低一點，但仍為154：1。政治競爭力中心（Center for Competitive Politics）的傑森·法瑞爾（Jason Farrell）表示，這些數字誇大了匯回美國的部分。他說，我們仍然沒有美國國會受到遊說影響的證據。當然，如果沒有進行遊說的話，把營收匯回美國的公司仍可能享有稅率優惠，不必依照35％的現行稅率繳稅；參見：Farrell, "Return on Lobbying Overstated by Report," August 23, 2011, accessed November 18, 2014, http://www.campaignfreedom.org/2011/08/23/return-on-lobbying-overstated-by-report。不過，我們已從他處得到很多證據，證明美國國會確實受到遊說影響。如果確實起作用，遊說為那些公司節省的稅金與成本比，可能高於255：1，因為那1億8千萬美元的企業聯盟支出，大抵用在其他項目的遊說上，不是讓《美國就業創造法案》第965條過關。

39. 出處同注釋第23條,p.227。

40. 出處同上,p.228。

41. Sonia Reyes, "Ocean Spray Rides Diet Wave," *Adweek*, February 6, 2006, accessed November 18, 2014, http://www.adweek.com/news/advertising/ocean-spray-rides-diet-wave-83901.

42. 卡西迪及其公司首創為大學進行遊說,爭取專款專用的經費。菲蓋瑞多與布萊恩・席維爾曼(Brian Silverman)聯手做了一項計量經濟學的研究,以了解遊說的效益。他們使用大學合約的費用分攤率推估遊說支出,估算出大學若由一位參議員在參議院撥款委員會上擔任代表,每增加1美元的遊說費用,能爭取到的專款專用會增加5.24美元;大學若由一位眾議院撥款委員會成員擔任代表,每增加1美元的遊說費用,能爭取到的專款專用會增加4.52美元。至於其他沒有代表的大學,他們估算收益為1.57美元。參見:Figueiredo and Silverman, "Academic Earmarks and the Returns to Lobbying," *Journal of Law and Economics* 49, no.2 (2006): 597-625。

43. Stephen Pizzo, Mary Fricker, and Paul Muolo, *Inside Job: The Looting of America's Savings and Loans* (New York: Harper Perennial, 1991), p.410.

44. 出處同上,p.416。這是參議員丹尼斯・德孔西尼(Dennis DeConcini)說的話。

45. Nathaniel C. Nash, "Savings Institution Milked by Its Chief, Regulators Say," *New York Times*, November 1, 1989.

46. Jason Linkins, "Wall Street Cash Rules Everything around the House Financial Services Committee, Apparently," *Huffington Post*, July 22, 2013, accessed May 22, 2015, http://www.huffingtonpost.com/2013/07/22/wall-street-lobbyists_n_3635759.html.

47. US Internal Revenue Service, "Tax Gap for Tax Year 2006: Overview," January 6, 2012, Table 1, accessed November 18, 2014, http://www.irs.gov/pub/irs-soi/06rastg12overvw.pdf.

第6章　食品藥物釣愚

1. Anthony Arthur, *Radical Innocent: Upton Sinclair* (New York: Random House, 2006), Kindle locations 883-86 out of 7719; also 912-16.

2. 肉品加工廠派強納森・歐格登・艾默（Jonathan Ogden Armour）威脅辛克萊，說要對他提出告訴。辛克萊於是寫了封信給《紐約時報》，道出他親眼所見：

   > 肉品加工廠宰殺染上結核病、放射菌病或壞疽的病牛和病豬給人吃，把這些肉品製成香腸和豬油，用硼酸和水楊酸來保存腐壞的火腿，以苯胺染料為罐頭肉品上色，在香腸中添加防腐劑——廠商把這樣的肉品賣給成千上萬的男女老幼，致人於死。

   辛克萊甚至大膽直言：「如果我指控的句句屬實，只要犯下1%這樣的罪行，就足以把罪人送上絞架。如果我說的有1%有誤，那就把我送進監獄。」參見1906年5月6日的《紐約時報》。

3. 參　見：Upton Sinclair, *The Jungle* (Mineola, NY: Dover Thrift Editions, 2001; originally published 1906)；香腸摻有被毒死的老鼠肉，見該原文版本第112頁，人類屍身混在豬油中，見該版本第82頁。

4. James Harvey Young, *The Toadstool Millionaires: A Social History of Patent Medicines in America before Federal Regulation* (Princeton: Princeton University Press, 1961), p.239.

5. 出處同上，p.59。

6. 出處同上，pp.65-66。

7. 出處同上，pp.144-57。

8. 此次實驗的食品添加物有六項，清單如下：硼酸和硼砂、水楊酸和水楊酸鹽、硫酸和亞硫酸鹽、苯甲酸和苯甲酸鹽、甲醛、硫酸銅，以及硝石。參見：Harvey W. Wiley, *An Autobiography* (Indianapolis: Bobbs-Merrill, 1930), p.220。

9. 出處同上，pp.215-20。

10. 我們在序文中討論過相關問題，特別推薦讀者看邁可・摩斯

（Michael Moss）所著的《糖、脂肪、鹽：食品工業誘人上癮的三詭計》（*Sugar, Salt and Fat*）。

11. Garret A. FitzGerald, "How Super Are the 'Super Aspirins'? New COX-2 Inhibitors May Elevate Cardiovascular Risk," University of Pennsylvania Health System Press Release, January 14, 1999.

12. Gurkirpal Singh, "Recent Considerations in Nonsteroidal Anti-Inflammatory Drug Gastropathy," *American Journal of Medicine* 105, no.1, supp. 2 (July 27, 1998): 31S-38S. 此篇文章的作者估計，服用非類固醇抗發炎藥物所引發的腸胃道副作用，每年至少造成16,500人死亡。如此表列出來，它將成為美國第十五大死因。

13. John Abramson, *Overdosed America: The Broken Promise of American Medicine*, 3rd ed. (New York: Harper Perennial, 2008), p.25. 也可參見下列一書：Tom Nesi, *Poison Pills: The Untold Story of the Vioxx Scandal* (New York: Thomas Dunne Books, 2008), pp.25-28。

14. Nesi, *Poison Pills*, p.134.

15. Abramson, *Overdosed America*, p.106.

16. Justin E. Bekelman, Yan Li, and Cary P. Gross, "Scope and Impact of Financial Conflicts of Interest in Biomedical Research: A Systematic Review," *Journal of the American Medical Association* 289, no.4 (January 22, 2003): 454-65; Joel Lexchin, Lisa A. Bero, Benjamin Djulbegovic, and Otavio Clark, "Pharmaceutical Industry Sponsorship and Research Outcome and Quality: Systematic Review," *British Medical Journal* 326, no.7400 (May 31, 2003): 1167. 前述第一篇文章的三位作者也指出，有兩份研究報告只探討有好結果的研究，致使文章偏見問題更加複雜。

17. Bob Grant, "Elsevier Published 6 Fake Journals," *The Scientist*, May 7, 2009, accessed November 24, 2014, http://classic.the-scientist.com/blog/display/55679/. 也可參見下列一書：Ben Goldacre, *Bad Pharma: How Drug Companies Mislead Doctors and Harm Patients* (New York: Faber and Faber/Farrar, Straus and Giroux, 2012), pp.309-10。

18. Claire Bombardier et al., "Comparison of Upper Gastrointestinal Toxicity of Rofecoxib and Naproxen in Patients with Rheumatoid Arthritis," *New England Journal of Medicine* 343, no.21 (November 23, 2000): 1520-28.

19. 出處同上，p.1522。

20. 出處同上，p.1525, table 4。

21. 原始文章中並未提及17與4兩個數字，但可以推算得出來。在下一期《新英格蘭醫學期刊》社論的圖表一中，才出現這兩個數字，參見：Gregory D. Curfman, Stephen Morrissey, and Jeffrey M. Drazen, "Expression of Concern: Bombardier et al., 'Comparison of Upper Gastrointestinal Toxicity of Rofecoxib and Naproxen in Patients with Rheumatoid Arthritis,' N Engl J Med 2000; 343: 1520-8," *New England Journal of Medicine* 353, no.26 (December 29, 2005): 2813-14。從「偉克適腸胃副作用調查研究」可以看出，還有三例服用偉克適引發的急性心肌梗塞和一例中風未被計算在內。在研究報告出爐時，默克應已知情，但研究報告的作者宣稱，由於這些病例出現在觀察截止期限之後，因此未納入計算。

22. 參見：Bombardier et al., "Comparison of Upper Gastrointestinal Toxicity of Rofecoxib and Naproxen in Patients with Rheumatoid Arthritis," pp.1526-27。龐巴迪爾等人論道，就預防心肌梗塞的功效而言，那普洛先和阿斯匹靈有類似效果。奇怪的是，商標名為Aleve的那普洛先，行銷人員從未在宣傳中強調這點。

23. Gregory D. Curfman, Stephen Morrissey, and Jeffrey M. Drazen, "Expression of Concern Reaffirmed," *New England Journal of Medicine* 354, no.11 (March 16, 2006): 1193, supplementary appendix 1, table 3, "Summary of Adjudicated Cardiovascular Serious Adverse Experience."

24. Nesi, *Poison Pills*, pp.109-110.

25. 默克贊助費茲傑羅及其共同作者的研究，多年後才正式發表這篇研究報告。出處同上，n.19, p.110。

26. FitzGerald, "How Super Are the 'Super Aspirins'?"

27. Nesi, *Poison Pills*, pp.96-97. 希爾藥廠研發出希樂葆，到「偉克適腸胃

副作用調查研究」結束時，希爾已被輝瑞購併。

28. 出處同上，p.34、p.35和p.41。

29. 出處同上，pp.22-23。

30. Carolyn B. Sufrin and Joseph S. Ross, "Pharmaceutical Industry Marketing: Understanding Its Impact on Women's Health," *Obstetrical and Gynecological Survey* 63, no.9 (2008): 585-96. 在前述這篇文章出版後，文中業務的數據可能減少，因為醫師愈發仰賴網路取得資料。

31. US Congress, Representative Henry A. Waxman, Memorandum to Democratic Members of the Government Reform Committee Re: The Marketing of Vioxx to Physicians, May 5, 2005, with accompanying documents, p.3, http://oversight-archive.waxman.house.gov/documents/20050505114932-41272.pdf.

32. 出處同上，p.17。

33. 出處同上，p.18。

34. Eric J. Topol, "Failing the Public Health—Rofecoxib, Merck, and the FDA," *New England Journal of Medicine* 351, no.17 (October 21, 2004): 1707-9.

35. Nesi, *Poison Pills*, p.155.

36. 出處同注釋第34條，p.1707。

37. David J. Graham et al., "Risk of Acute Myocardial Infarction and Sudden Cardiac Death in Patients Treated with Cyclo-oxygenase 2 Selective and Non-selective Non-steroidal Anti-inflammatory Drugs: Nested Case-Control Study," *Lancet* 365, no.9458 (February 5-11, 2005): 475-81. 這項研究比較凱薩醫療機構服用偉克適的病人及沒使用偉克適的對照組。就心肌梗塞的發生率而言，實驗組相較對照組的比率顯著大於1。而且，服用偉克適的劑量愈大，比率顯著增加。凱薩醫療機構蒐集病人資料的時間，介於1999年1月1日到2001年12月31日，但研究報告直到2005年2月才發表。由於葛拉翰是美國食品藥品監督管理局官員，在研究報告發表前便已先掌握結果，也早於默克將偉克適下市的時間。

38. Nesi, *Poison Pills*, p.11.

39. 出處同注釋第34條，p.1707。

40. 參見葛拉翰在參議院財政委員會的證詞：November 18, 2004, http://www.finance.senate.gov/imo/media/doc/111804dgtest.pdf。

41. US Food and Drug Administration, Center for Drug Evaluation and Research (CDER), *Guidance for Industry Providing Clinical Evidence of Effectiveness for Human Drugs and Biological Products*, May 1998, accessed December 1, 2014, http://www.fda.gov/downloads/Drugs/.../Guidances/ucm078749.pdf. 前述這份文件第3頁表示：「有關數量的問題，美國食品藥品監督管理局的立場是，美國國會通常要求藥廠至少遞交兩份充分而嚴謹的對照研究報告，每一份都必須是可信的，以確立藥效。」也可參見：David Healy, *Pharmageddon* (Berkeley: University of California Press, 2012), p.77。

42. Nesi, *Poison Pills*, p.14.

43. 出處同注釋第23條，p.1193。三位作者不以為然地論道：「就這樣的日期選擇而言，默克可謂別有居心。讓計數心血管疾病發生事件數量的最後日期，比計數腸胃副作用事件的日期提早了一個月，這樣的設計無可避免將扭曲結果，並未告知研究的學術作者與編輯群。」

44. Bombardier et al., "Comparison of Upper Gastrointestinal Toxicity of Rofecoxib and Naproxen in Patients with Rheumatoid Arthritis," p.1526.

45. Abramson, *Overdosed America*, p.102. 前處文中曾提及止痛藥奧施康定（OxyContin）與安慰劑的一項對照研究。結果毫不令人意外，比起沒有服用止痛藥的對照組，服用奧施康定的實驗組感覺到的疼痛比較少，因此證實奧施康定有效。但當然，他們可能被給予其他藥物。

46. Nesi, *Poison Pills*, p.163.

47. Goldacre, *Bad Pharma*, p.113.

48. Adriane Fugh-Berman, "Prescription Tracking and Public Health," *Journal of General Internal Medicine* 23, no.8 (August 2008): 1277-80, published online May 13, 2008, accessed May 24, 2015, http://www.ncbi.nlm.nih.gov/pmc/articles/PMC2517975/. 這項資料對藥廠業務非常有用，因為他們

可以知道醫師究竟開什麼藥，而且在安排醫學教育研討會時也很管用。

49. 參見序的注釋第26條。

50. Susanna N. Visser et al., "Trends in the Parent-Report of Health Care Provider–Diagnosed and Medicated Attention-Deficit/Hyperactivity Disorder: United States, 2003-2011," *Journal of the American Academy of Child and Adolescent Psychiatry* 53, no.1 (January 2014): 34-46. 從圖表1可看出各州差異，病童家長自述的用藥率比病童家長自述的確診率要低，但還是可從圖表2看出確診率和用藥率的關連。

51. Center for Responsive Politics, "Lobbying: Top Industries," last accessed April 30, 2014, https://www.opensecrets.org/lobby/top. php?showYear=1998&indexType=i. 我們選擇的資料日期為1998年到2015年的排行清單，美國的醫藥／保健產業遊說費用總額超過30億美元。

52. Robert Pear, "Bill to Let Medicare Negotiate Drug Prices Is Blocked," *New York Times*, April 18, 2007, last accessed April 30, 2015, http://www.nytimes.com/2007/04/18/washington/18cnd-medicare.html?_r=0. 同時，有650萬人從醫療補助計畫（Medicaid）轉為聯邦醫療保險，由於聯邦醫療保險的給付比醫療補助計畫要多，對藥廠猶如一筆意外之財。參見：Milt Freudenheim, "Market Place: A Windfall from Shifts to Medicare," *New York Times*, July 18, 2006, accessed November 4, 2014, http://www.nytimes.com/2006/07/18/business/18place.html?_r=1&pagewanted=print。

53. http://www.amazon.com/Principles-Economics-N-Gregory-Mankiw/dp/0538453052, last accessed April 30, 2015. 書價當然會變動。教科書和藥品還有一個類似之處：教科書有版權保護，藥品則有專利保護。只是，教科書的二手書有市場，吞下肚的藥品則無。不過，藥廠還是得面對專利權在二十年後失效的問題。而藥廠處理這個問題的方式，和教科書編輯面對二手書市場的方式差不多：推出大同小異的新藥，例如奧美拉唑（Prilosec）／耐適恩錠（Nexium）就是一個好例子。在胃藥奧美拉唑的專利過期、成為學名藥之前，藥廠阿斯特捷利康（Astra Zeneca）便推出新藥耐適恩錠，新舊藥的唯一差別只有分子的「對掌性」，參見：Goldacre, *Bad Pharma*, pp.146-48。然後，行銷部門就接受任務：說服好醫生開立新藥，就像好老師必然會指定最新版本的教科書一樣。

第7章　創新的好、壞與醜陋

1. 根據美國人口普查局的計算，到2014年中，世界成年人口（20歲以上）為47億2500萬人，參見：US Census Bureau, "World Population by Age and Sex," last accessed December 1, 2014, http://www.census.gov/cgi-bin/broker。我們在文中計算的成人買家與賣家的配對，則是粗估世界成年人口為50億人。

2. 基於世界成年人口平均為30億人所做的推算，1915年的人口總數為18億人。我們採用目前成年人口比例與期間內的固定人口成長來計算成年人口總數。

3. 這相當於人均所得成長率只略高於2.2％，同時將已開發國家人民的平均壽命視為80歲。

4. 根據英國經濟學家安格斯‧麥迪森（Angus Maddison）的研究，1940年代美國的人均GDP為6,838美元〔依據1990年「吉爾里－哈米斯元」（Geary-Khamis dollar）來計算，又稱「國際元」，指在特定時間與美元有相同購買力的假設通貨單位。〕按照同樣標準，2008年墨西哥的人均GDP為7,919美元。參見：Maddison, "Historical Statistics of the World Economy: Per Capita GDP," accessed November 26, 2014, http://www.google.com/url?sa=t&rct=j&q=&esrc=s&source=web&cd=6&ved=0CEIQFjAF&url=http%3A%2F%2Fwww.ggdc.net%2Fmaddison%2FHistorical_Statistics%2Fhorizontal-file_02-2010.xls&ei=4t11VJfsG4uZNoG9gGA&usg=AFQjCNFFKKZ1UysTOutlY4NsZF9qwdu2Hg&bvm=bv.80642063,d.eXY。從2008年到2013年，墨西哥人均所得（經通膨調整）幾無變動，參見：World Bank, "GDP Per Capita (Current US$),"

accessed November 26, 2014, http://data.worldbank.org/indicator/NY.GDP.
PCAP.CD。

5. 不幸的是,「資本」(capital)一字,在經濟學上的意義不只一種。根據投資百科(Investopedia)網站對資本的定義:(1)金融資產或資產的金融價值,例如現金。(2)一家公司所擁有或用來製造的工廠、機器和設備。參見:Investopedia, "Definition of Capital," accessed May 25, 2015, http://www.investopedia.com/terms/c/capital.asp。經濟學家通常都會回顧百年歷史,相較於金融學家,我們在此採用前述第2條定義,指的是一國所有企業這種資本總額。

6. Robert M. Solow, "Technical Change and the Aggregate Production Function," *Review of Economics and Statistics* 39, no.3 (August 1957): 312-20. 索洛研究美國1909年至1949年的情形,他採用一種方法估算資本增加能使生產力提高多少。每一勞動投入雇用工時的資本大約增加31%,總產出的資本盈餘占比(包括分紅、租金加上未分配的收益等)大約是三分之一。索洛粗略假設,這個「資本占比」代表它對總產出的貢獻(如果市場競爭激烈,確實如此。)精確計算之後,他證明,在資本不變的情況下,每一人時產出的變化高達80%。前述那31%的資本存量每一雇用勞動力工時的變化,只影響每一人時產出大約10%的變化,因此得出八分之一的貢獻數據。

7. 美洲原住民民謠和黑人靈歌是德弗札克音樂的重要主題,參見:Joseph Horowitz, *Dvořák in America: In Search of the New World* (Chicago: Cricket Books, 2003)。

8. Hanna Krasnova, Helena Wenninger, Thomas Widjaja, and Peter Buxmann, "Envy on Facebook: A Hidden Threat to Users' Life Satisfaction?" *Wirtschaftsinformatik Proceedings 2013*, Paper 92, p.4, table 1, and p.5, table 2, http://aisel.aisnet.org/wi2013/92. 受訪者可列出多個讓他們覺得「挫折」的原因。有些受訪者表示,「挫折感」來自各種「社交因素」,前述文章 Table 2 列出這些受訪者所占的比例。可惜的是,該文章作者群並未進一步說明源於「社交因素」的各種回應。整體來看,

80.7％的受訪學生只提及一個讓他們感到「挫折」的原因；17.3％提及兩個原因；只有2％提及三個。因此，我們估算，約有60％列出一個以上的「社交因素」。

9. Steve Annear, "The 'Pavlov Poke' Shocks People Who Spend Too Much Time on Facebook: It's Meant to Condition Social Media 'Addicts' to Step Away from the Screen and Enjoy the Real World," *Boston Daily*, August 23, 2013, accessed November 26, 2014, http://www.bostonmagazine.com/news/blog/2013/08/23/pavlov-poke-shocks-people-who-spend-too-much-time-on-facebook/.

10. 根據聯合航空的網站，該公司的登機規定如下：

在身心障礙旅客之後，優先登機的是「環球服務」（Global Services[SM]）的會員和身穿制服的軍職人員。

接下來，請依照候機室服務人員廣播的旅客組別登機，共分為下列五組：

第一組：貴賓通道（Premier Access[SM]）登機

- 環球服務會員：尚未登機者
- 貴賓1K
- 貴賓白金卡
- 高級艙等，包括頭等艙的貴賓

注：如果飛機分三個艙等，商務艙的旅客也在這一組登機。

第二組：貴賓通道登機

- 貴賓金卡
- 星空聯盟（Star Alliance[TM]）金卡
- 貴賓銀卡
- 前程萬里飛行計畫（MileagePlus[®]）會員
- 總統會員卡（Presidential PlusSM Card）卡友
- 前程萬里飛行探索信用卡（MileagePlus[®] Explorer Card）會員
- 前程萬里飛行獎勵信用卡（MileagePlus[®] Awards Card）會員

第三組到第五組：一般旅客登機

注：同行有4歲以下幼童的旅客，請在聽到廣播組別時登機。

參見："Arriving at a Single Boarding Process," April 22, 2013, accessed November 26, 2014, https://hub.united.com/en-us/news/company-operations/pages/arriving-at-a-single-boarding-process.aspx。

11. 這讓我們想起傑佛瑞‧巴特勒（Jeffrey Butler）在加州大學柏克萊分校攻讀博士進行的實驗。巴特勒想了解，他是否可在實驗室的情境下，誘發受測者的階級感受。他將受測者隨機分成兩組，受測者的地位高低，則視其從袋中抽出的籌碼是橘色或紫色而定。巴特勒讓地位高的三個人坐成一排，供應美味點心；反之，地位低的則是五個人坐成一排，必須做枯燥乏味的工作，按照英文字母的順序排列名單。我們應該不會訝異，這些受測者接下來玩的遊戲是「真心話大冒險」。在這個遊戲中，根據地位高低安排的任務也有所不同。地位高的受測者比較可能懲罰別人，不管是同等級或地位較低的受測者。參見：Jeffrey Vincent Butler, "Status and Confidence," in "Essays on Identity and Economics" (PhD diss., University of California, Berkeley, 2008)。

12. Nicholas Lemann, *The Big Test: The Secret History of the American Meritocracy*, 1st rev. paperback ed. (New York: Farrar, Straus and Giroux, 2000).

13. 出處同上，pp.7-8。

14. Garey Ramey and Valerie A. Ramey, "The Rug Rat Race," *Brookings Papers on Economic Activity* (Spring 2010): 129-99. 這篇文章的題目，源於1991年至2004年的美國卡通節目《小鼠賽跑》（*Rugrats*），節目內容描述一些學步幼童古靈精怪的舉動。文章名稱中的「老鼠賽跑」（rat race），意指沒有意義、無止境的競賽或追求，就像在實驗室中走迷宮或跑滾輪的老鼠一樣。兩位作者連結前述兩種意象，在評論中指出，現代社會給兒童的壓力過大，小小年紀就要他們「贏」在起跑點上。

15. 最知名的便是《美國新聞與世界報導》（*US News & World Report*）的大學排行：http://colleges.usnews.rankingsandreviews.com/best-colleges。

16. 還有一個網站讓使用者用幾種條件查詢期刊排行，包括學科領域、學科類目、區域或國家，以及期刊被引用的總數等。參見：SCImago Journal and Country Rank, "Journal Rankings," accessed November 26, 2014, http://www.scimagojr.com/journalrank.php?country=US。

17. 例如，依據教授發表的文章被引用的次數來做排行，這也稱為「H指數」（H index）。

18. Thom Patterson, "United Airlines Ends Coach Preboarding for Children," CNN, May 23, 2012, accessed April 30, 2015, http://www.cnn.com/2012/05/23/travel/united-children-preboarding/.

19. Prosper Mérimée, *Carmen and Other Stories* (Oxford: Oxford University Press, 1989).

20. Allan M. Brandt, *The Cigarette Century: The Rise, Fall, and Deadly Persistence of the Product That Defined America* (New York: Basic Books, 2007), p.27.

第8章　令人無法抗拒的菸酒

1. 關於成癮，已有許多神經學證據，可參見：B. Douglas Bernheim and Antonio Rangel, "Addiction and Cue-Triggered Decision Processes," *American Economic Review* 94, no.5 (December 2004): 1558-90。該文章兩位作者在第1562頁指出：「關於成癮的最新神經研究已發現，一個人如果濫用菸酒、藥物等成癮物質，腦部會出現某些特別變化，在做決定時會產生系統性錯誤。」

2. Centers for Disease Control and Prevention, "Smoking and Tobacco Use: Fast Facts," accessed December 9, 2014, http://www.cdc.gov/tobacco/data_statistics/fact_sheets/fast_facts/.

3. Allan M. Brandt, *The Cigarette Century: The Rise, Fall, and Deadly Persistence of the Product That Defined America* (New York: Basic Books, 2007). 廣告圖像請參見書中第184頁與185頁。

4. US Surgeon General, *Smoking and Health: Report of the Advisory Committee*

to the Surgeon General of the Public Health Service (1964), p.5, accessed November 28, 2014, http://www.surgeongeneral.gov/library/reports/.

5. 出處同上，chap. 5, p.45, table 1。圖表中也可見15歲以上每人平均香菸吸食量。

6. 出處同上，p.25。到1955年，死於肺癌者幾近2萬7千人；到1962年，則已超過4萬1千人。

7. 出處同注釋第3條，pp.131-34。

8. Ernst L. Wynder and Evarts A. Graham, "Tobacco Smoking as a Possible Etiologic Factor in Bronchogenic Carcinoma Study of Six Hundred and Eighty-Four Proved Cases," *Journal of the American Medical Association* 143, no.4 (May 27, 1950): 329-36. 懷德和葛雷翰發現，罹癌者只有3.5%不是「中度嚴重或多年的老菸槍。」在前述雜誌第336頁，對照樣本的住院男性病人則是26.3%。

9. 出處同注釋第3條，pp.131-32。

10. 出處同上，p.157。葛雷翰原本是個老菸槍，儘管已經戒菸，還是在1957年因肺癌病逝。

11. 男性完全不抽菸者，罹患肺癌樣本與配對樣本的比例為0.075；每天抽1到4根菸者，比例為0.56；每天抽5到14根菸者，比例為0.87；每天抽15到24根菸者為1.03；每天抽25到49根菸者為1.91；每天抽50根菸以上的人，該比例為2.5。參見：Richard Doll and A. Bradford Hill, "Smoking and Carcinoma of the Lung: Preliminary Report," *British Medical Journal* 2, no.4682 (September 30, 1950): 742, fig. 1。女性抽菸者罹癌的情況與男性的一樣，菸抽得愈多者比例愈大。只是在此樣本分析中，女性罹患肺癌者較少，約為所有罹患肺癌者的6%。在樣本總數為688的肺癌病人中，只有41位是女性，參見第742頁table 5。

12. Ernst L. Wynder, Evarts A. Graham, and Adele B. Croninger, "Experimental Production of Carcinoma with Cigarette Tar," *Cancer Research* 13, no.12 (1953): 863.

13. Oscar Auerbach et al., "Changes in the Bronchial Epithelium in Relation to

Smoking and Cancer of the Lung: A Report of Progress," *New England Journal of Medicine* 256, no.3 (January 17, 1957): 97-104.

14. Jeffrey K. Cruikshank and Arthur W. Schultz, *The Man Who Sold America* (Boston: Harvard Business Review Press, 2010), pp.354-56.

15. Kenneth Roman, *The King of Madison Avenue: David Ogilvy and the Making of Modern Advertising*, paperback ed. (New York: Macmillan, 2009), p.223.

16. 出處同注釋第3條，p.165。此外，可參見：Naomi Oreskes and Erik M. Conway, *Merchants of Doubt: How a Handful of Scientists Obscured the Truth on Issues from Tobacco Smoke to Global Warming* (New York: Bloomsbury, 2010)，兩位作者在書中第15頁不只記錄了抽菸的影響，還包括酸雨、臭氧層破洞、全球暖化和殺蟲劑DDT等的危害。他們清楚例示，廠商很容易操縱輿論，讓公眾懷疑罪魁禍首並非來自這些元凶。

17. 出處同注釋第3條，pp.171 and 175.

18. "Little, Clarence Cook, Sc.D. (CTR Scientific Director, 1954-1971)," accessed November 28, 2014, http://tobaccodocuments.org/profiles/little_clarence_cook.html. 前述網址已經失效，但我們留有備份。

19. 出處同上。也可參見：*Time Magazine*, "Clarence Cook Little": Cover Story, April 22, 1937；George D. Snell, "Clarence D. Little, 1888-1971: A Biographical Memoir by George D. Snell" (Washington, DC: National Academy of Sciences, 1971)。

20. 出處同注釋第3條，p.176。

21. 出處同上，p.175。

22. 出處同上，p.177。

23. 依照《1970年公共衛生菸害防治法》(Public Health Cigarette Smoking Act of 1970)，每包香菸的外包裝都必須加上「抽菸有害健康」的警語。參見維基百科的條目：http://en.wikipedia.org/wiki/Public_Health_Cigarette_Smoking_Act, accessed March 28, 2015。

24. US Surgeon General, *The Health Consequences of Smoking—50 Years of Progress* (2014), pp.21-22, accessed March 6, 2015, http://www.surgeongeneral.gov/library/reports/50-years-of-progress/full-report.pdf.

25. 參見1964年《抽菸與健康》報告書，p.102, table 19。

26. Jason Bardi, "Cigarette Pack Health Warning Labels in US Lag behind World: Internal Tobacco Company Documents Reveal Multinational Effort to Block Strong Warnings to Smokers," University of California at San Francisco, November 16, 2012, accessed December 8, 2014, http://www.ucsf.edu/news/2012/11/13151/cigarette-pack-health-warning-labels-us-lag-behind-world. 文中關於美國的部分，參見：Mark Joseph Stern, "The FDA's New Cigarette Labels Go Up in Smoke," *Wall Street Journal*, September 9, 2012, accessed March 28, 2015, http://www.wsj.com/articles/SB10000872396390443819404577633580009556096；以及US Food and Drug Administration, "Tobacco Products: Final Rule 'Required Warnings for Cigarette Packages and Advertisements,'" accessed March 28, 2015, http://www.fda.gov/TobaccoProducts/Labeling/Labeling/CigaretteWarningLabels/ucm259953.htm。關於澳洲的部分，參見：Tobacco Labelling Resource Center, "Australia: Health Warnings, 2012 to Present," accessed March 28, 2015, http://www.tobaccolabels.ca/countries/australia/。

27. 《1970年公共衛生菸害防治法》於同年4月開始施行後，就禁止香菸廣告出現在電視和廣播節目中。後來，此法經過修正，《2009年菸草控制法》（Tobacco Control Act of 2009）更增加一些限制。參見維基百科的條目：http://en.wikipedia.org/wiki/Tobacco_advertising, accessed December 8, 2014。

28. 出處同注釋第3條，pp.432-37。四大菸廠除了以2,060億美元與46州和解，另外也以400億美元和密西西比州、佛羅里達州、德州與明尼蘇達州和解。

29. 出處同上，pp.267-69。

30. 出處同上，p.271。

31. 出處同上，p.288。

32. US Surgeon General, *Smoking and Health: A Report of the Surgeon General* (1979), "Appendix: Cigarette Smoking in the United States, 1950-1978," p.A-10, table 2, accessed November 28, 2014, http://www.surgeongeneral. gov/library/reports/.

33. 這是2014年的數據，參見：Centers for Disease Control and Prevention, "Cigarette Smoking in the United States: Current Cigarette Smoking among U.S. Adults 18 Years and Older," accessed March 28, 2015, http://www.cdc. gov/tobacco/campaign/tips/resources/data/cigarette-smoking-in-united-states. html.

34. Centers for Disease Control and Prevention, "Trends in Current Cigarette Smoking among High School Students and Adults, United States, 1965-2011," November 14, 2013, accessed December 9, 2014, http://www.cdc. gov/tobacco/data_statistics/tables/trends/cig_smoking/.

35. 參見下列資料的table 2：http://www.lung.org/finding-cures/our-research/ trend-reports/Tobacco-Trend-Report.pdf，18歲以上成人的人均香菸消費量，在1965年為4,259根，在2011年則為1,232根。至於下列資料的 table 4：http://www.lung.org/finding-cures/our-research/trend-reports/ Tobacco-Trend-Report.pdf，顯示在1965年的成人人口中，抽菸者占 42.4％；到2011年只占19％，參見：http://www.cdc.gov/tobacco/data_ statistics/tables/trends/cig_smoking。因此，在1965年，抽菸者平均每天 抽27.52根香菸；在2011年，抽菸者平均每天抽17.76根香菸。或者， 在1965年，抽菸者平均每天抽1.376包香菸；在2011年，抽菸者平均 每天抽0.89包香菸。根據世界衛生組織（World Health Organization） 對2015年的估計，舉例而言，巴西15歲以上的人口抽菸者占 15.2％，中國占26.3％，法國占24.7％，德國占26.2％，俄國占 37.3％。

36. Centers for Disease Control and Prevention, "Smoking and Tobacco Use: Tobacco-Related Mortality," accessed March 28, 2015, http://www.cdc.gov/

tobacco/data_statistics/fact_sheets/health_effects/tobacco_related_mortality. 此估計數字衡量2005年到2009年因抽菸導致的平均年死亡人數，總數為48萬317人。抽菸直接導致12萬7,700人罹患肺癌；11萬3,100人得到呼吸道疾病；16萬人得到心血管和新陳代謝疾病。此外，二手菸造成的死亡總數為4萬1,300人，其中7,300人罹患肺癌，3萬4千人得到冠心病。

37. Bridget F. Grant et al., "The 12-Month Prevalence and Trends in DSM-IV Alcohol Abuse and Dependence: United States, 1991-1992 and 2001-2002," *Drug and Alcohol Dependence* 74, no.3 (2004): 228, table 2.

38. Mandy Stahre et al., "Contribution of Excessive Alcohol Consumption to Deaths and Years of Potential Life Lost in the United States," *Preventing Chronic Disease* 11 (2014), accessed March 28, 2014, http://www.cdc.gov/pcd/issues/2014/13_0293.htm. 在同一比較期中，我們將此篇文章作者群估算的飲酒過度致死人數（8萬7798人），除以總死亡人數（250萬人），得出文中3.5％的比率。

39. George E. Vaillant, *Triumphs of Experience: The Men of the Harvard Grant Study* (Cambridge, MA: Harvard University Press, 2012), pp. 54-55.

40. 出處同上，p.67。這些學生能夠獲選參加這項研究，是因為他們「未來成功的可能性很大」。

41. 出處同上，p.66。

42. 出處同上，p.54。

43. 出處同上，p.296。

44. 出處同上，p.298。23％的數據包括酒精濫用者及酒精依賴者。這個比率的計算基礎，我們採用「持續進行」追蹤調查的受訪者人數（242人），不是最初的268人。

45. 出處同上，p.301。

46. 出處同上，pp.303-7。

47. 在葛蘭特研究中，離婚者有57％至少自己或配偶一方有酗酒問題（出處同上，p.358）。由於男性比女性更容易酗酒（舉例來說，可參見

「國民酒精依賴等相關流行病學調查研究」），而且在哈佛研究對象中酒精濫用者和酒精依賴者的比例為23％，因此這個數字確實較高。也可參見：Fred Arne Thorberg and Michael Lyvers, "Attachment, Fear of Intimacy and Differentiation of Self among Clients in Substance Disorder Treatment Facilities," *Addictive Behaviors* 31, no.4 (April 2006): 732-37；以及 Frank P. Troise, "The Capacity for Experiencing Intimacy in Wives of Alcoholics or Codependents," *Alcohol Treatment Quarterly* 9, no.3 (October 2008): 39-55。

48. 出處同注釋第39條，pp.321-26。

49. Dave Newhouse, *Old Bears: The Class of 1956 Reaches Its Fiftieth Reunion, Reflecting on the Happy Days and the Unhappy Days* (Berkeley: North Atlantic Books, 2007).

50. 出處同上，pp.17-31。

51. 出處同上，pp.33-39。

52. 出處同上，pp.290-91。

53. 出處同上，pp.127-28。

54. 出處同上，pp.57 and 316。

55. National Institutes of Health, National Institute on Alcohol Abuse and Alcoholism, *Alcohol Use and Alcohol Use Disorders in the United States: Main Findings from the 2001-2002 National Epidemiologic Survey on Alcohol and Related Conditions (NESARC)*, January 2006, "Exhibit 2, National Epidemiologic Survey on Alcohol and Related Conditions (Section 2B): DSM-IV Alcohol Abuse and Dependence Diagnostic Criteria and Associated Questionnaire Items," pp.8-9, accessed November 12, 2014, http://pubs.niaaa.nih.gov/publications/NESARC_DRM/NESARCDRM.pdf.

56. Philip J. Cook, *Paying the Tab: The Costs and Benefits of Alcohol Control* (Princeton: Princeton University Press, 2007), p.210, n.14.

57. 出處同上，p.71。

58. 出處同上，pp.72-73。

59. 出處同上，pp.103-5, table 6.4 and 6.5。

60. US Department of the Treasury, Alcohol and Tobacco Tax and Trade Bureau, "Tax and Fee Rates," accessed April 30, 2015, https://www.ttb.gov/tax_audit/atftaxes.shtml.

61. Urban Institute and the Brookings Institution, Tax Policy Center, "State Alcohol Excise Tax Rates 2014," accessed December 13, 2014, http://www.taxpolicycenter.org/taxfacts/displayafact.cfm?Docid=349.

62. Jeanette DeForge, "Ballot Question to Revoke Sales Tax on Alcohol Approved by Massachusetts Voters," *Republican*, November 3, 2010, accessed December 13, 2014, http://www.masslive.com/news/index.ssf/2010/11/ballot_question_to_revoke_sale.html; and Dan Ring, "Massachusetts Senate Approves State Sales Tax Increase to 6.25 Percent as Part of $1 Billion Tax Hike," *Republican*, May 20, 2009, accessed December 13, 2014, http://www.masslive.com/news/index.ssf/2009/05/massachusetts_senate_approves.html.

63. 參見：Mothers against Drunk Driving, "History and Mission Statement," accessed March 28, 2015, http://www.madd.org。

64. "Drunk Driving Statistics," accessed December 13, 2014, http://www.alcoholalert.com/drunk-driving-statistics.html. 比較期間為1982年到2011年。靠近2011年時，由於汽車總里程數的增加比人口增加幅度來得快，不喝酒的駕駛人比較常開車。可見，這樣的安全紀錄對他們而言也不錯。人口的統計數字出自：Council of Economic Advisors, *Economic Report of the President 2013*, p.365, table B-34, accessed December 1, 2014, http://www.whitehouse.gov/sites/default/files/docs/erp2013/full_2013_economic_report_of_the_president.pdf。

65. US Department of Transportation, National Highway Traffic Safety Administration, "Traffic Safety Facts, 2011: Alcohol Impaired Driving," December 2012, accessed May 25, 2015, http://www-nrd.nhtsa.dot.gov/Pubs/811700.pdf.

66. 參見："Voices of Victims," on the official MADD website, accessed December 13, 2014, http://www.madd.org/drunk-driving/voices-of-victims/。

67. National Institutes of Health, National Institute on Alcohol Abuse and Alcoholism, *Surveillance Report #95 Apparent Per Capita Ethanol Consumption, United States, 1850-2010* (August 2012), table 1, http://pubs.niaaa.nih.gov/publications/Surveillance95/CONS10.htm.

第9章　破產圖利

1. George A. Akerlof and Paul M. Romer, "Looting: The Economic Underworld of Bankruptcy for Profit," *Brookings Papers on Economic Activity* 2 (1993): 36. 根據《全國金融機構改革、復興與強化法》（National Commission on Financial Institution Reform, Recovery and Enforcement）的估算，則是高出7%到11％。

2. James H. Stock and Mark W. Watson, "Forecasting Output and Inflation: The Role of Asset Prices," *Journal of Economic Literature* 41 (2003): 797. 景氣循環週期，參見：National Bureau of Economic Research, "U.S. Business Cycle Expansions and Contractions," accessed January 13, 2015, http://www.nber.org/cycles.html。

3. 出處同注釋第1條。

4. 帳目操弄，可參見下列這篇文章：Simon Johnson, Rafael La Porta, Florencio López de Silanes, and Andrei Shleifer, "Tunneling," *American Economic Review* 90, no.2 (May 2000): 22–27。

5. Council of Economic Advisors, *Economic Report of the President 2013*, table B-64, "Year-to-Year Inflation of the Consumer Price Index," accessed December 1, 2014, http://www.whitehouse.gov/sites/default/files/docs/erp2013/full_2013_economic_report_of_the_president.pdf.

6. 出處同上，參見：table B-73, "Bond Yields and Interest Rates, 1942-2012," column 1。

7. US Department of Labor, Bureau of Labor Statistics, Tables and Calculators by Subject; Unemployment Rates by Month, http://data.bls.gov/pdq/SurveyOutputServlet.

8. 出處同注釋第5條，table B-73, column 9。

9. 1980年，貨幣市場基金持有的資產幾乎為零，參見下列資料的圖表："The Future of Money Market Funds," September 24, 2012, http://www.winthropcm.com/TheFutureofMoneyMarketFunds.pdf。圖表中的數字與美國投資公司協會（Investment Company Institute）2014年的年度報告資料一致，儘管這份資料並不包括1980年到1984年的數據，但確實指出到了1990年，貨幣市場基金的資產規模已達4,980億美元，參見：http://www.icifactbook.org/fb_data.html, last accessed January 1, 2015。

10. 出處同注釋第1條，p.23。

11. 出處同上，p.34。處理成本的計算為：1993年的200~300億美元換算成現在的美元。

12. 德州達拉斯的不動產市場泡沫，資料出處同上，pp.39-42。

13. 出處同上，pp.23-24。

14. R. Alton Gilbert, "Requiem for Regulation Q: What It Did and Why It Passed Away," *Federal Reserve Bank of St. Louis Review* (February 1986): 22-37. 儲貸協會的存款利率上限略高於商業銀行，在1980年，商業銀行的存款利率上限約為5.5%（參見p.29, chart 3）。

15. 出處同注釋第1條，p.24。

16. 文中的10%數據，參見：Carl Felsenfeld and David L. Glass, *Banking Regulation in the United States*, 3rd ed. (New York: Juris, 2011), pp.424-25。至於儲貸協會如何運用這10%的自由解讀，參見："Top Ten U.S. Banking Laws of the 20th Century," accessed December 1, 2014, http://www.oswego.edu/~dighe/topten.htm。

17. 出處同注釋第1條，p.27。建商可針對建案開辦索取「建商費用」（舉例來說，可以是2.5%。）

18. 參見：James E. O'Shea, *The Daisy Chain: How Borrowed Billions Sank a*

Texas S & L (New York: Pocket Books, 1991)，尤其是第29頁到34頁。書中舉出的例子是，儲貸協會可藉由股票購買把錢操作出去。

19. 根據上述一書的例子，建商會刻意以較高價格從儲貸協會所有人那裡購買建材。

20. Stephen Pizzo, Mary Fricker, and Paul Muolo, *Inside Job: The Looting of America's Savings and Loans* (New York: Harper Perennial, 1991), p.108.

21. 出處同上，p.14。

22. 出處同注釋第1條，p.40, table 11.2。當然，德州達拉斯的建築業也萎縮，只是比較緩慢，不像休士頓變化得那麼快。

23. Steve Brown, "Office Market Outlook: Dallas," *National Real Estate Investor News*, June 1982, p.46.

24. Steve Brown, "City Review: Dallas," *National Real Estate Investor News*, October 1983, p.127.

25. Steve Brown, "City Review: Dallas," *National Real Estate Investor News*, October 1984, pp.183 and 192.

26. Steve Brown, "City Review: Dallas," *National Real Estate Investor News*, June 1985, pp.98-100.

27. 出處同注釋第20條。

第10章　垃圾債券大王

1. Bryan Burrough and John Helyar, *Barbarians at the Gate: The Fall of RJR Nabisco* (New York: Random House, 2010), Kindle locations 10069-72 out of 11172.（本書有繁體中文版：《門口的野蠻人》。）

2. 據說，強生拿到的補償金超過5千萬美元，參見：Bryan Burrough, "RJR Nabisco: An Epilogue," *New York Times*, March 12, 1999, http://www.nytimes.com/1999/03/12/opinion/rjr-nabisco-an-epilogue.html。

3. Graef S. Crystal, *In Search of Excess: The Overcompensation of American Executives* (New York: W. W. Norton, 1991), especially pp.46-47. 另外，在下列這篇文章中：Jenny Chu, Jonathan Faasse and P. Raghavendra Rau,

"Do Compensation Consultants Enable Higher CEO Pay? New Evidence from Recent Disclosure Rule Changes" (September 23, 2014), p.23, accessed May 27, 2015, http://papers.ssrn.com/sol3/Papers.cfm?abstract_id=2500054,三位作者證明,由管理階層招聘的顧問(相對於董事會聘請的顧問),致使管理階層的酬勞大幅增加。

4. W. Braddock Hickman, *Corporate Bond Quality and Investor Experience* (Princeton: National Bureau of Economic Research and Princeton University Press, 1958). 圖表一在書中第10頁。

5. George Anders and Constance Mitchell, "Junk King's Legacy: Milken Sales Pitch on High-Yield Bonds Is Contradicted by Data," *Wall Street Journal*, November 20, 1990, p.A1.

6. Lindley B. Richert, "One Man's Junk Is Another's Bonanza in the Bond Market," *Wall Street Journal*, March 27, 1975.

7. John Locke, *An Essay Concerning Human Understanding*, 30th ed. (London: William Tegg, 1849). 書中第104頁:「我盡最大努力,使自己脫離那些謬誤。我們經常有自我欺騙的傾向,把文字當成實體。」

8. Gary Smith, *Standard Deviations: Flawed Assumptions, Tortured Data, and Other Ways to Lie with Statistics* (New York: Duckworth Overlook, 2014).

9. Jesse Kornbluth, *Highly Confident: The Crime and Punishment of Michael Milken* (New York: William Morrow, 1992), p.45.

10. 出處同注釋第4條,p.10。

11. Jeremy J. Siegel and Richard H. Thaler, "Anomalies: The Equity Premium Puzzle," *Journal of Economic Perspectives* 11, no.1 (Winter 1997): 191.

12. United States Federal Deposit Insurance Corporation et al. v. Michael R. Milken et al. (1991), Southern District of New York (January 18), Amended Complaint Class Action, Civ. No.91-0433 (MP), pp.70-71.

13. 參見下列一書第521、522頁:James B. Stewart, *Den of Thieves* (New York: Simon and Schuster, 1992);以及 Benjamin Stein, *A License to Steal: The Untold Story of Michael Milken and the Conspiracy to Bilk the Nation*

(New York: Simon and Schuster, 1992)。

14. 出處同注釋第9條，p.64。後來，德崇在數小時內籌到了50億美元，買下納貝斯克集團，參見注釋第1條一書，Kindle locations 10069-72。

15. 出處同注釋第12條，pp.146-47。

16. 出處同上，pp.149-50。

17. Stein, *License to Steal*, pp.89-92.

18. 基廷在獄中服刑四年半，也承認其他罪狀後，判決被推翻了；參見：Robert D. McFadden, "Charles Keating, 90, Key Figure in '80s Savings and Loan Crisis, Dies," *New York Times*, April 2, 2014, accessed May 27, 2015, http://www.nytimes.com/2014/04/02/business/charles-keating-key-figure-in-the-1980s-savings-and-loan-crisis-dies-at-90.html?_r=0。史皮格多次遭到起訴，但在一次長達七週的審判後被判無罪；參見：Thomas S. Mulligan, "Spiegel Found Not Guilty of Looting S & L," *Los Angeles Times*, December 13, 1994, accessed May 1, 2015, http://articles.latimes.com/1994-12-13/news/mn-8437_1_thomas-spiegel。卡爾受到調查，但未曾被起訴；參見：Scot J. Paltrow, "Executive Life Seizure: The Costly Comeuppance of Fred Carr," *Los Angeles Times*, April 12, 1991, accessed May 1, 2015, http://articles.latimes.com/1991-04-12/business/fi-342_1_executive-life。

19. 下列一文曾經探討這個問題：Sanford J. Grossman and Oliver D. Hart, "Takeover Bids, the Free-Rider Problem, and the Theory of the Corporation," *Bell Journal of Economics* 11, no.1 (1980): 42-64。

20. Connie Bruck, *The Predators' Ball: The Inside Story of Drexel Burnham and the Rise of the Junk Bond Raiders* (New York: Penguin Books, 1989), pp.193-240; Robert J. Cole, "Pantry Pride Revlon Bid Raised by $1.75 a Share," *New York Times*, October 19, 1985, accessed March 17, 2015, http://www.nytimes.com/1985/10/19/business/pantry-pride-revlon-bid-raised-by-1.75-a-share.html.

21. Paul Asquith, David W. Mullins Jr., and Eric D. Wolff, "Original Issue High Yield Bonds: Aging Analyses of Defaults, Exchanges and Calls," *Journal of*

Finance 44, no.4 (1989): 924.

22. Bruck, *The Predators' Ball*, p.76.

23. 出處同注釋第21條，p.929, table 2。

24. 出處同上。10％比例的計算是：1977年到1980年曾經進行股權交換、最後還是違約的有16家（參見p.935, table 7），除以1977年到1980年曾經重新發行債券的155家（參見p.928, table 1）。

25. Bruck, *The Predators' Ball*, p.10.

26. Stewart, *Den of Thieves*, p.243.

27. 根據下列一文：Kurt Eichenwald, "Wages Even Wall St. Can't Stomach," *New York Times*, April 3, 1989，米爾肯是美國史上年薪最高的企業主管。

28. 可參見：Michael C. Jensen, "Takeovers: Their Causes and Consequences," *Journal of Economic Perspectives* 2, no.1 (Winter 1988): 21-48。

29. 下列文中曾經探討這個另一面：Andrei Shleifer and Lawrence H. Summers, "Breach of Trust in Hostile Takeovers," in *Corporate Takeovers: Causes and Consequences*, ed. Alan J. Auerbach (Chicago: University of Chicago Press, 1988), pp.33-68。

30. Brian Hindo and Moira Herbst, "Personal Best Timeline, 1986: 'Greed Is Good,'" *BusinessWeek*, http://www.bloomberg.com/ss/06/08/personalbest_timeline/source/7.htm.

31. Bruck, *The Predators' Ball*, p.320.

32. Bruck, T*he Predators' Ball*.

33. 出處同注釋第12條，pp.70-71。

34. Alison Leigh Cowan, "F.D.I.C. Backs Deal by Milken," *New York Times*, March 10, 1992.

35. 參見：Thomas Piketty, *Capital in the Twenty-First Century* (Cambridge, MA: Harvard University Press, 2014), p.291, fig. 8.5, and p.292, fig. 8.6。（本書有繁體中文版：《二十一世紀資本論》。）

36. Andrei Shleifer and Robert W. Vishny, "The Takeover Wave of the 1980s,"

Science 249, no.4970 (1990): 745-49.

第11章　反制釣愚的英雄

1. 2013年 的 資 料，參 見：World Bank, "Life Expectancy at Birth, Male (Years)" and "Life Expectancy at Birth, Female (Years)," accessed March 29, 2015, http://data.worldbank.org/indicator/SP.DYN.LE00.MA.IN/countries；以及 http://data.worldbank.org/indicator/SP.DYN.LE00.FE.IN/countries。

2. Ralph Nader, *Unsafe at Any Speed: The Designed-In Dangers of the American Automobile* (New York: Grossman, 1965).

3. Jad Mouawad and Christopher Drew, "Airline Industry at Its Safest since the Dawn of the Jet Age," *New York Times*, February 11, 2013, http://www.nytimes.com/2013/02/12/business/2012-was-the-safest-year-for-airlines-globally-since-1945.html?pagewanted=all&_r=0.

4. US Food and Drug Administration, "About FDA: Commissioner's Page. Harvey Washington Wiley, MD," http://www.fda.gov/AboutFDA/CommissionersPage/ucm113692.htm. 威利在自傳中稱為「帝國健康實驗室」（Imperial Health Laboratory），參 見：Harvey W. Wiley, *An Autobiography* (Indianapolis: Bobbs-Merrill, 1930), p.150。

5. Stuart Chase and Frederick J. Schlink, *Your Money's Worth: A Study of the Waste of the Consumer's Dollar* (New York: Macmillan, 1927), pp.4-5.

6. 出處同上。

7. US Department of Agriculture, Grain Inspection, Packing, and Stockyard Administration, "Subpart M—United States Standards for Wheat," accessed May 1, 2015, http://www.gipsa.usda.gov/fgis/standards/810wheat.pdf.

8. 我們在2015年1月與美國農業部穀物檢驗、包裝及貨場管理署的安東尼・古德曼（Anthony Goodeman）進行訪談；另外，可參見：US Department of Agriculture, Grain Inspection, Packing, and Stockyards Administration, "Explanatory Notes," table 5, "Inspection and Weighing Program Overview," pp.20-33, accessed May 1, 2015, http://www.obpa.usda.

gov/exnotes/FY2014/20gipsa2014notes.pdf。至於有多少穀物接受檢驗，
此表的數據不明，因為其中一部分、尤其是出口穀物可能會被檢驗兩
次。

9. 與美國農業部穀物檢驗、包裝及貨場管理署的古德曼進行訪談的內
容。

10. US Department of Agriculture, Farm Service Administration, "Commodity
Operations: United States Warehouse Act," accessed March 14, 2015, http://
www.fsa.usda.gov/FSA/webapp?area=home&subject=coop&topic=wasua;
Kansas Statutes Annotated (2009), chap. 34, "Grain and Forage," article 2,
"Inspecting, Sampling, Storing, Weighing and Grading Grain; Terminal and
Local Warehouses, 34-228: Warehouseman's License; Application; Financial
Statement; Waiver; Qualifications; License Fee; Examination of Warehouse,"
accessed May 1, 2015, http://law.justia.com/codes/kansas/2011/Chapter34/
Article2/34-228.html.

11. Underwriters Laboratories, "Our History" and "What We Do," accessed
March 3, 2015, http://ul.com/aboutul/history/ and http://ul.com/aboutul/what-
we-do/.

12. American National Standards Institute, "About ANSI" and "ANSI: Historical
Overview," accessed March 14, 2015, http://www.ansi.org/about_ansi/
overview/overview.aspx?menuid=1 and http://www.ansi.org/about_ansi/
introduction/history.aspx?menuid=1.

13. Lawrence B. Glickman, *Buying Power: A History of Consumer Activism in
America* (Chicago: University of Chicago Press, 2009), p.195.

14. 出處同上，p.212。

15. Gwendolyn Bounds, "Meet the Sticklers: New Demands Test Consumer
Reports," *Wall Street Journal*, May 5, 2010, accessed March 14, 2015, http://
www.wsj.com/articles/SB100014240527487038667045752240930173792 0
2#mod=todays_us_personal_journal. 730萬份的發行量也包括電子訂閱。

16. Consumer Federation of America, "Membership," accessed March 14, 2015,

http://www.consumerfed.org/about-cfa/membership.

17. 出處同注釋第13條，pp.31-32, p.69。

18. Florence Kelley, *Notes of Sixty Years: The Autobiography of Florence Kelley*, ed. Kathryn Kish Sklar (Chicago: Illinois Labor History Society, 1986).

19. 出處同注釋第13條，pp.182-83。

20. National Consumers League, "Our Issues: Outrage! End Child Labor in American Tobacco Fields," November 14, 2014, accessed March 15, 2015, http://www.nclnet.org/outrage_end_child_labor_in_american_tobacco_fields.

21. *The Guardians, or Society for the Protection of Trade against Swindlers and Sharpers* (probably London, 1776), https://library.villanova.edu/Find/Record/1027765.

22. David Owen, "The Pay Problem," *New Yorker*, October 12, 2009, accessed March 12, 2015, http://www.newyorker.com/magazine/2009/10/12/the-pay-problem; David A. Skeel Jr., "Shaming in Corporate Law," *University of Pennsylvania Law Review* 149, no.6 (June 2001): 1811-68.

23. Skeel, "Shaming in Corporate Law," p.1812.

24. National Association of Realtors, "Code of Ethics," accessed March 15, 2015, http://www.realtor.org/governance/governing. 這16¼頁為Word文件檔。

25. M. H. Hoeflich, "Laidlaw v. Organ, Gulian C. Verplanck, and the Shaping of Early Nineteenth Century Contract Law: A Tale of a Case and a Commentary," *University of Illinois Law Review* (Winter 1991): 55-66. 也參見審訊案件：Laidlaw v. Organ, 15 U.S. 178, 4 L. Ed. 214, 1817 U.S. LEXIS 396 (Supreme Court 1817)。

26. 這個解讀是依據麥克‧侯佛利克（Michael Hoeflich）教授的精闢觀點。他認為，當時一位很有影響力的法官丹尼爾‧佛普蘭克（Daniel Verplanck），「認為不是馬歇爾法官沒把道德因素納入法律中考量，而是就那個案件而言，他誤解事實及這種程度的隱瞞在事實及法律上構成詐騙。這樣的隱瞞非但不誠實，而且是欺騙手法；賣方如拒絕交貨，則沒有良心。」出處參見上一條注釋：Hoeflich, "Laidlaw v. Organ," p.62。歐爾根可能因為詐騙而敗訴。從馬歇爾法官下列所寫的判決書文字來看，可以看出詐欺在此案件中的角色：「買賣雙方必須小心自己並未對另一方說出欺騙的話。」

27. Sally H. Clarke, "Unmanageable Risks: MacPherson v. Buick and the Emergence of a Mass Consumer Market," *Law and History Review* 23, no.1 (2005): 1.

28. 出處同上，p.2。

29. MacPherson v. Buick Motor Co., New York Court of Appeals, accessed March 15, 2015, http://www.courts.state.ny.us/reporter/archives/macpherson_buick.htm.

30. US Legal Inc., "U.S. Commercial Code," accessed March 15, 2015, http://uniformcommercialcode.uslegal.com/.

31. 同上。

32. LawInfo, "Legal Resource Library: What Is the U.C.C.?" accessed March 15, 2015, http://resources.lawinfo.com/business-law/uniform-commercial-code/does-article-2-treat-merchants-the-same-as-no.html.

33. DealBook, "Goldman Settles with S.E.C. for $550 Million," *New York Times*, July 15, 2010.

34. Knowledge@Wharton, "Goldman Sachs and Abacus 2007-AC1: A Look beyond the Numbers," April 28, 2010, accessed March 15, 2015, http://knowledge.wharton.upenn.edu/article/goldman-sachs-and-abacus-2007-ac1-a-look-beyond-the-numbers/.

35. 同上。

36. US Securities and Exchange Commission, "Goldman Sachs to Pay Record $550 Million to Settle SEC Charges Related to Subprime Mortgage CDO," July 15, 2010, accessed March 15, 2015, http://www.sec.gov/news/press/2010/2010-123.htm.

37. Christine Harper, "Goldman's Tourre E-Mail Describes 'Frankenstein' Derivatives," Bloomberg Business, April 25, 2010, accessed March 15, 2015, http://www.bloomberg.com/news/articles/2010-04-24/-frankenstein-derivatives-described-in-e-mail-by-goldman-s-fabrice-tourre.

38. Justin Baer, Chad Bray, and Jean Eaglesham, "'Fab' Trader Liable in Fraud: Jury Finds Ex-Goldman Employee Tourre Misled Investors in Mortgage Security," *Wall Street Journal*, August 2, 2013, accessed March 15, 2015, http://www.wsj.com/articles/SB10001424127887323681904578641843284450004.

39. Nate Raymond and Jonathan Stempel, "Big Fine Imposed on Ex-Goldman Trader Tourre in SEC Case," Reuters, March 12, 2014, accessed March 15, 2015, http://www.reuters.com/article/2014/03/12/us-goldmansachs-sec-tourre-idUSBREA2B11220140312.

40. Karen Freifeld, "Fraud Claims Versus Goldman over Abacus CDO Are Dismissed," Reuters, May 14, 2013, accessed March 15, 2015, http://www.reuters.com/article/2013/05/14/us-goldman-abacus-idUSBRE94D10120130514.

41. Joshua Bernhardt, *Interstate Commerce Commission: Its History, Activities and Organization* (Baltimore: Johns Hopkins University Press, 1923).

42. Christine Bauer-Ramazani, BU113: Critical Thinking and Communication in Business, "Major U.S. Regulatory Agencies," accessed March 15, 2015, http://academics.smcvt.edu/cbauer-ramazani/BU113/fed_agencies.htm.

43. Marver H. Bernstein, *Regulating Business by Independent Commission* (Princeton: Princeton University Press, 1955).

44. George J. Stigler, "The Theory of Economic Regulation," *Bell Journal of Economics and Management Science* 2, no.1 (1971): 3; Richard A. Posner, "Theories of Economic Regulation," *Bell Journal of Economics and Management Science* 5, no.2 (1974): 335.

45. 出處參見上一條注釋：Stigler, "The Theory of Economic Regulation,"

p.3。文中表示:「本文的中心論點是,業界通常會遊說法規形成,設法讓法規的設計與施行主要是為了自身利益。無可否認,有些行業受到的管制當然比較多,一個簡單的例子是明顯被課以重稅,像是威士忌或撲克牌等。但這些總是比較少見的例子,而且可以用解釋利益監理的同一理論來加以解釋。」

46. Daniel Carpenter and David A. Moss, "Introduction," pp.5-8, and Carpenter, "Detecting and Measuring Capture," pp.57-70, in Carpenter and Moss, eds., *Preventing Regulatory Capture: Special Interest Influence and How to Limit It* (New York: Cambridge University Press/The Tobin Project, 2014).

47. Carpenter and Moss, "Introduction," p.9.

48. 出處同上,p.5。卡本特和摩斯寫道:「關鍵問題在於,這種俘虜現象如果真的存在,是否可以改善或加以避免。我們相信,證據強烈顯示,答案是肯定的。」書中有多篇文章指出,在法規不鬆綁的情況下,監理俘虜的問題可以透過種種方式改善,包括:「讓地方官員參與中央的通告與評論、籌措與監理機關合作的消費者賦權計畫、培養各種獨立的專才、在機關內成立異議制度,以及擴大資訊與監管事務辦公室(Office of Information and Regulatory Affairs, OIRA)的審查範圍,包含監督機關的行動與不行動等。」參見兩人合編的《監理俘虜防範之道》一書結論第453頁。資訊與監管事務辦公室由美國國會於1980年成立,為美國總統行政辦公室的一部分。此外,書中研究了許多案例,另一個例子是德州的公共保險諮詢辦公室(Texas Office of Public Insurance Counsel, OPIC)。此機構成立於1991年,並非監理機關,完全獨立於德州保險部(Texas Department of Insurance)之外,而是一個消費者代表機構,功能在於協調被監管者與監理機關。就避免監理俘虜的問題而言,該辦公室有許多明顯的成功經驗,例如透過遊說,禁止保險公司理賠人員在司法審查資料有限的情況下,逕自決定是否理賠,也廢止要求消費者接受強制仲裁的法律條文。參見:Daniel Schwarcz, "Preventing Capture through Consumer Empowerment Programs: Some Evidence from Insurance Regulation," pp.365-96, in

Carpenter and Moss, *Preventing Regulatory Capture*。

49. Benjamin N. Cardozo, "The Altruist in Politics" (commencement address, Columbia University, 1889), https://www.gutenberg.org/files/1341/1341-h/1341-h.htm.

結論　美國的新故事及其影響

1. 《美國心理學期刊》（*The American Journal of Psychiatry*）曾經發表過一篇社論表示，網路成癮症可被視為一種精神病症，納入《精神疾病診斷與統計手冊》（*Diagnostic and Statistical Manual of Mental Disorders*）；參見：Jerald J. Block, "Issues for DSM-V: Internet Addiction," *American Journal of Psychiatry* 165, no.3 (2008): 306-7。南韓對網路成癮症特別研究，南韓中學生每週平均花23個小時在網路遊戲上。值得注意的是，南韓已經培養出超過一千個專業諮詢師，專門在醫院和治療中心治療網路成癮症患者，也在學校推動預防計畫。至於中國的估計值是，中國使用網路的青少年中，有13.7％「已達網路成癮症的診斷標準」。

2. 舉例來說，可參見：Richard Hofstadter, *The Age of Reform: From Bryan to FDR* (New York: Random House, 1955)。至於新政時期，請參見：William E. Leuchtenburg, *Franklin D. Roosevelt and the New Deal* (New York: Harper and Row, 1963)。

3. David E. Rosenbaum, "The Supreme Court: News Analysis; Presidents May Disagree, but Justices Are Generally Loyal to Them," *New York Times*, April 7, 1994. 據說，艾森豪總統曾說，任命華倫〔及小威廉・布倫南（William J. Brennan Jr.）〕，是他這輩子「最大錯誤」之一。

4. Social Security Perspectives, "President #6: Richard M. Nixon (1969-1974)," May 8, 2011, http://socialsecurityperspectives.blogspot.com/2011/05/president-6-richard-m-nixon-1969-1974.html.

5. 布魯諾・波卡拉（Bruno Boccara）近年出版的一本精采好書，描述精神分析的力量如何促成國家故事，同時抑制了反對國家政策的人，參見：Boccara, *Socio-Analytic Dialogue: Incorporating Psychosocial Dynamics into Public Policies* (Lanham, MD: Lexington Books, 2014)。

6. 根據詹姆斯‧派特森（James T. Patterson），雷根「不只一次」強調：「政府不但無法解決我們的問題，問題就出在政府。」參見：Patterson, *Restless Giant: The United States from Watergate to Bush v. Gore* (New York: Oxford University Press, 2005), p.162。關於這個主題，我們最喜歡的一句引言來自1986年的一場記者會：「在英語中，最恐怖的話語莫過於：我是政府的人，來這裡幫忙。」這句話有各種不同版本，資料出處參見：Ray Hennessey, "The 15 Ronald Reagan Quotes Every Business Leader Must Know," accessed January 16, 2015, http://www.entrepreneur.com/article/234547。

7. Elizabeth Warren and Amelia Warren Tyagi, *All Your Worth: The Ultimate Lifetime Money Plan* (New York: Simon and Schuster, 2005), p.26.

8. Stephen Miller, "Income Subject to FICA Payroll Tax Increases in 2015," Society for Human Resource Management, October 23, 2014, accessed January 16, 2015, http://www.shrm.org/hrdisciplines/compensation/articles/pages/fica-social-security-tax-2015.aspx.

9. US Census Bureau, "Historical Poverty Tables—People," table 3, "Poverty Status, by Age, Race, and Hispanic Origin: 1959 to 2013," accessed December 1, 2014, https://www.census.gov/hhes/www/poverty/data/historical/people.html.

10. Ke Bin Wu, "Sources of Income for Older Americans, 2012" (Washington, DC: AARP Public Policy Institute, December 2013), p.4.

11. 出處同上，p.1。

12. 參見第4章注釋第10條。

13. Robert J. Shiller, "Life-Cycle Personal Accounts Proposal for Social Security: An Evaluation of President Bush's Proposal," *Journal of Policy Modeling* 28, no.4 (2006): 428.

14. 出處同上，pp.428-29。

15. 出處同上，模擬的結果在table 2, p.438及次頁。

16. Congressional Budget Office, "Long Term Analysis of a Budget Proposal by Chairman Ryan," April 5, 2011, pp.2-4, accessed December 1, 2014, http://www.cbo.gov/publication/22085. 預算平衡靠的不只是減少聯邦醫療保險和醫療補助計畫的支出，美國國庫收入也必須增加。但我們不知政策改變是否能增加國庫收入，關於這點可參見：Paul Krugman, "What's in the Ryan Plan?" *New York Times*, August 16, 2012，以及維基百科的條目：http://en.wikipedia.org/wiki/The_Path_to_Prosperity, accessed December 15, 2014。

17. 在2013財政年度，美國證交會的預算為14億1,751萬4,000美元，參見：US Securities and Exchange Commission, *FY 2014 Congressional Budget Justification*, p.16, http://www.sec.gov/about/reports/secfy14congbudgjust.pdf. 2013年1月，證交會監管的資產估計有49.6兆美元（p.93）。

18. Halah Touryalai, "10 Wall Street Expenses That Make the SEC's Budget Look Pathetic," *Forbes*, February 17, 2011, accessed January 16, 2015, http://www.forbes.com/fdc/welcome_mjx.shtml. 花旗集團在行銷和廣告上的費用也是如此，比整個證交會的預算還多。

19. Vanguard, "See the Difference Low-Cost Mutual Funds Can Make," accessed January 7, 2015, https://investor.vanguard.com/mutual-funds/low-cost.

20. Edward Wyatt, "Judge Blocks Citigroup Settlement With S.E.C.," *New York Times*, November 28, 2011, accessed June 10, 2015, http://www.nytimes.com/2011/11/29/business/judge-rejects-sec-accord-with-citi.html?pagewanted=all.

21. Jed S. Rakoff, "The Financial Crisis: Why Have No High-Level Executives Been Prosecuted?" *New York Review of Books*, January 9, 2014.

22. Harry Markopolos, *No One Would Listen: A True Financial Thriller* (Hoboken, NJ: Wiley, 2010), Kindle location 587.

23. 「領子期權」可靠買入看跌期權、賣出看漲期權，提高報酬率並規避損失。

24. 出處同注釋第22條，Kindle locations 850-52。

25. David Kotz, *Investigation of Failure of the SEC to Uncover Bernard Madoff's Ponzi Scheme*, Report of Investigation Case No.OIG-509, United States Securities and Exchange Commission, Office of Inspector General (2011), pp.61-77, accessed May 29, 2015, https://www.sec.gov/news/studies/2009/oig-509.pdf.

26. James B. Stewart, "How They Failed to Catch Madoff," *Fortune*, May 10, 2011, accessed May 2, 2015, http://fortune.com/2011/05/10/how-they-failed-to-catch-madoff/.

27. Kotz, *Investigation of Failure of the SEC to Uncover Bernard Madoff's Ponzi Scheme*, p.249.

28. 出處同上，p.247。

29. 出處同上，p.250。馬可波羅斯在書中對這個對話有生動描述，參見：*No One Would Listen*, Kindle location 2585 and following。至於席夢娜‧蘇的證詞，參見：Kotz, *Investigation of Failure of the SEC to Uncover Bernard Madoff's Ponzi Scheme*, p.251。

30. Lorena Mongelli, "The SEC Watchdog Who Missed Madoff," *New York Post*, January 7, 2009.

31. Jeffrey Toobin, "Annals of Law: Money Unlimited: How Chief Justice John Roberts Orchestrated the Citizens United Decision," *New Yorker*, May 21, 2012.

32. Cornell University Law School, Legal Information Institute, "Citizens United v. Federal Election Commission (08-205)," accessed January 16, 2015, http://www.law.cornell.edu/supct/cert/08-205.也可參見：Toobin, "Annals of Law"。

33. Toobin, "Annals of Law"; Oyez, "Citizens United v. Federal Election Commission," accessed March 18, 2005, http://www.oyez.org/cas

es/2000-2009/2008/2008_08_205.

34. Citizens United v. Federal Election Comm'n, 130 S. Ct. 876, 558 U.S. 310, 175 L. Ed. 2d 753 (2010).

35. 同上。

36. Legal Institute, "Citizens United v. Federal Election Comm'n (No.08-205)," accessed June 10, 2015, https://www.law.cornell.edu/supct/html/08-205. ZX.html.

37. 同上。

38. Lawrence Lessig, *Republic Lost: How Money Corrupts Congress—And a Plan to Stop It* (New York: Hachette Book Group, 2011), p.266.

39. 出處同上，p.268。

後記　釣愚均衡的意義

1. 當然，還有不少人不接受這樣的「傳統認知」，例如下列兩者：Thorstein Veblen, *The Theory of the Leisure Class: An Economic Study of the Evolution of Institutions* (New York: Macmillan, 1899)；以及 John Kenneth Galbraith, *The Affluent Society* (Boston: Houghton Mifflin, 1958)。近期，下列兩篇文章的作者記載了背離經濟合理性（尤其是行為經濟學中的描述），如何邀請「操縱」行為的發生。他們對相關法則有詳細研究，對菸草業的探討極為詳細，參見：Jon Hanson and Douglas Kysar, "Taking Behavioralism Seriously: The Problem of Markct Manipulation," *New York University Law Review* 74, no.3 (June 1999): 630-749，以及 "Taking Behavioralism Seriously: Some Evidence of Market Manipulation," *Harvard Law Review* 112, no.7 (May 1999): 1420-1572。

2. 在下列這篇文章中，列出了似乎預測到2008年金融危機的名單：Dirk J. Bezemer, ""No One Saw This Coming": Understanding Financial Crisis through Accounting Models," *Munich Personal RePEc Archive Paper* 15892 (June 2009): 9, table 1, http://mpra.ub.uni-muenchen.de/15892/1/MPRA_paper_15892.pdf。遺憾的是，由於提出各種不同的成因和危機形成的

時間框架，確實難以評估口頭預言和不確實的預測。筆者羅伯曾在2005年論道（p.xiii）：「最壞的結果莫過於股市和房市崩盤，這將導致個人的破產率大幅上升，而一連串的金融機構也可能會跟著破產。另一個長遠的影響是，消費者信心與商業信心可能低下，這可能會造成全球蕭條。」「繁榮的部分表現則是詐騙行為，利用一般投資人的思考盲點蓄意欺詐。這種行為常常是犯法的，但因司法審理曠日費時，這些惡人詐欺多年仍可逍遙法外，這也是投機泡沫的一部分。」（p.76）參見：Robert J. Shiller, *Irrational Exuberance*, 2nd ed. (Princeton: Princeton University Press, 2005)。

3. Google Scholar已經不允許用「領域」進行分類搜尋，但我們仍可得知有多少文章包含了「經濟學」（economics）或「金融」（finance）的字詞：227萬個條目，搜尋時間為2014年12月15日12:22 PM（美國東岸標準時間）。當然，這其中可能有許多重複，但筆者喬治還記得，在Google Scholar還能透過選擇「經濟學」或「金融」領域進行搜尋時，得到的數量也大致如此。

4. Siddhartha Mukherjee, *The Emperor of All Maladies: A Biography of Cancer* (New York: Simon and Schuster, 2011).

5. 引言為尼克森總統所述，出自："Remarks on Signing of the National Cancer Act of 1971," December 23, 1971, The American Presidency Project, accessed January 17, 2015, http://www.presidency.ucsb.edu/ws/?pid=3275.

6. 出處同注釋第4條，pp.173-77。

7. Stefano DellaVigna and Ulrike Malmendier, "Contract Design and Self-Control: Theory and Evidence," *Quarterly Journal of Economics* 119, no.2 (May 2004), p.354.

8. Xavier Gabaix and David Laibson, "Shrouded Attributes, Consumer Myopia, and Information Suppression in Competitive Markets," *Quarterly Journal of Economics* 121, no.2 (May 2006): 505-40.

9. Robert E. Hall, "The Inkjet Aftermarket: An Economic Analysis" (prepared on behalf of Nu-kote International, Stanford University, August 8, 1997), p.2.

墨水匣和新印表機的銷售比例也差不多如此。

10. 出處同注釋第8條，p.506, citing Hall。

11. Hall, "The Inkjet Aftermarket," pp.21-22; Gabaix and Laibson, "Shrouded Attributes, Consumer Myopia, and Information Suppression in Competitive Markets," p.507.

12. 加貝克斯和雷柏松後來與薩米特‧阿加瓦爾（Sumit Agarwal）和約翰‧德斯寇（John C. Driscoll）發表了一篇報告，研究不同年齡層的財力。他們發現，年輕人的消費能力較差，而且比較沒有經驗。老年人的消費能力也差，因為他們已經逐漸失去能力。在這兩群人當中，則是「理性消費的年齡層」（age of reason）。但他們的主要重點是，不管哪個年齡層的人（雖然有些尤其如此），都可能被人利用、上當。這是競爭激烈的自由市場的常見問題，不過他們指出，這對老年人來說特別是個問題。參見：Agarwal, Driscoll, Gabaix, and Laibson, "The Age of Reason: Financial Decisions over the Life Cycle and Implications for Regulation," *Brookings Papers on Economic Activity* (Fall 2009): 51-101。

13. 當然，如果閃電會開口說話，就像每個2歲小兒父母知道的一樣，口味特點就不會被「隱藏」了。

14. 舉例來說，可參見：Robert J. Shiller, "Do Stock Prices Move Too Much to Be Justified by Subsequent Changes in Dividends?" *American Economic Review* 71, no.3 (June 1981): 421-36；以及 John Y. Campbell and Robert J. Shiller, "Cointegration and Tests of Present Value Models," *Journal of Political Economy* 95, no.5 (October 1987): 1062-88。

15. J. Bradford De Long, Andrei Shleifer, Lawrence H. Summers, and Robert J. Waldmann, "Noise Trader Risk in Financial Markets," *Journal of Political Economy* 98, no.4 (August 1990): 703-38.

16. 除了「知情」與「不知情」兩種交易者，還有另一種分別則是亟需賣股求現者和暫時沒有資金需求者，兩者的預期報酬不同。這解決了金融經濟學家對不知情、甚至不理性交易者的疑問。

17. De Long, Shleifer, Summers, and Waldmann, "Noise Trader Risk in Financial Markets."

18. 參見下列文章的公式21和25：J. Bradford De Long, Andrei Shleifer, Lawrence H. Summers, and Robert J. Waldmann, "The Size and Incidence of the Losses from Noise Trading," *Journal of Finance* 44, no.3 (1989): 688 and 690。

19. 出處同注釋第8條，p.514。

20. 麻省理工學院教授保羅‧薩繆爾森（Paul Samuelson）寫了一本經典教科書，設定二次大戰後時期大部分標準經濟學的基調，他認為「顯示性偏好」是消費理論的核心。他就這個理論衍生出的公式論道：「這個結果的重要性實在難以被過度強調。這個簡單的公式，幾乎包含了所有消費者選擇理論的實證意涵。」參見：Samuelson, *Foundations of Economic Analysis* (Cambridge, MA: Harvard University Press, 1947), p.111。也可參見下列文章：Samuelson, "Consumption Theory in Terms of Revealed Preference," *Economica*, n.s., 15, no.60 (November 1948): 243-53。當然，顯示的是消費者肩上那隻猴子操縱的偏好。

誘惑無所不在，釣愚的教訓可引以為戒。

財經企管 BCB583A

釣愚 操縱與欺騙的經濟學

Phishing for Phools:
The Economics of Manipulation and Deception

作者 —— 喬治·艾克羅夫 George A. Akerlof
　　　　羅伯·席勒 Robert J. Shiller
譯者 —— 廖月娟

總編輯 —— 吳佩穎
責任編輯 —— 邱慧菁
封面設計 —— 我我設計工作室

出版者 —— 遠見天下文化出版股份有限公司
創辦人 —— 高希均、王力行
遠見·天下文化·事業群　董事長 —— 高希均
事業群發行人／CEO —— 王力行
天下文化社長 —— 林天來
天下文化總經理 —— 林芳燕
國際事務開發部兼版權中心總監 —— 潘欣
法律顧問 —— 理律法律事務所陳長文律師
著作權顧問 —— 魏啟翔律師
社址 —— 臺北市 104 松江路 93 巷 1 號
讀者服務專線 — 02-2662-0012 | 傳真 — 02-2662-0007；02-2662-0009
電子信箱 — cwpc@cwgv.com.tw
直接郵撥帳號 —— 1326703-6 號　遠見天下出版股份有限公司

電腦排版 —— bear 工作室
製版廠 —— 東豪印刷事業有限公司
印刷廠 —— 祥峰印刷事業有限公司
裝訂廠 —— 聿成裝訂股份有限公司
登記證 —— 局版台業字第 2517 號
總經銷 —— 大和書報圖書股份有限公司 | 電話／ (02) 8990-2588
出版日期 —— 2021 年 1 月 26 日第二版第 3 次印行

定價 —— NT$450

國家圖書館出版品預行編目（CIP）資料

釣愚：操縱與欺騙的經濟學 / 喬治·艾克羅夫
（George A. Akerlof），羅伯·席勒（Robert J.
Shiller）作；廖月娟譯 -- 第一版 . -- 臺北市：遠
見天下文化，2016.06
352 面；14.8x21 公分 . --（財經企管；BCB583）
譯自：Phishing for Phools: The Economics of
Manipulation and Deception
　ISBN 978-986-479-028-9（平裝）

1. 總體經濟學　2. 市場經濟
550　　　　　　　　　　　　　　105010525

4713510947111
書號 —— BCB583A
天下文化官網 —— bookzone.cwgv.com.tw

天下文化
BELIEVE IN READING